Claudia Haarmann

„Unten rum..."

Die Scham ist nicht vorbei

innenwelt verlag

Impressum

Umschlag & Gestaltung: Silke Watermeier, www.watermeier.net
Lektorat: Patricia Tonn
Coverfoto: Richard Jensen, www.richardjensenphoto.com
Fotos und Illustrationen: Siehe Bildnachweis S. 221

1. Auflage 2005

www.innenwelt-verlag.de

Druck: Westermann Druck Zwickau GmbH, Zwickau
Printed in Germany
ISBN 3-936360-15-4

In Dankbarkeit und Liebe meiner Mutter,

mit allen Wünschen auf dem Weg in

ein kraftvolles Frauenleben meiner Nichte Ricarda,

und aus vollem Herzen meinen Freundinnen gewidmet.

Inhalt

Vorwort

Dr. Ulrike Brandenburg

In meiner Praxis höre ich täglich von Patientinnen: „Ich schäme mich so für meinen Körper. Früher war ich schön und schlank. Jetzt bin ich alt und dick. Es fühlt sich an, als hätte ich keine Existenzberechtigung mehr.“

ANGEFRAGT VON DER AUTORIN FÜR EIN VORWORT, habe ich mich gefreut. Der Titel klang interessant und hatte viel mit meinen Themen zu tun. Jetzt, nach dem Lesen des Werkes, bin ich erstaunt, vielleicht auch überwältigt und voller Respekt. Claudia Haarmanns Buch küsst wach, lässt sprudeln: alte Geschichten, eigene, längst vergessene Erfahrungen, Abgedunkeltes, das wieder oder vielleicht erstmalig gefühlt werden darf. Ihr Buch ist Märchen, Frauenbiographie und Wissenschaft zugleich. In außerordentlicher Weise gelingt es ihr, den Bogen zwischen aktuellem Wissenschaftsstand, was weibliche Sexualität in ihrer Komplexität betrifft, und höchst intimen Frauengeschichten sowie alten kulturhistorischen Schätzen zu schlagen. „Die Scham ist nicht vorbei", ihre zentrale These, entwickelt sie konsequent und klar verständlich auf allen drei Ebenen. Dabei berührt sie die Leserin/den Leser. Selbst wenn sie über Wissenschaft spricht, hat das mit Seele zu tun. Umgekehrt macht sie Wissenschaft spürbar, wenn sie über Vagina-Gebiete spricht. Trotz der Berührtheit, die sie herstellt, wird sie an keiner Stelle invasiv oder ideologisch oder idealisierend. Sie bleibt sachlich und in respektvoller Distanz. Damit gibt sie Freiheit auf Seiten der Leserin. Vielleicht ist es genau diese Mischung von emotionaler Dichte, Respekt in der Distanz und Freiheit, die es dem Leser/der Leserin leicht machen, neben all dem, was an Wissen vermittelt wird, das Eigene zuzulassen und wahrzunehmen. Und wer von uns Frauen kennt sie nicht – die Scham, die noch nicht vorbei ist?

In meiner Praxis höre ich täglich von Patientinnen: „Ich schäme mich so für meinen Körper. Früher war ich schön und schlank. Jetzt bin ich alt und dick. Es fühlt sich an, als hätte ich keine Existenzberechtigung mehr", Elisabeth, 64 Jahre.

„Immer verliere ich meine sexuelle Lust nach kurzer Zeit. Ich bin verzweifelt. Ich versuche, so zu tun, als ob ich sie hätte. Ich versuche, es meinen Partner nicht merken zu lassen. Dabei werde ich aber immer angespannter. Es fühlt sich an, als würde irgendetwas mit mir nicht stimmen, als wäre ich nicht okay. Ich liebe meinen Partner. Warum bin ich nicht so wie alle?", Karina, 32 Jahre.

„Ich habe keinen Orgasmus. Das macht mich total fertig.", sagt Nicole, 34 Jahre. Bei genauerem Nachfragen stellt sich heraus, dass Nicole ohne Mühe zum Orgasmus kommt, wenn sie sich oder ihr Partner sie klitoral stimuliert. Diesen, ihren klitoral ausgelösten Orgasmus, hält sie für nicht ausreichend und schämt sich dafür, nicht den ‚richtigen', den allein koital ausgelösten Orgasmus zu haben.

„Ich bin nicht normal", so Saskia, 15 Jahre, „alle anderen haben einen Orgasmus, manchmal auch zwei. Mein Freund hat schon alles probiert und ist auch völlig fertig. Ich bin nicht normal." Daraufhin befragt, ob sie den eigenen genitalen Körper kennt, ob sie bereits einmal mit dessen möglichen sexuellen Reaktionen Erfahrungen gemacht hat, verneint sie. Nur mit Jungen und in Bezug auf diese hat sie bisher versucht, sexuell zu funktionieren.

Längst wissen wir, dass sexuelle Potenz auch politische Potenz ist. Trotz sexueller Revolution, trotz Liberalisierung, trotz fast mikrozellulärer Invasion von Sex in die Hirne der Menschen, gelten an dieser Stelle nach wie vor alte und starre Normen, die die sexuelle Welt der Frau weg von ihrer individuellen Potenz definieren.

Die Geschichte der Frauen und ihrer Sexualität ist auch und immer noch eine Geschichte der Scham, und damit oft eine traurige. Dieser zentralen These der Autorin stimme ich uneingeschränkt zu und kann sie anhand von vielfältigen Beispielen aus meinem klinischen und forscherischen Alltag unterstreichen. Trotz sexueller Befreiung und trotz allgegenwärtiger Sexualisierung hat sich an der Beziehung zum eigenen sexuellen Körper, am Respekt vor der eigenen sexuellen Potenz und an der aktiven, manchmal vielleicht auch offensiven Entwicklung eigener sexueller Ressourcen bei den meisten Frauen nur wenig geändert. Wie kommt es an, wenn ich als 77-Jährige noch meinen Orgasmus will? Und wie kommt es an, wenn ich das vielleicht sogar noch öffentlich ausspreche? Wie muten Bilder an, wo sie, die 83-Jährige, zuckt und stöhnt, während sie von ihrer Liebhaberin oder ihrem Liebhaber zum Orgasmus stimuliert wird? Dass solche Bilder als unanständig, fast schon als pervers empfunden werden, zeigt, es hat sich nichts geändert. Trotz sexueller Revolution, trotz Liberalisierung, trotz fast mikrozellulärer Invasion von Sex in die Hirne der Menschen, gelten an dieser Stelle nach wie vor alte und starre Normen, die die sexuelle Welt der Frau weg von ihrer individuellen Potenz definieren. Damit definieren sie übrigens nicht nur die sexuelle Welt der Frau, sondern durchaus auch die politische Welt der Frau. Längst wissen wir, dass sexuelle Potenz auch politische Potenz ist. Ganz besonders gilt das für die alten Frauen, ihnen wird – wenn sie aufgrund ihres Alters den vorgeschriebenen Standards an Jugend und Schönheit nicht mehr entsprechen – die sexuelle Potenz abgesprochen. Gleichzeitig – fast wie von unsichtbarer Hand – verschwinden sie von der Bühne der politischen Macht und schämen sich oft noch dafür, weil es sich im Innersten so anfühlt, als wäre es eigentlich ihre Schuld. Aber nicht nur die älter werdende Frau, auch das junge Mädchen steckt trotz Genitalpiercing, trotz Push-up, trotz Intimfrisur noch viel tiefer im Tümpel sexueller Scham, als sein Äußeres es vorzugeben scheint. Die Beziehung zum eigenen genitalen Körper, zur Scheide, zu den Scham- bzw. Lustlippen (wie die Autorin sie nennt), zu den eigenen sexuellen Reaktionen ist von Unsicherheit, von Unkenntnis und von Tabu sehr viel mehr gekennzeichnet als von Sicherheit, von Respekt und Stolz.

Die eigene Scham wahrzunehmen – vielleicht ist das ein Weg?! Über die Wahrnehmung abgedunkelter, unbewusster Scham in Beziehung zu uns selbst, wenngleich auch noch mit Scham und Schuld besetzt. Und dennoch, das ist der Weg in mögliche Weiterentwicklung – vielleicht sogar raus aus der Scham. Dass es Beispiele für ein Leben jenseits der Scham gibt, stellt Claudia Haarmann am Beispiel anderer Kulturen dar. Äußerst sorgfältig trägt sie in dieser Recherche dazu bei, weibliches Weltkulturerbe zugänglich zu machen.

Ich bin froh, dass es dieses Buch nun gibt. Ich danke der Autorin dafür. Es wird viele Frauen inspirieren, sich der eigenen Scham bewusster zu werden und das dahinterliegende, verborgene Begehren wachzuküssen. Damit wird es dann vielleicht nicht leichter, aber freier.

Dr. Ulrike Brandenburg

Fachärztin für Psychotherapeutische Medizin, Familientherapie/Sexualtherapie

Sexualwissenschaftlerin am Universitätsklinikum Aachen und in eigener Praxis

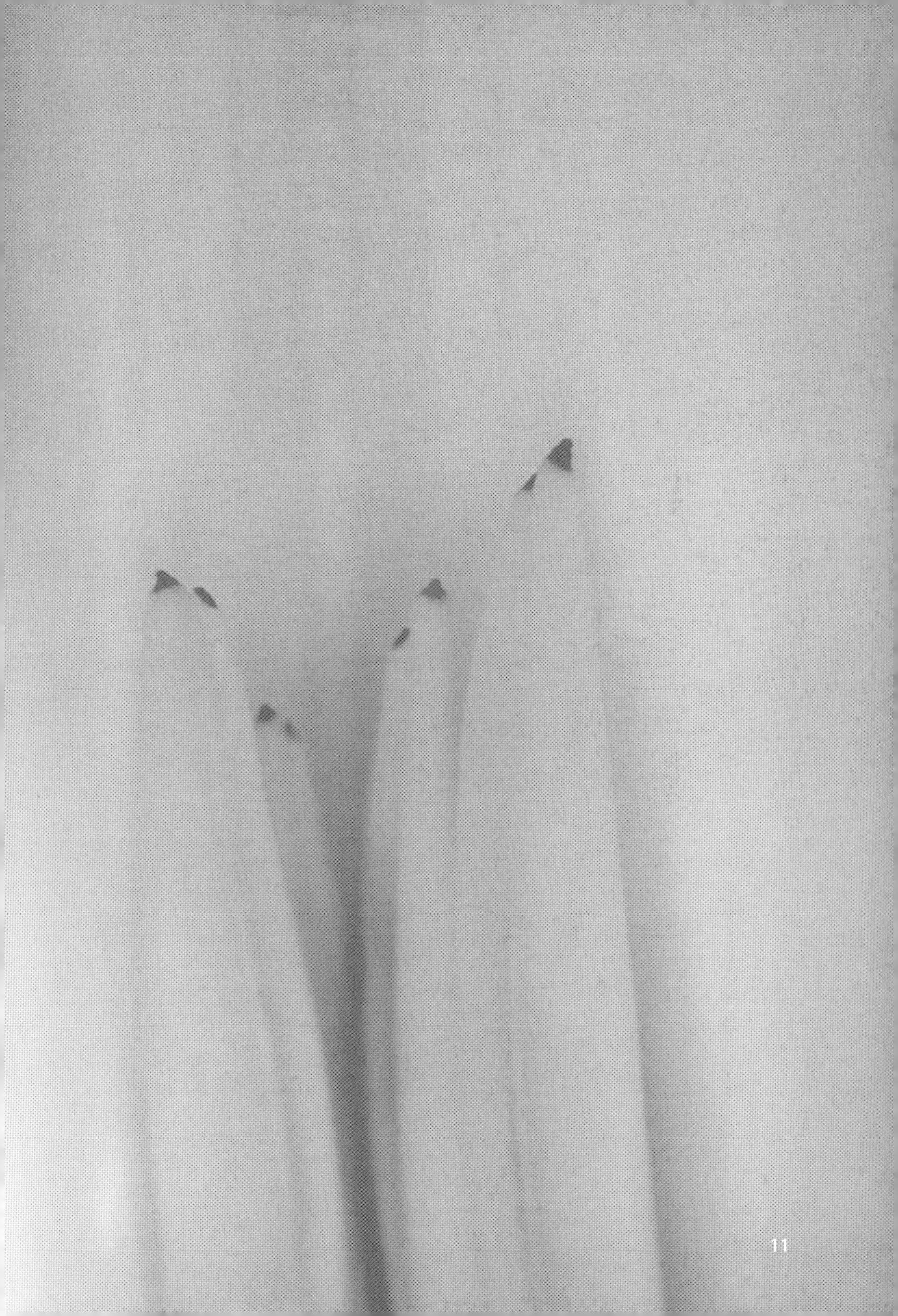

Prolog

„Unten rum..."

Die Scham ist nicht vorbei

„DAS IST DER WASCHLAPPEN FÜR OBEN – und der ist für unten rum!" Aha, für ‚unten rum'. Ohne, dass ich meine Mutter fragen muss, weiß ich bereits mit vier Jahren: ‚Unten rum' ist eine besondere Zone. Aber ab wo fängt das ‚Unten rum' an? Ab dem Bauchnabel? Oder noch tiefer? Ich habe keine Ahnung, und fragen mag ich nicht. Normalerweise fängt bei mir ‚unten rum' ab den Knien an, die sind immer dreckig und haben meist eine dicke Kruste zum Knibbeln. Auf jeden Fall ist ‚unten rum' so schmutzig, dass es für oben rum gefährlich ist. Ich darf also die Waschlappen auf keinen Fall verwechseln. Das ist mir klar, auch ohne dass meine Mutter es sagt. Die Erwachsenen beschäftigt das Thema schwer: „Hast du dich auch ‚unten rum' gewaschen?" „Jaa-aa!"

Und Sie? Zu welcher Fraktion gehört Ihre Familie? Die, die ‚unten rum' sagen – oder hat ihre Familie diese Region ‚da unten' genannt? Und wie nennen Sie selbst diesen Teil des Körpers?

In den letzten Monaten habe ich unzählige Gespräche mit Frauen und Männern geführt, und immer wenn ich fragte: „Wie nennt ihr sie?", gab es eine kleine Schrecksekunde. „Ja, was sag ich eigentlich? Muschi?" Manche registrierten fast erstaunt: „Hm, nee, eigentlich hab ich kein richtiges Wort dafür – wenn, dann ‚da unten'." Wenige meiner Gesprächspartnerinnen nennen sie Rose. Oder auch Yoni – das stammt aus dem Sanskrit und bedeutet ‚heiliger Ort'.

In den letzten Monaten habe ich unzählige Gespräche mit Frauen und Männern geführt, und immer wenn ich fragte: „Wie nennt ihr sie?", gab es eine kleine Schrecksekunde. „Ja, was sag ich eigentlich? Muschi?"

Emma, eine Frau aus dem Ruhrgebiet, beantwortet die Frage pragmatisch: „Wenn ich mit meinem Mann darüber rede, sage ich Vagina. Ich sag ja auch Fuß zu meinem Fuß – und nicht Schnuckel." Selbst bei den gebräuchlichen Namensnennungen gibt es mancherorts noch Irritationen, wenn eine Frau mit 24 Jahren denkt, dass Möse eine seltene Fischart sei. Es scheint, als seien wir in dieser Angelegenheit noch nicht wirklich weitergekommen.

Eine handfeste Beziehungsstörung?

Die Vagina. Was weiß ich eigentlich, was wissen wir über sie? Klar: Wir kennen den Liebesakt, wir wissen mal mehr, mal weniger über Orgasmus und Lust, kennen den Vorgang von Zeugung und Geburt. Die meisten

Frauen haben Erfahrung damit, wie sich der Solotanz der Lust anfühlt. Manch eine schaut sie auch an – wenn auch nur, um zu sehen, ob der geheime Ort von einem Pilz gerötet ist. Einige wenige schauen sogar in die Vagina hinein. Sie deuten über die Farbe der Schleimhäute, ob es die fruchtbaren Tage sind oder nicht. Aber wirklich anschauen? So wie wir eine Blume anschauen, die wir schön finden, ein Foto, das wir mögen, oder einen Menschen, den wir lieben?

Eine ‚handfeste Beziehungsstörung' nennt es eine 35-Jährige, und mir scheint, da ist etwas dran. In vielen Gesprächen mit Frauen zwischen 20 und 70 Jahren ist mir deutlich geworden, wie vorsichtig, schambesetzt, manchmal fast ängstlich oder nicht zur Kenntnis nehmend das Verhältnis zu diesem Ort ist. Dieser zarte Ort, der Wohlgefühl, Freude, Lust und Aufgeschlossenheit genauso kennt wie Trauer, Schmerz und Zurückgezogenheit. Der dankbar sein kann und verzweifelt. Dieser weiblichste Teil in uns bleibt bis heute überwiegend namenlos. Nur wenige Frauen haben einen vertrauten, freundlichen oder gar liebevollen Kontakt mit diesem Bereich ihres Körpers. Die Scham ist nicht vorbei.

Dieser zarte Ort, der Wohlgefühl, Freude, Lust und Aufgeschlossenheit genauso kennt wie Trauer, Schmerz und Zurückgezogenheit. Der dankbar sein kann und verzweifelt. Dieser weiblichste Teil in uns bleibt bis heute überwiegend namenlos.

Der moderne Mensch ist frei und lebt erfüllten Sex. Oder?

Das ist doch erstaunlich. Denn wir leben in einer Zeit, von der gesagt wird: Mehr Freiheit gab es nie! Alles ist heute möglich. Leder, Lack und Peitsche, Sex auf der Parkbank – alles darf sein. Aber wie viel Lust, Leidenschaft und Körperlichkeit, wie viel dieser sexuellen Freiheit können wir wirklich zulassen? Was ist das überhaupt – sexuelle Freiheit? Ist es der Orgasmus? Der One-Night-Stand? Der Besuch in einem Swingerclub? Sind es Sado-Maso-Techniken oder Sex in der Öffentlichkeit?
Vertraut man sich in dieser Frage den Medien an, könnte man meinen: Genau da ist sie zu finden, die Freiheit. Der moderne Mensch ist heiß, überaus aktiv, lebt erfüllten Sex. Gerade Frauen, so heißt es, seien heute frei, enthemmt und selbstbewusst wie nie zuvor. Die Grenzerfahrung, das ist das neue Lebensgefühl. Pornos, Spielzeuge aller Art, Abenteuer im Internet gehören dazu. Aus prominentem Munde hören wir: „Ein Hauch

von Perversion ist der Garant andauernder normaler Sexualisierung in Paarbeziehungen". Volkmar Sigusch muss es wissen, ist er doch einer der Sex-Päpste in Deutschland, und er fügt im *Stern* hinzu: „Ungewöhnliche ‚schmutzige' Fantasien und Praktiken sind die Lava, die in die Adern gegossen werden muss, soll die Erregung immer wieder entflammen." Klingt gut – oder? Aber wo sind Frauen und Männer mit dem Thema im wirklichen Leben?

„Meine Ehe läuft ohne diese Ekstase. Bei mir gibt es kein Gloria Viktoria, kein Reden wie bei *Sex and the City*. Wir hatten lange Zeit Probleme damit, dass es überhaupt befriedigend läuft. Manchmal war es wie ein Ringen im Bett, bei dem entweder mein Mann oder ich oder wir beide die Verlierer waren", höre ich eine 41-Jährige sagen.

„Was bleibt vom Zauber der Liebe, wenn du alles gesehen hast, wenn alles vor dir liegt, wie auf dem Tablett. Wo kannst du noch Schönes kreieren, dein Eigenes schaffen – alles wird schal."
Mein Zahnarzt, 45 Jahre

Reichen 40 Jahre sexueller Befreiung aus, um uns nach Jahrtausenden sexueller Unterdrückung zu neuen Menschen zu machen? Ist es der Kick, der sexuelle Erfüllung bringt. Ist die Grenzerfahrung Zeichen für ein befreites Leben? Und geht es uns um freien Sex – oder um Freiheit in der Liebe? Mein einfacher Menschenverstand sagt mir: Du gehst an die Grenze, um etwas zu fühlen. Etwas, was du normalerweise nicht fühlen kannst, wonach du aber suchst. Erst durch den Kick, durch das Besondere, spürst du dich. An der Grenze findest du, wonach du dich sehnst. Du fühlst deinen Körper, deine Lebendigkeit, deine Lust. Aber was liegt diesseits der Grenze? Was erleben wir, wenn wir einfach nur sind, ganz normal?

„Kennen Sie denn eine, die keine Probleme hat?"

Zum Friseur geht man, wenn man mal jemanden zum Reden braucht. Manchmal auch, wenn einem die Haare zu Berge stehen. Als meine Friseurin erfährt, dass ich über weibliche Sexualität nachdenke, redet sie: „Kennen Sie denn eine, die keine Probleme hat?" Dann schöpft sie aus ihrem Informationspool: Es gibt Frauen, die keine Lust auf Sex haben, andere, die gerne wollen – aber ihre Partner sagen nein. Frauen, die sich viel mehr wünschen, aber nicht darüber reden können, die von sich annehmen, nicht orgasmusfähig zu sein, weil sie beim Geschlechtsverkehr nicht zum Höhepunkt kommen, die im Bett so tun ‚als ob', die beim Sex Schmerzen haben ... ich war lange beim Friseur.

Und die Wissenschaft folgt ihren Aussagen. Bei meiner Recherche stoße ich immer wieder auf eine Zahl: Weit über 40 Prozent der Frauen leiden, so heißt es in groß angelegten Befragungen, unter sexuellen ‚Störungen' oder ‚Dysfunktionen'. „Ich habe einfach keine Lust!", steht dabei an erster Stelle. Das scheint mir durchaus glaubhaft, denn wer von uns kennt nicht die Phasen, in denen es mit dem Sex eher schlechter als besser läuft. Wer hat keine Freundin, die sich seit Jahren einfach ausgeklinkt hat aus dem Leben mit der Lust. Schwierig dabei sind die Begriffe ‚Störung' oder ‚Dysfunktion'. Was – oder wer – ist da gestört? Und im Vergleich zu welcher Normalität? Und es stellt sich immer auch die Frage: Wessen Interesse steht bei diesen Studien im Hintergrund? Wird mit dem Begriff der ‚sexuellen Störung' womöglich ein neues Krankheitsbild geschaffen, mit dem die Pharmakonzerne ihr Feld bestellen? Aber ganz gleich wie hoch die Zahl der Betroffenen ist, auf eines machen diese Studien aufmerksam: Viel zu viele Frauen leben nicht das, was sie sich wünschen.

Schwierig dabei sind die Begriffe ‚Störung' oder ‚Dysfunktion'. Was - oder wer - ist da gestört? Und im Vergleich zu welcher Normalität?

97 Mal tun es die Deutschen im Schnitt pro Jahr. Sagt die Statistik. 96 Mal bedeutet achtmal im Monat, zweimal die Woche – das zusätzliche eine Mal liegt sicherlich im Wonnemonat Mai. Vermutlich haben viele Frauen eher das Gefühl, die Statistik nach unten zu drücken, als sie zu heben. Übrigens ist die Quelle dieser Statistik eine Untersuchung der Firma Durex, sie stellt Kondome her.

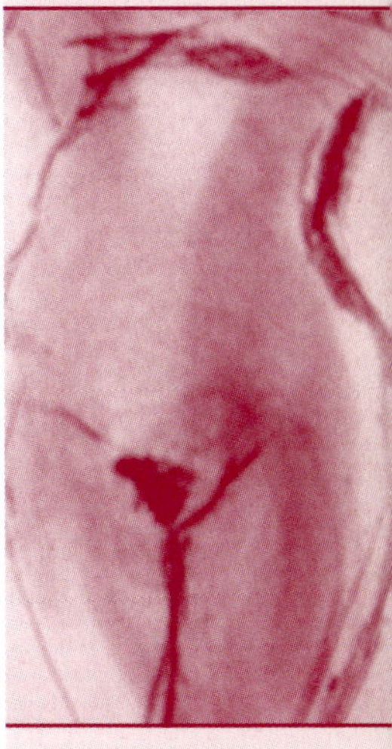

Enthemmt und immer lustvoll? Unser Körper spricht eine andere Sprache

Der wilde, lustvolle, häufige Sex, von dem so viel die Rede ist: Wo findet der statt? Das Leben meiner Freundinnen und der Frauen, mit denen ich arbeite, sieht anders aus. Sie haben Beziehungsprobleme, vermissen Sex, kämpfen mit ihren Pfunden, um attraktiv zu sein. Sie suchen Nähe, sind nach der Arbeit platt und wollen bestenfalls kuscheln. Sie haben Fantasien, trauen sich aber nicht, sie auszusprechen, geschweige denn, sie auf der Parkbank zu leben. Kürzlich war bei T-online zu lesen: „Anti-Aging durch Sex! Wer es so oft wie möglich tut, bleibt jung und vital!" Solche Medienbotschaften werden für Frauen zum Supergau, denn einmal in zwei Monaten reicht für diese Verjüngungskur nicht aus. Die Frauen, die ich kenne, sind mit den Mühen des Alltags voll und ganz beschäftigt. Einem Alltag fern von den illustren Bildern, die uns verführerisch anstrahlen. Von Bildern, die uns einflößen, wie wir als Frau sein könnten – oder schlimmer noch: sein sollten. In den Medien regiert der makellose Körper. Digital retuschierte Busen, Bäuche und Pos, aalglatte, enthaarte, braune Haut präsentieren sich erotisch schlängelnd. Eben ‚heiß'. Es sind diese perfekten virtuellen Körper, die uns fortwährend als Vorbilder für Weiblichkeit vor der Nase herumtanzen. So ein virtueller Körper riecht nicht – und wenn, dann duftet er nach Retortenmoschus oder Reagenzrosenextrakt. Er kennt seine optimierte Kalorien- und Vitalstoffzufuhr, verfügt über Beuge- und Dehnungsrhythmen für Bauch- und Gesäßmuskulatur. Er blutet diskret und im Geheimen, stöhnt auf Wunsch, kennt kurze hochexplosive Lustgeschehnisse und hofft, dem Altern zu entkommen.

Es sind diese perfekten virtuellen Körper, die uns fortwährend als Vorbilder für Weiblichkeit vor der Nase herumtanzen. So ein virtueller Körper riecht nicht – und wenn, dann duftet er nach Retortenmoschus oder Reagenzrosenextrakt.

Ich mache mich auf und rede mit Frauen, um zu erfahren, worum es im wirklichen Leben geht. Es werden lange Gespräche, in denen meine Gesprächspartnerinnen in großer Offenheit erzählen: über sich und ihre Männer, über ihr Verhältnis zum eigenen Körper und zu ihrer Vagina, über ihre Selbstzweifel und ihre Sexualität. Eines machen die Gespräche überdeutlich: Im Inneren sind wir ganz woanders, als die Außenwelt uns vorgibt.

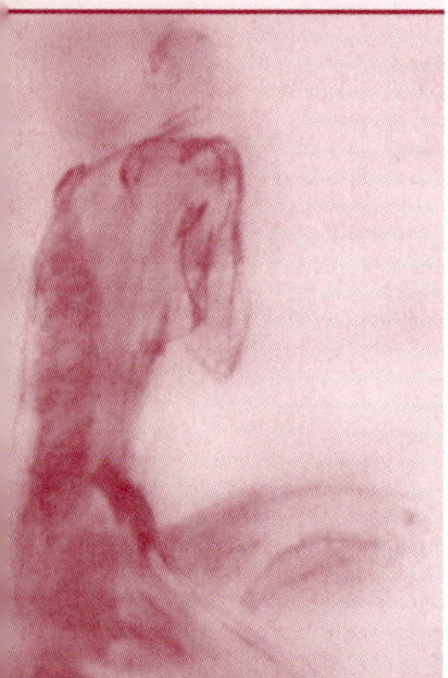

„Ich hab gedacht: Ich bin halt blöd und schaff das nicht mit dem Orgasmus. Ich war mir auch sicher, dass ich nicht attraktiv bin. Dass mich überhaupt ein Mann wollte, konnte ich mir gar nicht vorstellen. Ich bin einfach nicht in Ordnung, davon bin ich ausgegangen. Erst im Gespräch mit anderen Frauen bin ich drauf gekommen: Hoppla, das läuft ja anderswo genauso ab. Andere Frauen haben auch Probleme. Das war für mich ein Hoffnungsschimmer, man fühlt sich nicht mehr so allein und unnormal." Das sagt Carmen, 35 Jahre, eine schöne Frau. Über ihr Leben erzähle ich unter dem Titel: „Die Angst saß immer mit im Bett."

Meine Gesprächspartnerinnen sind ganz normale Frauen. Ich habe sie durch meine Arbeit kennen gelernt, oder auch rein zufällig, zum Beispiel im Zug. Die Tochter eines Bekannten ist dabei, sie wiederum brachte eine Freundin mit. Freundinnen gaben mir den Hinweis: „Frag doch mal... " Andere riefen mich an, um über sich zu erzählen, nachdem sie gehört hatten, dass ich mit Frauen über das Thema rede. Sie leben allein, in Beziehung, verheiratet, in Trennung, mit und ohne Kinder ... Wenn ich sage ‚normal', dann meine ich: Sie sind nicht ausgewählt, weil sie eine bestimmte Leidensgeschichte haben, sondern weil sie sind wie ich - und vielleicht auch wie Sie.

Das Erstaunliche: Alle, die ich fragte, willigten sofort in ein Interview ein. Ich habe eine Liste mit Namen von Frauen, die unbedingt von sich erzählen möchten. Es war, als gehe eine Schleuse auf. Als sei da ein immenses Bedürfnis, endlich einmal offen zu reden: über den Körper, die Schwierigkeiten, die Sehnsüchte. Endlich aus der Sprachlosigkeit herauszukommen. Selbstverständlich sind alle Namen meiner Interviewpartnerinnen und teilweise auch ihre Lebensdaten geändert, denn es ist ein absolutes Outing und erfordert großen Mut, so viel Intimes, so viel Innerstes öffentlich zu machen. Aus den Interviews sind viele Geschichten entstanden. Für dieses Buch habe ich Lebensskizzen und Momentaufnahmen ausgesucht, die mir typisch und auch wichtig erscheinen. Sie haben keinen Anspruch, repräsentativ zu sein. Eines verdeutlichen sie jedoch: Von einem wirklich befreiten, selbstbestimmten, lustvollen Leben sind viele Frauen weit entfernt. Die Scham ist nicht vorbei.

Eines machen die Gespräche überdeutlich: Im Inneren sind wir ganz woanders, als die Außenwelt uns vorgibt.

Männer denken, Frauen reden – Frauen denken, Männer reden

Nach Monaten des einsamen Schreibens beginne ich, erste Geschichten vorzulesen. Mein Herz klopft bis zum Hals, weil ich keine Ahnung habe, wie andere Frauen auf diese intimen Wahrheiten reagieren werden. Aufmerksames Zuhören. Ich sehe Frauen, die sehr berührt sind: „Genau da bin auch", sagen einige, und sie fangen an zu reden. Immer geht eine Tür auf und sehr persönliche, offene Gespräche entstehen. Als ich Männern

Von einem wirklich befreiten, selbstbestimmten, lustvollen Leben sind viele Frauen weit entfernt. Die Scham ist nicht vorbei.

aus dem Buch vorlese, sind sie zweierlei: berührt und erstaunt. Berührt über die Ehrlichkeit, mit der die Frauen über sich sprechen. Erstaunt, weil sie immer angenommen haben, wir Frauen würden über all das miteinander reden. Ja, wir reden! Aber meist doch nur darüber, wer es mit wem tut. Über Eifersucht und auch schon mal über Stress im Bett. Aber über das, was wir als sehr intim empfinden – und dazu gehört die Vagina –, über Fragen, die uns wirklich bewegen, darüber reden nur ganz wenige. Ich meinerseits bin auch erstaunt! Denn bisher war ich davon ausgegangen: Männer reden miteinander darüber. Ja, sie reden über Sex, auch über Frauen und Erfolg, aber sie meiden Intimes, Versagensängste, Schwierigkeiten, eben das, was der Alltag mit sich bringt. Keiner spricht!

Vom Kronjuwel und ziemlich überholten Begriffen

Von der Schwierigkeit, ein angemessenes Wort für ‚Unten rum' zu finden, war bereits die Rede. Sicher, wir kennen Bezeichnungen, aber ich scheue mich, sie hier zu nennen, denn sie haben keinen guten Klang, neigen dazu, diesen weiblichsten Teil abzuwerten. Ich habe mich entschlossen, diesen versteckten und schambesetzten Körperteil, der Wonne und Leid genauso kennt wie Neugier und Verlangen, mit dem wir tagein, tagaus beschäftigt sind, mit dem geläufigsten Namen zu benennen: Vagina. Dabei ist mir klar, auch dieser Begriff ist nicht sehr genau.

Rein anatomisch versteht man unter Vagina den Teil, der das äußere Genital mit der Gebärmutter verbindet. Die Scheide oder Vagina ist der Schlauch, der am Scheideneingang beginnt und bis zum Muttermund reicht – also das innere Gewölbe. Die Gesamtheit der äußeren Organe wird als Vulva bezeichnet. Dazu gehören der Venushügel, die großen Schamlippen und die beiden kleinen Schamlippen. Zur Vulva zählt auch die Klitoris. Medizinisch gesehen ist dieses kleine Organ, das lediglich seine Spitze zeigt, ganz profan ein Schwellkörpergewebe. Aus weiblicher Sicht könnte man sagen: Sie ist das Kronjuwel oder die Königin. Denn sie dient ausschließlich und allein dem Lustempfinden. Also wird sie in diesem Buch auch eine königliche Position einnehmen.
Kürzlich besuchte mich meine Freundin Francesca Mason Boring aus den

USA. Sie hat den eindrücklichen Text *Whispering Lips* für dieses Buch geschrieben. In einem unserer langen Gespräche über weibliche Sexualität fragte sie mich nach dem deutschen Wort für *labia*. „Schamlippen", sagte ich, und hatte dann Mühe, sie wieder zu beruhigen. Denn sie konnte es gar nicht fassen, dass das Wort Scham mit diesem wunderbaren Körperteil verbunden ist.

Wir leben damit, schon immer. Im Duden steht: „Scham bedeutet ursprünglich Beschämung oder Schande... später wurde es auch verhüllend für Geschlechtsteile gebraucht." Aha! Ich entschließe mich, ab sofort ‚Scham'lippen aus meinem Wortschatz zu streichen und sie nur noch ‚Lippen' oder ‚Lustlippen' zu nennen. Das geht mir einfach besser über die Lippen.

Weibliche Sexualität – wenig Wissen, viel Glauben

Im 21. Jahrhundert leben wir in einer Welt, in der weibliche Attribute für jede Werbebotschaft genutzt werden, sei es für Vollwaschmittel, Autos oder Wurstaufschnitt, in der der Umsatz der globalen Sex-Industrie höher ist, als die gesamten Militärausgaben der Welt, so Anna Karamanou, Ausschuss für die Rechte der Frauen im Europäischen Parlament. Gleichzeitig weiß die Wissenschaft nur relativ wenig über das, was in Frauen wirklich vor sich geht. Im Jahr 2000 kamen Forscher aus der ganzen Welt erstmalig zusammen, um die Kategorien der weiblichen Sexualität, ihre Störungen und Mechanismen zu definieren. In Deutschland bildete sich 2004 eine Arbeitsgruppe bestehend aus Urologen, Frauenärzten und Psychologen. Sie wollen das bisher kaum erforschte Gebiet der weiblichen Sexualität ergründen. Im Dezember des gleichen Jahres stellte ein großer Pharmakonzern die Forschung für eine ‚Viagra-Pille' für Frauen ein: Man wisse einfach zu wenig über die Komplexität der weiblichen Erregung. Die Frau, die große Unbekannte!

Ich entschließe mich, ab sofort ‚Scham'lippen aus meinem Wortschatz zu streichen und sie nur noch ‚Lippen' oder ‚Lustlippen' zu nennen.

Wir wissen wenig, aber wir glauben viel! Ellen Laan, Professorin für Klinische Psychologie in Amsterdam, führt seit Jahren Untersuchungen zum weiblichen Orgasmus durch. Sie stellt fest: „Nur 30 Prozent der Frauen haben einen Orgasmus während des Geschlechtsverkehrs." Damit meint sie nicht, die Mehrheit der Frauen habe nie einen Orgasmus, sondern nur, dass der Liebesakt nicht so verläuft, wie sie es sich wünschen. Frauen kommen vor allem durch die Stimulation der Klitoris zum Höhepunkt. Aber noch immer meinen viele, das reiche nicht aus. Ihr sexuelles Erleben sei erst dann normal und in Ordnung, wenn sie beim Geschlechtsverkehr ohne zusätzliche Stimulation einen Orgasmus erleben. Ellen Laan streicht übrigens das Wort anorgasmisch (nicht zum Orgasmus fähig) und spricht von präorgasmischen Frauen, die es bisher nur nicht gelernt haben, zum Orgasmus zu kommen. Jede gesunde Frau sei in der Lage Orgasmen zu haben.

Ohne die Klitoris findet der Orgasmus nicht statt! Er kann bei vaginaler Penetration auftreten. Wird dabei jedoch die Klitoris außer Acht gelassen, darf man keinen Orgasmus erwarten.

Dr. Helen O'Connel, Urologin aus Melbourne, definierte Ende der 90er Jahre zum ersten Mal: Die Klitoris ist viel größer als vermutet. Der gesamte Schwellkörper ist 8-9 cm groß und reicht weit in die inneren Lippen und das vaginale Gewebe hinein. Diese Erkenntnis stellt die Vorstellung vom vaginalen Orgasmus auf den Kopf: „Ohne die Klitoris findet der Orgasmus nicht statt! Er kann bei vaginaler Penetration auftreten. Wird dabei jedoch die Klitoris außer Acht gelassen, darf man keinen Orgasmus erwarten. Sieht man jedoch in den Medien, im Film ein Paar, das Geschlechtsverkehr hat, wird den Aktivitäten, die den Orgasmus der Frau fördern, keinerlei Beachtung geschenkt." Das sagt Dr. O'Connel in einer Dokumentation, die im Januar 2004 bei *Arte* mit dem Titel *Klitoris, die schöne Unbekannte* gesendet wurde. In dieser Dokumentation erklärt Natalie Angier, Autorin des Buches *Frau*: „Die Klitoris ist sensibler als der Penis, sie hat das empfindlichste Gewebe überhaupt. An ihrem Oberteil befinden sich mehr Nervenenden als irgendwo sonst, selbst mehr als auf der Zunge. Jeweils 4000 Nervenfasern laufen von beiden Seite zusammen in dieser kleinen Spitze (also versammeln sich dort 8000). Deshalb ist sie auch so empfindlich. Eine große Anzahl von Frauen mag gar keine direkte Berührung, das ist ihnen zu viel. Sie wünschen sich eher eine indirekte Stimulation."

Die Vagina ist der Ort des Geschlechtsverkehrs und gleichzeitig auch Endabschnitt des Gebärmutterkanals. Es ist also die Stelle, die bei einer Geburt am meisten beansprucht wird. Und wie Mutter Natur eben so ist, hat sie dafür gesorgt, dass die Vagina in dieser lebens- und arterhaltenden Funktion schmerzfrei ist. Die Vagina selber hat so gut wie keine Nerven- oder Empfindungszellen! Der so genannte vaginale Orgasmus funktioniert nur, wenn die Klitoris, oder besser gesagt, das klitorale Gewebe beteiligt ist.

So viel zum Wissen. Und nun zurück zum Glauben: Der Sexualwissenschaftler Dr. Karl Stifter propagiert noch heute im Internet: „Es ist wissenschaftlich bewiesen, dass zwei Drittel aller Frauen vaginale Orgasmusprobleme haben – zu schwach, zu selten, nie." Damit will er uns sagen: Es gibt den vaginalen Orgasmus, und jetzt schaut mal, dass ihr dahin kommt! Stifter selbst bewirbt ein ‚Spielzeug', das den Beckenboden und die vaginale Muskulatur stärkt. Nach einer Übungsphase, so seine Aussage, erreichen wir Frauen dann endlich die Erfüllung unserer Sehnsüchte: „Mein Partner und ich schweben von Höhepunkt zu Höhepunkt!" Nichts gegen Beckenbodentraining, das ist sicher gut. Aber diese Behauptungen machen Frauen und auch Männern Stress. Beim Koitus zusammen einen Orgasmus zu bekommen ist für Paare fast schon ein Beweis für wirkliche Liebe – aber sie kommen nie dahin. Das Bemühen um die Erfüllung dieses Wunsches ist für Männer und Frauen in der Regel mit einer guten Portion Anstrengung verbunden. Und zahllosen Frauen bleibt das Gefühl: Ich bin eben gestört und nicht normal.

Wie fühlt sich ein Orgasmus an? Schrei ich da, oder was?

Und woher sollen sie es auch besser wissen? Denn über dem, was wirklich wichtig wäre, hängt nach wie vor ein Siegel des Schweigens, und diese Sprachlosigkeit hat gravierende Folgen. Carmen: „Ich habe mich jeden Tag gefragt: Wie komm ich zu einer erfüllten Sexualität und wie fühlt sich das überhaupt an? Und das beschäftigt mich heute noch. Du kannst doch niemanden fragen: Wie fühlt sich ein Orgasmus an? Schrei ich da, oder was?"

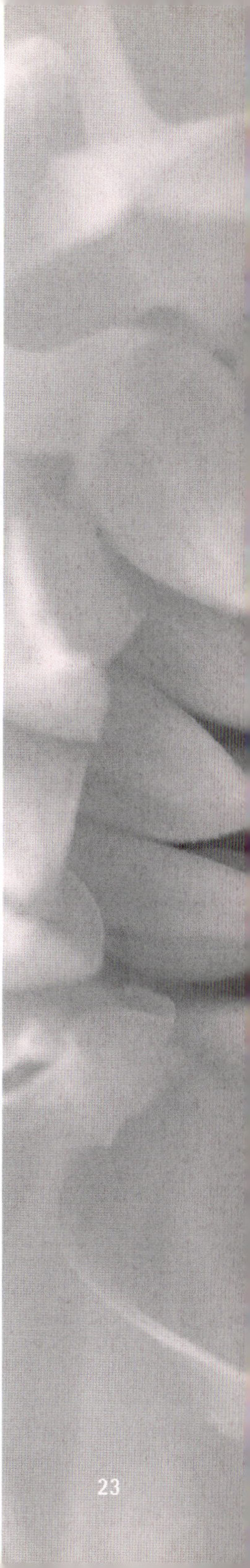

Was wissen wir davon, wie andere Frauen aussehen und was sie erleben? Wer sind die Vorbilder? Unsere Mütter? Mütter klären in der Regel darüber auf: So wird man schwanger, und bitte pass auf, dass das nicht passiert. Aber wie das geht mit der Lust, wie man als Frau berührt werden möchte, was ein Orgasmus ist? Das ist eine andere Baustelle, die Zutaten dazu muss jede Frau selber finden. Wenn man sich am großen Vorbild Film und Fernsehen orientiert, wird's noch schwieriger. *Basic Instinct, Heiße Nächte in Rio* – oder wovon man sich auch immer inspirieren lässt – versprechen Wildheit und Ekstase. Du brauchst nur den richtigen Mann, den magischen, heißen Moment, und unausweichlich führt dich das binnen Kürze zum explosiven Höhepunkt.

Die Vagina ist für mich ein Bereich, dem ich mit Respekt und Vorsicht begegne, obwohl es auch Routine ist. Meine eigene kenne ich gut, und doch ist sie noch immer ein wenig geheimnisvoll – ich mag sie.

Frauenärztin, 42 Jahre

Im September 2004 gab es in einem der großen Privatsender etwas zu erfahren. Eine bekannte Psychologin, die täglich beratend auf die Zuschauer wirkt, behandelte folgenden Fall: Eine verschreckt wirkende Frau, vielleicht Anfang 30, gesteht ihrem Mann, dass sie ihm immer nur einen Orgasmus vorspiele. Sie komme nie zum Höhepunkt, sondern tue nur so, als ob. Er fällt aus allen Wolken: „Reiche ich nicht aus, bin ich nicht gut?" Quälende Fragen kommen auf den Tisch, bis die findige Psychologin zum Kern des Problems vorstößt. Bei diesem Paar gibt es immer nur die schnelle Nummer – drei bis fünf Minuten. „Berühren Sie denn nie die erogenen Zonen Ihrer Frau?", fragt sie und hat sofort einen Stift und eben den guten Rat zur Hand. Sie zeichnet die Erregungskurve. Also streichel, streichel, die Kurve steigt schnell an, führt zum Plateau und ab geht die Post. Dazu führt sie aus: Als Frau komme man zum Orgasmus, wenn die erogenen Zonen ausreichend berührt würden (Vorspiel), und zwar so lange, bis die Frau feucht werde. Das Feuchtwerden sei zuverlässiges Zeichen und signalisiere: Das Becken ist mit Blut angefüllt und die Frau ist damit bereit. Wenn dann der Penis eindringe, komme die Frau zum Orgasmus. In manchen Fällen vielleicht sogar mehrmals. Gut, oder? Und nochmal: Wo ist das Problem?

Jede Frau ist normal – jede Frau ist richtig.

Was aber, wenn diese junge Frau zu denen gehört, die gar nicht oder kaum feucht werden? Wenn sie Zeit braucht, viel Zeit? Wenn sie Blick-

kontakt und Herzensnähe sucht? Oder was wäre, wenn sie genau vor diesem tiefen Kontakt Angst verspürt. Vielleicht törnt es sie an, wenn ihr Partner sie umwirbt, ihr aufregende Dinge ins Ohr flüstert. Nullachtfünfzehn-Rezepte tun so, als wären wir alle gleich gestrickt. Eine Frau, die nicht ins Ratgeberformat passt, kommt sofort in Stress, denn sie meint: Ich bin nicht normal. Und für den Mann wird es richtig schwierig, er hat jetzt zwar das ‚Backrezept', aber wie genau sehen die Zutaten aus, und wie muss die Mischung sein?
Ich erinnere mich an eine verzweifelte Freundin, die alles ausprobiert hatte, jede Form von Streicheln, von entspanntem Baden, antörnenden Accessoires. Sie versuchte es mit ihrem Partner und mit sich selbst – aber immer dauerte es 50-60 Minuten, bevor sie überhaupt Erregung in ihrem Körper spüren konnte. Sie war in Not, weil sie dachte, sie sei nicht normal. Heute kann ich sagen: Sie ist normal. Jede Frau ist normal mit ihrer ureigensten Kurve der Lust! Die permanenten allgegenwärtigen Verallgemeinerungen und Botschaften darüber, wie Sex aussieht, führen dazu, dass viele Frauen sich fragen: Warum geht das nicht bei mir?

Die Crux dabei ist: Wir können gar nicht einschätzen, was normal ist. Denn das würde ein Wissen voraussetzen, das wir nie erworben haben. Ich habe lange Zeit gemeint, das läuft bei allen Frauen und Männern mehr oder weniger gleich. Du funktionierst als Frau so, wie es immer zu hören und zu sehen ist, oder besser gesagt, wie ich annehme, dass es so funktioniert. Abbildungen der Vulva, wenn sie überhaupt einmal zu finden sind, zeigen harmonisch auseinander gefaltete Flügel, gleich große – aber eben nicht zu große – innere Lippen. Anatomie aus dem Bilderbuch, die uns vorgaukelt, wie der Standard einer Frau aussieht. Kein Wunder, dass knapp zwei Drittel der Frauen (61%) Bedenken in Bezug auf das Aussehen ihrer Lustlippen haben und fast die Hälfte (47%) hinsichtlich ihrer Größe. Denn woher sollen wir auch wissen, was wirklich normal ist?

Nullachtfünfzehn-Rezepte tun so, als wären wir alle gleich gestrickt. Eine Frau, die nicht ins Ratgeberformat passt, kommt sofort in Stress, denn sie meint: Ich bin nicht normal.

Vor zwei Jahren gab es ein Erlebnis, das mich angezündet hat, dieses Buch zu schreiben. Nachdem ich viele Jahre als Journalistin und Kommunikationstrainerin gearbeitet hatte, wurde mir etwa mit 42 Jahren eine Frage immer wichtiger: Warum fällt es uns so schwer, über das zu reden, was uns zutiefst beschäftigt? Liebe, Sex, Gefühle, geheim gehaltene Wünsche und Bedürfnisse gehören dazu. Ich begann, mich mit verschiedenen psychotherapeutischen Richtungen zu beschäftigen. In meiner körpertherapeutischen Ausbildung hörte ich von Rose Fink. Sie arbeitet seit 20 Jahren mit dem *Deer Tribe*, einer schamanischen Schule und Gesellschaft für Medizin in Arizona, USA. Es ist der Zusammenschluss vieler indianischer Stämme, die ihr Wissen seit Jahrhunderten wahren und anwenden. Für diese indigenen Heiler ist Sexualität die zentrale Energie in uns. Sie vermuten, dass ein Großteil aller Krankheiten, Süchte, allen Unglücks und aller Beziehungsprobleme durch eine Unausgeglichenheit in der Sexualität entsteht. Das an sich ist schon ein gewöhnungsbedürftiger Gedanke, aber noch etwas Erstaunlicheres erfuhr ich: Ihre Tradition unterscheidet Frauen und Männer in ihrem sexuellen Ausdruck und kennt verschiedene Genitaltypen. Bei Frauen werden für jeden Typ spezifische Formen der Vulva und der Vagina, verschiedene Lustkurven und unterschiedliches sexuelles Erleben beschrieben. Unterschiedliches Erleben? Ich hatte doch angenommen, das sei bei jeder Frau zumindest tendenziell gleich? Als Journalistin habe ich mich sofort gefragt: Stimmt das? Und wenn ja – warum wissen wir hier bei uns nichts davon?

Rose Fink erklärt in einem ausführlichen Gespräch in diesem Buch: Jede Frau ist anders, und das hat eben auch damit zu tun, zu welchem Genitaltyp sie gehört. Mit Gruppe oder Typ sind hier keine starr abgegrenzten Kategorien oder Schubladen gemeint. Diese Herangehensweise soll uns nur helfen, die große Unterschiedlichkeit von Frauen wahrzunehmen und zu verstehen. Jede Frau ist in ihrem Körper und mit ihren Empfindungen einzigartig und genau so richtig, wie sie ist. Nur eines gilt für die Mehrheit von uns: Wir brauchen Zeit, viel Zeit. Es gibt natürlich Frauen, die in wenigen Minuten in Erregung kommen, aber sie gehören zu einer kleinen Gruppe von nur fünf bis sechs Prozent.

Anspannung und Druck – was muss ich tun, um gut im Bett zu sein?

Ein Grundthema zieht sich durch fast alle meine Gespräche, und das heißt Anspannung. Ja, Sie lesen richtig. Stress und Anspannung begleiten unterschwellig viele Menschen bei der schönsten Sache der Welt. „Du willst was anderes, aber du hast es nicht gelernt!", bekennt eine 48-jährige Frau. „Sex habe ich immer auch als Anstrengung empfunden. Ich muss immer attraktiv und verführerisch sein. Manchmal rackere ich mich ab, damit wir überhaupt zusammenkommen. Aber ich will mal wieder verführt werden, möchte mich entspannen, nichts tun. Ganz selten erreichen wir diese Intensität, dieses ganz tiefe Gefühl von Miteinanderversinken, ein Berührtsein, das bis ins Mark geht. Klar, man kann nicht nur oben schweben, aber das ist es, wonach ich mich sehne."

Frauen wünschen sich Sex, aber ihre Partner wollen nicht. Die Annahme, dass Männer immer wollen, ist eben nur eine Annahme. Emma berichtet über eine Freundin, die sich in dieser Frage überaus unkompliziert verhält: „Leonie, wenn die Lust hat, dann geht die ran. Die zieht sich aus, zieht ihren Freund aus, legt ihn auf die Couch und dann ist jeder Widerstand zwecklos! Obwohl ich nicht glaube, dass sich ihr Freund ernsthaft darüber ärgert. Die ist da nicht so drauf: Guck mal, Schatzi, sehe ich heute nicht gut aus. Es dauert ihr einfach zu lange, bis ihr Freund schnallt, was angesagt ist." Lucky Leonie! Aber so zielführend sind leider nicht alle. Auf einer Party unterhalte ich mich mit einer jungen Frau. Sie ist attraktiv, sehr sexy gekleidet, vielleicht Ende 20. Wir reden so über dies und das, und unweigerlich kommt die Frage: „Und was machen Sie?" Als ich ihr von dem Buch berichte, geht wieder eine Tür auf und sie erzählt von sich. Ihr ist es kaum erträglich, von ihrem Partner nicht begehrt zu werden. Er will einfach nicht, obwohl er könnte. Mit jeder Abweisung spürt sie, wie ihr Selbstwert einen Knacks bekommt. Es bringt sie unter Druck. Warum begehrt er mich nicht? Selbstzweifel tauchen auf. Bin ich nicht attraktiv? Mache ich etwas falsch? Was ist falsch an mir?

Druck und Anspannung beim Sex haben viele Gesichter. Sie drücken sich in Form von Blockierungen aus. Der Körper wird eng, weicht zurück oder macht zu. Die schon erwähnte Lustlosigkeit kann ein Resultat von Anspannung sein. Es sind Antworten des Körpers auf: Das müsstest du tun... so solltest du sein. – Die Anspannung entsteht vor allem aus den inneren Bildern, wie guter Sex auszusehen habe. Eine 35-Jährige

Wenn ich weiß, die Kinder sind im Haus, bin ich beim Sex sehr beeinträchtigt. Da bin ich nicht laut, sondern ganz leise. Ich halte mich dann immer ein Stück zurück. Wenn wir ein sturmfreies Wochenende haben, dann läuft es zwischen mir und meinem Mann ganz anders. Ich will auf gar keinen Fall, das die Kinder da was von mitkriegen. Das kann ich auch gar nicht steuern, dass ist wie eine innere Barriere.

Hannelore, 42 Jahre

beschreibt, dass sie ständig damit beschäftigt sei, was sie als Nächstes tun müsse. Muss sie während des Liebesspiels die Stellung wechseln? Sollte sie sich bestimmten erogenen Stellen widmen? Macht es ihm Spaß? Für sie läuft ein innerer Film ab, der vorgibt, wie guter Sex auszusehen hat. Sie folgt nicht der Sprache ihres Körpers, sondern bedient Vorstellungen, wie guter Sex sein sollte.

Natürlich gilt das, was ich hier schreibe, nicht für alle, aber es gehört zur Realität vieler. Die Übersexualisierung in den Medien bringt uns einem erfüllten Sexualleben nicht näher. Im Gegenteil, sie macht Stress: Wie muss ich mich verhalten, damit ich erotisch bin? Wie muss ich aussehen? Was ist angesagt? Gefüttert werden die Filme im Kopf. Von unserer eigenen körperlichen Realität entfernen wir uns dabei immer mehr. Eine Spielart davon ist vielen Frauen vertraut: Die Universitätsklinik, Berliner Charité, hat in einer umfangreichen Befragung das Sexualerleben deutscher Frauen untersucht. 90 Prozent der befragten Frauen geben an, ihrem Partner schon einmal einen Orgasmus vorgetäuscht zu haben. Davon wiederum erklärten zehn Prozent, regelmäßig einen Höhepunkt vorzuspielen.

Orgas-müssen, heilige Kühe und das Ringelschwanz-Phänomen

Sex und Orgasmus gehören zusammen wie Pech und Schwefel – meinen wir. Der Orgasmus ist unsere heilige Kuh. Alles dreht sich um das tiefe Aufstöhnen, um den Superkick. Wird er nicht erreicht, dann wird es ernst. Dann ist etwas nicht in Ordnung, Krisenstimmung. Ist es doch der sehnlichste Wunsch, die Gipfelspitze zusammen mit dem Partner zu erreichen. Aber, und ich wiederhole mich da, nur 30 Prozent der Frauen haben überhaupt einen Orgasmus beim Geschlechtsverkehr. Welches Ausmaß dieses Thema hat, wird in den meisten meiner Gespräche deutlich. Besonders Katarina hat viel Erfahrung damit und nennt es: „Orgas-müssen"! Da liegt der Stress immer mit im Bett.

Und damit komme ich zu einem Gedanken, den ich das ‚Ringelschwanz-

Phänomen' nenne. Wenn Sie einen Ringelschwanz sehen, dann haben Sie die Assoziation: Schwein. Sie wissen sofort, wie das ganze Tier aussieht: rosa nämlich. Und Sie haben ad hoc das andere Ende, die Steckdose, vor Augen. Genau so läuft die eine Sache zwischen Männern und Frauen. Ich gebe zu, das ist etwas vereinfacht, aber was ich sagen will ist: Es gibt in uns eine Assoziations-Kette, die anfängt mit: Verliebtheit → erste Berührung → Sex → und am Ende steht er, der Orgasmus. Die Beziehung wächst und gedeiht, die Partner sind sich vertraut, kennen ihr Signal für ‚Jetzt könnten wir mal wieder', und die Kette schnurrt innerlich ab. Erotik, Streicheln, Küssen, Stöhnen, eben alles was dazugehört, und der Blick richtet sich auf den Gipfel, der mit seinem Sonnenglanz lockt und zu erreichen ist. Orgasmus wird zur Einbahnstraße. Keine andere Richtung scheint möglich, das Ziel steht in großen Lettern beiden Partnern innen an der Stirn geschrieben.

Jenseits der Vorstellung davon, was sein müsste, spricht der Körper seine eigene Sprache. Sehr viele Frauen, die Zahlen schwanken zwischen 20 und 25 Prozent, erleben selten oder überhaupt nie einen Orgasmus. Andere berichten, mit sich allein gelinge es ihnen leicht, nicht aber mit dem Partner. Angesichts dessen, was angeblich sein müsste, setzt das Frauen unter großen Druck – es stresst! Es gibt 20-Jährige, die ziehen sich vom Sex zurück, er spielt in ihrem Leben keine Rolle mehr. Das Spiel mit der Lust setzt sie zu sehr unter Zugzwang. Es gibt unglaublich viele Wünsche, Vorstellungen und Fantasien, wie es denn aussehen sollte – die aber unerreichbar bleiben. Das macht Druck, vor allem auch Druck im Körper. Es schränkt unsere innere Freiheit ein. Und es verschließt uns für das Erleben überraschender, anderer und unerwarteter lustvoller Momente, die wir nicht oder kaum wahrnehmen, weil sie nicht ins Schema passen.

Es gibt unglaublich viele Wünsche, Vorstellungen und Fantasien, wie es denn aussehen sollte – die aber unerreichbar bleiben.

Orgasmus light – und der Abstieg vom Gipfel

Noch etwas anderes scheint mir bedeutsam, und ich glaube, viele von Ihnen können mit dem Gedanken etwas anfangen. Es hat mit Ladung und Entladung zu tun. Die Erregung steigt und steigt, und dann gibt es den Moment, wo durch Pushen, Drängen, Machen der Olymp bestiegen wird –

der Abstieg geschieht dann im freien Fall. Wir erleben den Höhepunkt als Entladung einer Spannung, vergleichbar einer elektrischen Ladung, die wir durch ein Drängen aufgebaut haben. All unser Tun ist auf den Moment der Entladung ausgerichtet, den wir zwar als lustvoll, aber auch als sehr ‚kurz und schmerzlos' erleben.

Das bedeutet: Auch da ist eine Form von Druck im Spiel. Druck ist das Gegenteil von Entspannung und er verhindert wirkliches Wohlgefühl, Sättigung im Körper. Ich habe mit drei Expertinnen Gespräche geführt. Sie beschreiben, was an orgiastischen Gefühlen möglich ist, wenn wir heraus aus dem Stress und hinein in die Entspannung gehen. „Die Auflösungsenergie von Stress ist Entspannung – und nicht Orgasmus...", sagt Rose Fink, „Orgasmus ist das Überfließen von Energie."

Regina König ist so etwas wie eine Kronzeugin, denn sie hat als Seminarleiterin mit Hunderten von Frauen gearbeitet. Die folgende Aussage von ihr ist für mich eine der zentralen in diesem Buch: „Meine wichtigste Botschaft an Frauen ist: Macht euch keine Gedanken über den Orgasmus. Vergesst alles, was darüber erzählt wird oder geschrieben steht, genießt es, wenn es strömt im Körper, genießt es, wenn's prickelt, genießt, wenn's warm ist oder sonst was, aber lasst jegliche Vorstellung von Orgasmus los, schmeißt das alles in den Müll. Wir müssen vor allem auf der mentalen Ebene aufräumen. Aufräumen mit Vorstellungen, wie was beim Sex auszusehen hat, aufräumen mit Glaubenssätzen, wie: ‚Ich bin nicht attraktiv, sexy, kann das nicht ... und, und, und...'. Wir müssen aufhören, uns an Idealen zu orientieren und primär auf der Körperebene schauen, wie wir uns erweitern und tiefer mit uns selbst in Kontakt kommen können."

Worum geht es wirklich beim Liebemachen, wenn wir uns von all den Bildern und Ansprüchen lösen? Jede Frau hat eine Sehnsucht, das hat sich in allen Gesprächen gezeigt. Meist hat sie zu tun mit Nähe, Zeit, Ruhe, Nichts-tun-Müssen. Einfach nur gehalten werden, ganz ohne Absicht, ohne ein Ziel. Mit dem Wunsch nach Verschmelzung, nach echter Intimität, in der sie das Gefühl hat: Ich bin in Ordnung, so wie ich bin, und muss nichts tun, um anders, um besser zu sein.

Der Kopf war weiter als das Gefühl – über die sexuelle Befreiung

1966 kommt die Pille auf den Markt, im selben Jahr bereichern die amerikanischen Forscher Masters und Johnson das Leben der Frauen durch ihre Studie über den weiblichen Orgasmus und die Klitoris. Das ist ein Schritt hin zur sexuellen Freiheit. Kurze Zeit darauf beginnt das, was wir unter sexueller Revolution verstehen. Sex darf zum ersten Mal auch offiziell Spaß machen. Keine Frage – die Studentenbewegung, Oswald Kolle, Alice Schwarzer, Anja Meulenbelt mit ihrem wichtigen Buch *Die Scham ist vorbei,* und natürlich die gesamte Frauenbewegung haben Freiheiten erkämpft, die das Leben leichter machen. Und ich füge ketzerisch hinzu: zumindest theoretisch.

Wir dürfen ohne schlechtes Gewissen masturbieren. Wir können Dinge ausprobieren, von denen unsere Mütter, wenn überhaupt, nur Fantasien hatten. Fast jede fünfte Frau hat heute erotische Erfahrungen mit einer anderen Frau. Und wir können unsere Partner wählen. Aber vielleicht das Wichtigste ist: Wir dürfen Nein sagen!

Sex und Orgasmus gehören zusammen wie Pech und Schwefel – meinen wir. Der Orgasmus ist unsere heilige Kuh.

Ohne diesen Aufbruch hätte ich dieses Buch nicht schreiben können. Aber wo sind wir gelandet? Heute geht es nicht um freie Liebe – heute geht es nur noch um freien Sex. Von Beziehung, Begegnung und Kontakt ist immer weniger die Rede. Zwar hat es eine große Enttabuisierung gegeben, aber ohne Tabu ist man nicht gleich freier, schon gar nicht zufriedener. Die Scham ist nicht vorbei.
Die Ideologie der sexuellen Revolution war weiter als die Körper der Frauen – der Kopf war weiter als die Gefühle.

Wir schämen uns

Wir schämen uns, weil wir zu dick oder zu dünn sind. Wir schämen uns über unseren Busen: zu klein, zu groß, zu hängend. Wir schämen uns über zu große oder zu kleine Lustlippen. Wir schämen uns nicht nur für unseren ‚unvollkommenen' Körper, sondern auch für unsere Bedürfnisse und unsere Bedürftigkeit. Wir sagen beim Sex nicht, was wir mögen – und was nicht. Wir schämen uns einfach. Wir schämen uns, dass wir nicht so heiße Nummern sind, wie wir sein sollten. Wir schämen uns für den vorgetäuschten Orgasmus. Wir schämen uns dafür, dass wir uns so schwer damit tun, überhaupt einen Orgasmus zu bekommen.

Als Tochter weißt du: Deine Vagina ist ein Ort, der durchaus reiz- und lustvoll ist oder sein könnte, den man aber nicht anschaut. Nur zwei Männer haben das Privileg, deine Vagina zu sehen: dein aktueller Mann und dein Frauenarzt.

Wenn die Leidenschaft mit uns durchgeht, unsere Gesichtszüge nicht mehr zu kontrollieren sind, wenn aus der Tiefe laute Schreie kommen oder Stöhnen, schämen wir uns danach. Wir schämen uns so sehr, dass wir uns nicht wirklich hingeben, fallen lassen und unsere ganze Lust genießen können.

Die Scham ist uralt, sie ist in allen unseren Zellen gespeichert. Mütter müssen ihren Töchtern nicht sagen, was sich gehört und was nicht, sie wissen es bereits. Du weißt, dass Männer immer nur das Eine wollen und dass du deinen Mann mit Sex an dich binden kannst, weil er das einfach braucht. Deine Mutter, deine Großmutter und deine Urgroßmutter wussten es, und sie wussten auch: Immer schön auf dem Teppich bleiben – zu viel Lust, zu viel Spaß, zu viel Leidenschaft sind eben zu viel. Als Tochter weißt du: Deine Vagina ist ein Ort, der durchaus reiz- und lustvoll ist oder sein könnte, den man aber nicht anschaut. Nur zwei Männer haben das Privileg, deine Vagina zu sehen: dein aktueller Mann und dein Frauenarzt.

Scham entsteht da, wo ich glaube, anders zu sein, nicht mithalten zu können. Es ist das Grundgefühl: Alle sind richtig, nur ich bin es nicht. Und das Verrückte ist: In einer übersexualisierten Gesellschaft ist die Scham selbst nicht erlaubt. Der moderne Mensch ist angeblich geil, frei, hemmungslos und sucht die Grenzerfahrung. Ist eben die Scham los. Wer heute Scham in sich spürt, hat ein Problem, weil er anders ist, nicht mithalten kann. Er schämt sich für die Scham, gehört wieder nicht dazu.

Dabei ist Scham auch etwas sehr Wertvolles. In der Verliebtheit spürt man ihre scheue, schüchterne und natürliche Seite ganz deutlich. Vor allem bei Kindern kann man diese Seite sehen. Da, wo echte Begegnung und Kontakt stattfinden, schwingt immer etwas Zartes, Fragiles und auch

Scheues mit. Diese Schamhaftigkeit ist lebenserhaltend, mit ihrer Vorsicht sucht sie aus: Wem gegenüber kann ich mich öffnen und wem gegenüber nicht? Sie verkörpert das wahrhaftige Gefühl.

Das Erbe der Mütter

Bevor ich mit den Interviews anfing, habe ich einen kleinen Fragenkatalog entwickelt: Welches sind die ersten Erinnerungen an ein sexuelles Gefühl? Wie war das ‚erste Mal'? Wie ist das Verhältnis zum Körper und zur Vagina? Wie der Kontakt zu ihr? Ist sie im Bewusstsein, so wie Augen oder Mund? Wird sie angeschaut und pfleglich behandelt, so wie der Rest des Körpers? Wie wird Sexualität heute erlebt? Schon nach wenigen Minuten tauchte ich mit meinen Gesprächspartnerinnen in ein tiefes Gespräch. Es brauchte keine Fragen mehr, diese Tür ging auf. Nur eine Frage habe ich immer auf die gleiche Weise gestellt: „Wie würde deine/ihre Mutter folgenden Satz beenden? Meine Vagina ist für mich ..."

Allen war sofort bewusst, wie der Satz weitergehen müsste. Manche waren so betroffen, dass es ihnen schwer fiel, ihn auszusprechen. Denn an diesem Satz hängt der ganze Schmerz der Frauen, die vor uns waren. Ein paar ganz typische Aussagen: „ ...brauch' ich nicht, überhaupt nicht." „ ...ein grauer, unbekannter Ort." „ ...nicht existent." „ ...tabu. Vagina – das Wort hätte meine Mutter gar nicht ausgesprochen – gibt es nicht." Nur von ganz wenigen Müttern wurde angenommen, dass sie Spaß haben oder hatten, aber auch dann war es mit Sünde verbunden: „ ...ist schön, schon dafür schäme ich mich." „Ich mag sie, und das darf bitte nicht auffallen, denn da hängt etwas Nuttiges dran." Am häufigsten hieß es aber: „Meine Mutter hätte gesagt, meine Vagina ist mehr für meinen Mann da." Oder gar: „Meine Vagina gehört meinem Mann."

Diese Frage nach dem Empfinden und der Haltung der Mutter ist für mich von großer Bedeutung, denn von dort kommen wir. Sie ist unser Modell, sie prägt uns. Meine Mutter ist in meinen Zellen und auch in meinem Denken. Das, was sie gedacht, gefühlt, gelebt hat, habe ich als Kind aufgesogen. Ihre Sicht – und natürlich auch die meines Vaters – war damals meine Sicht, denn als Kind bin ich vollkommen identifiziert. Ihre ausgesprochenen und unausgesprochenen Ansichten, ihre Meinung über Männer, ihre Selbstzweifel, ihr Verständnis von Frausein, all das ist eingewebt in das Fundament, auf dem mein Leben basiert. Ich bin mir bewusst, dass diese Aussage für viele Frauen hochexplosiver Stoff ist, und kann mich gut an den Buchtitel *Ich schaue in den Spiegel und sehe meine Mutter* erinnern. „Niemals!", habe ich damals gedacht. Heute weiß ich, wie sehr sie mich geprägt hat, und ich erkenne das voller Liebe an. Das Mutter-Tochter-Verhältnis ist ein großes Thema, und es ist nicht das dieses Buches. Aber ich glaube, wenn wir uns mit Sexualität beschäftigen, müssen wir anerkennen, dass wir auf zwei Beinen stehen: Das eine ist unsere Herkunft, mit dem anderen gestalten wir unser Leben selbst.

Macht euch keine Gedanken über den Orgasmus. Vergesst alles, was darüber erzählt wird oder geschrieben steht.

Genau diese Frage nach unserer Herkunft hat die Bewegung der sexuellen Befreiung nicht ausreichend berücksichtigt. So etwas wie Scham oder Schuld, körperliches Zurückweichen und sexuelle Unfreiheit existieren in Frauen seit Jahrtausenden. Das ist mit ein, zwei Generationen nicht ad acta zu legen. Der Beschluss „Ich lebe freien Sex" erfordert mehr als diese Absicht. Er erfordert im ersten Schritt anzuerkennen, welche Geschichte ich mitbringe. Was ist die Wahrheit der Mütter, von denen ich stamme? Welche Gefühle, vor allem welche Körpergefühle sind in mir, wenn es um Sexualität geht? Welche Selbstverurteilungen rumoren in meinem Kopf? Wie bewerte ich eine Frau, die wirklich saftig ist und die ganze Kraft ihrer Sexualität lebt?

Wem gehört unsere Sexualität?

Ein bedeutsames Beispiel für die prägende Kraft unserer Herkunft ist der oben zitierte Satz: „Meine Vagina ist für meinen Mann da." Was viele unserer Mütter dachten, ist immer noch hochaktuell. Die Studie der Berliner Charité stellt fest: „Wenn Frauen einen Höhepunkt vortäuschen, dann tun sie es ihrem Partner zuliebe. So wollen 41 Prozent damit ihren Partner bestätigen, 25 Prozent den Orgasmus des Partners beschleunigen, 16 Prozent meinen, es ihrem Partner schuldig zu sein. 15 Prozent trauen sich nicht, ihrem Partner zu sagen, dass sie keinen Orgasmus hatten."

Wie sehr sind wir doch immer noch damit beschäftigt, es ihm recht zu machen. Wir versuchen zu erahnen, was ihm gefallen könnte. Wollen für ihn schön und schlank sein. Sind auf der Jagd nach dem ultimativen Kleidungsstück, möchten es gut machen, geben und geben... und sind mit aller Aufmerksamkeit bei ihm. Das durchdringt das Leben bis ins Kleinste. „Das würden Männer auch sagen", erklärt mir ein Freund. „Für Männer gilt genauso: Mein Penis und meine Sexualität sind für die Frau da. Ich möchte es ihr gut machen, und deshalb muss er stehen. Diese Fixierung strengt uns genauso an. Als Mann musst du immer klasse sein, dies und das bringen... Schon die Angst, dass man das alles nicht wirklich durchstehen kann, lässt uns Männer manchmal zurückweichen. Und wir reagieren dann so: Ich hab heute keine Lust!"

Junge Frauen: Cool und erfahren – voller Scham und entfremdet

Die Psychologin Karin Linnander, eine der hier befragten Expertinnen, arbeitet mit jungen Mädchen zum Thema Sexualität. Sie hört von immer mehr Schülerinnen, dass sie es für den Freund machen. Sie haben mit 14 oder 15 Jahren das erste Mal hinter sich, kennen Oralverkehr und vieles mehr. Ihr Motiv dabei: die Angst, den Freund sonst zu verlieren. Wie weit sind diese Mädchen, so sexy und selbstständig sie sich auch geben, in dieser Frage von ihren Großmüttern entfernt? Es für den Jungen oder für den Mann zu tun bedeutet: Ich tue es in erster Linie nicht für mich. Dieses Grundthema lebt nach wie vor. Wir Frauen, gleich welchen Alters, haben längst nicht alle Unfreiheit hinter uns gelassen. Mehr noch, nach meinem Eindruck befinden wir uns in einer Phase der Regression. Selbstbestimmung, Für-mich-Einstehen, mit den eigenen Bedürfnissen und dem eigenen Körper respektvoll umgehen – ich weiß nicht, wie viele es sind, aber davon sind zahllose Frauen und immer mehr junge Mädchen weit entfernt.

Die Ärztin für Frauenheilkunde, Dr. Eva Niedziella-Rech, bietet Schülerinnen Gespräche zur Sexualität und Schwangerschaft an. Sie stellt fest: Die Scham ist bei den Mädchen sehr groß. Etwa die Hälfte von ihnen berührt

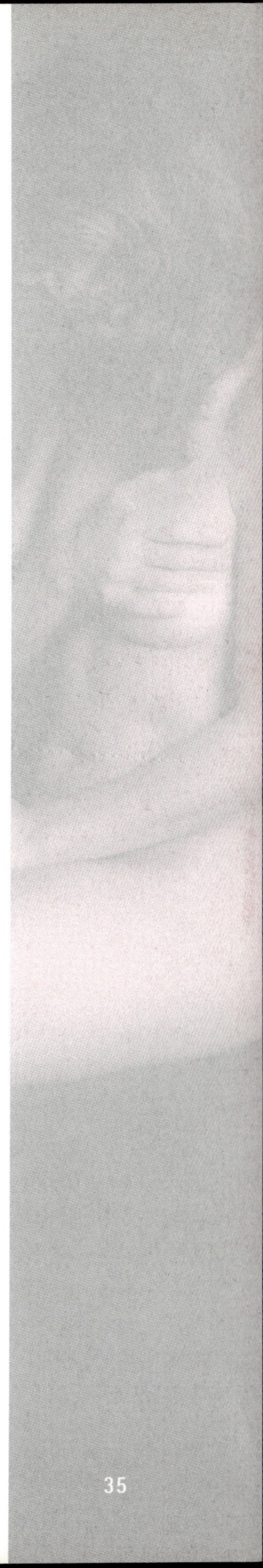

Ich fühl mich nach einem One-night-Stand nicht gut, gehe duschen. Erst gibt es den Fun-Faktor, danach fühlt es sich komisch an, irgendwie leer.

Simone, 18 Jahre

sich selber kaum. Sie fassen ihre Vagina nicht an und vermeiden das Einsetzen eines Tampons. Sie sind rasiert, jedes Haar aus jeder Falte wird entfernt, aber sie haben keinen Bezug zur ihrer Scheide. Mädchen sagen: „Es ist ekelig, wie die feuchte Vagina sich anfühlt." Ein Vaginalring zur Empfängnisverhütung, der sich durch seine geringe Dosis an Hormonen gerade für junge Frauen anbietet, wird abgelehnt, denn seine Anwendung würde den Kontakt mit der Vagina voraussetzen. Aber sie sind sexuell aktiv. 13-, 14-Jährige nehmen die Pille. Abtreibungen von Mädchen unter 18 Jahren nehmen zu. Es gibt, so die Ärztin, Mädchen, die zwei- bis dreimal abgetrieben haben und sich völlig cool dabei geben. Die Frauenärztin berichtet andererseits von 16- und 17-Jährigen, die mit der Frage zu ihr kommen: „Wie kann ich schwanger werden?" Sie suchen damit Geborgenheit, Sicherheit und endlich eine glückliche Familie.

Nie zuvor war eine Generation aufgeklärter, aber man nimmt die Information nur so zur Kenntnis, wie man Mathe lernt. Innerlich scheint es nicht anzukommen. Offenbar beziehen die Mädchen das, was sie wissen, nicht auf sich selbst, nicht auf den eigenen Körper, schon gar nicht auf das eigene Gefühlsleben. Teenies, so Dr. Niedziella-Rech, lassen sich auf Erfahrungen ein, die zu früh, zu schnell, zu tief gehend für ihre Entwicklung sind. Es sei, als werde die Geschlechtlichkeit, die Sexualität entkoppelt von sich selbst.

Unvollkommen, faltig, asymmetrisch

Wenn Körpersäfte fließen, wird es fies. Sex, so wie er sich heute präsentiert, bedeutet: Spaß, just for fun, sieht immer sauber aus und wild – einfach super. Wieder die Bilder, die dominieren. Das allerdings hat sehr wenig zu tun mit dem realen Körper, und vor allem mit den realen Empfindungen. Heute wird der vermeintlich unvollkommene Körper chirurgisch so lange zurechtgestutzt, bis er in die Norm passt. Also auch hier eine handfeste Beziehungsstörung. Die wirklichen Sehnsüchte und Gefühle werden abgeschnitten – die Sexualität ist entkoppelt von mir selbst, der Körper woanders als das Gefühl.

Wie aber wollen wir Sex genießen, wenn wir den Körper und die Vagina nicht so annehmen und bejahen, wie sie sind: unvollkommen, faltig und asymmetrisch? Wenn da Fremdheit vorherrscht, wo wir am meisten Vertrauen brauchen? All das zu genießen, was der Körper an Überfluss, an Lust, an Entspannung, an Wohlgefühl für uns bereithält, geht nur mit einem liebevollen, akzeptierenden Kontakt zu uns selbst. Auf den Punkt gesagt: wenn wir Herz und Sexualität verbinden. Dieses Buch ist kein Plädoyer gegen heißen Sex! Natürlich ist auch die kurze Lustbefriedigung, der Sex am Samstagabend fein. Was ich sagen will, ist: Zu viele Frauen leben nicht, was möglich wäre. Wir nutzen unseren Körper, diese Quelle des Überflusses, nur zu einem Bruchteil. Wir verkneifen es uns, kraftvoll und vital zu sein. Wir haben Angst davor, zu viel zu sein, wenn wir uns mit unserer ganzen Lebendigkeit und Kraft zeigen. Mit dieser Angst halten wir unsere ganze Vitalität zurück.

Die Frauen wissen ja nicht, dass sie da eine Steckdose zum Kraftwerk haben. Und diese Energie ist erneuerbare Energie. Man kann sie ruhig ausgeben, wir müssen da nicht mit Energie sparen. Aber wir leben gerade in einer Energiesparkultur. Je mehr Energie man hat, umso mehr muss man sich heute entschuldigen. Mit viel Energie macht man sich verdächtig. Man liebt ja nichts so sehr, wie schlapp am Kleiderbügel zu hängen.

Prof. Elisabeth von Samsonow, Wien

Der andere Blick

Vor fünf Jahren besuchte ich die Insel Big Island, sie gehört zu Hawaii. Dort fließt seit 80 Millionen Jahren ohne Unterbrechung heiße Lava. Die Landschaft ist dadurch geprägt. Im Inneren der Insel liegt sehr versteckt eine besondere Höhle, ein ritueller Ort für Frauen. Hat man sich durch die wilde Natur in die Höhle vorgearbeitet, tritt man durch eine Art Tür in einen kleinen Raum und es öffnet sich ein unglaublicher Anblick – eine Vulva aus Lava, etwa 80 cm breit. Die Lava bildet präzise die Form einer Vulva nach. Sie liegt dort im wahrsten Sinn wie hingegossen. Drei Meter lang sind die äußeren Lippen, am Ende der inneren Lippen erhebt sich ein kleiner Hügel, die Klitoris. Die Höhle öffnet sich dann weiter zu einem großen Raum, wie eine Gebärmutter: Rechts und links gehen Seitenarme ab, die sofort an die Eileiter erinnern. Neben der Vulva liegen Blumenkränze aus Orchideen. In der alten Tradition der Hawaiianerinnen fanden hier Zeremonien statt. Mit ihrer ersten Blutung wurden Mädchen in den Kreis der Frauen aufgenommen. Ältere Frauen feierten nach ihrer letzten Blutung den Übergang zu den weisen und gleichzeitig prächtigen Frauen. Heute sind es nur noch wenige Hawaiianerinnen, die diesen Ort aufsuchen. Sie singen dort, beten und sammeln Kraft, urweibliche Kraft. Für mich war es eines der eindrücklichsten Erlebnisse überhaupt, mich mit anderen Frauen auf den Gesang und das Gebet einzulassen – über Stunden. Nie zuvor habe ich mich so angeschlossen gefühlt an meine Weiblichkeit und Kraft. Es waren Stunden voller Lachen und voller Vitalität. Zum ersten Mal hatte ich das Gefühl, wirklich in meinem Körper, meinem Becken beheimatet zu sein.

Es war der andere Blick, der mir etwas Neues erschlossen hat, die andere Kultur. Und das ist auch der Hintergrund, vor dem ich Rose Fink, Regina König und Karin Linnander um Gespräche für dieses Buch gebeten habe. Rose Fink lernt und lehrt seit 20 Jahren indianisches Wissen, Regina König verbindet neue therapeutische Methoden mit dem Jahrtausende alten Tantra, einem spirituellen Weg zu sich selbst. Auch Karin Linnander orientiert sich an anderen Traditionen, wenn sie Mädchen, die an der Grenze zum Frausein stehen, Übergangsriten anbietet. ‚Von der Weisheit des Körpers und vom Wissen anderer Kulturen' heißt dieser Teil des Buches. Einiges, was in den Gesprächen zu lesen ist, mag herausfordernd sein. Orgasmuslevel, oder Frauen, die sich bewusst ihrer Vagina nähern – das sind sicher Themen, die zu verdauen sind. Aber wenn das Alte nicht mehr funktioniert, muss sich der Blick auf etwas Neues richten, denn nur da gibt es etwas zu lernen.

Jetzt gerade habe ich das voll starke Gefühl, dass meine Vagina zu mir gehört, so wie mein Herz total in mir drinnen ist!

Lena, 20 Jahre

Dankbar bin ich für das Schlusswort, das Francesca Mason Boring unter dem Titel „Whispering Lips" geschrieben hat. Francesca gehört nordamerikanischen Indianern, den Shoshonen, an, einer Kultur, in der Frauen eine geachtete, herausragende Stellung hatten und haben. Sie erlaubt es ihnen, sich ihres Körpers und ihrer sexuellen Kraft sehr bewusst zu sein. Der Text zeigt uns, was es bedeutet, wenn die Vagina einen selbstverständlichen Platz im Leben von Frauen und Männern hat.

Unsere ureigenste Sprache finden

Über die Sprachlosigkeit in Partnerschaften ist viel geschrieben worden. Ohne jeden Zweifel: Zwei Menschen können nur gut miteinander, wenn sie sich mitteilen und austauschen – körperlich und sprachlich. Aber das setzt voraus, dass ich etwas mitzuteilen habe. Bevor ich mich ausdrücken kann, müssen mir die Worte zur Verfügung stehen, und ich muss wissen, was ich überhaupt ausdrücken möchte. Wie soll ich mit dir reden, wenn ich mit mir selber nicht reden kann?

Karina ist 70 Jahre alt, ihre Geschichte erzähle ich unter dem Titel „Kostbar bis köstlich". Sie beschreibt in zärtlicher Weise, wie sie sich über Jahre hinweg ihrer Vagina nähert: „ …Im Moment widme ich ihr nicht viel Zeit, vielleicht alle zwei bis drei Wochen. Aber jedes Mal, wenn ich es mir gönne, freut sich mein ganzer Körper. Es ist mein Körperteil und sie gehört mir. Ich möchte liebevoller mit ihr umgehen und jedes Mal, wenn wir es tun, sag ich zu ihr: Du, das müssten wir jeden Tag machen, das war doch jetzt sehr schön!"

Sich diesen Teil des Körpers vertraut zu machen, braucht sicher ein vorsichtiges, behutsames Annähern, ganz ohne Absicht. Ob eine Frau Lieblosigkeit oder Missbrauch erlebt hat (beinahe jede fünfte Frau in Deutschland ist davon betroffen) oder ob sie diesen Ort bisher nur aus der Ferne kennt; ob die Vagina sich verschlossen hat oder neugierig ist – immer hat sie etwas Unschuldiges, Scheues und auch ein bisschen Geheimnisvolles. Es geht darum, eine Sprache zu finden, die ureigenste Sprache, die sich gut anfühlt und wohlig. Erst von dort, ausgehend von einer liebevollen Kommunikation mit mir selber, kann ich das Gespräch mit meinem Partner aufnehmen.

Auftanken, stärken, nähren

Dieses Buch hätte ich nicht schreiben können, wenn es dabei nicht auch um mein eigenes Thema ginge. Ich kenne viele Stationen eines Frauenlebens. Ich war lange verheiratet, bin mit Leidenschaft Mutter, kenne Alleinsein, Einsamkeit und das Leben in Beziehung. Kenne die tausend Zweifel und Bedenken, die wie Plagegeister an einem hängen. War manchmal überall zu Hause, nur nicht bei mir selber, in meinem Körper. All das, was meine Gesprächspartnerinnen von sich erzählen, kann ich verstehen, denn so verschieden sind wir nicht. Manchmal wurde ich gefragt: Warum erzählst du nicht auch von Männern? Ganz einfach: In ihrem Empfinden kenne ich mich nicht aus. Das kann ein Mann besser erzählen.

Meine Mutter, so glaube ich, hätte gesagt: „Meine Vagina ist eines der traurigsten Kapitel der Welt." Ganz sicher nicht, weil sie sie nicht gemocht hat, sondern weil sie nicht leben konnte, was sie hätte leben wollen! Das Schönste, was Frauen haben, kann also auch mit das Traurigste sein. Und ich füge heute als ihre Tochter hinzu: Muss aber nicht!

Mit 18 zog mich die Studentenbewegung an – damals war alles erlaubt und manches wurde gelebt. Mit meinen Freunden diskutierte ich Stunden und Tage über das komplexe Thema Haupt- und Nebenbeziehungen. Was meinte: Kann man neben einer festen Partnerschaft auch lose, vor allem sexuelle Kontakte haben? Das musste doch möglich sein, angesichts der sexuellen Befreiung, die sich in Windeseile um uns herum verbreitete. Damals war ich eigentlich ein Häschen, tat aber wie eine ausgewachsene Häsin. Ich weiß, wie schnell es geht, über die eigene Scheu, das eigene Gefühl hinwegzugehen.

Mit 52, als ich mit meinen Recherchen begann, legte ich mir eine Art Tagebuch zu. Darin ist alles festgehalten, was mir in der Zeit des Schreibens begegnete. Unter dem 24. August 2004 steht: „Ich gehe in die Bibliothek und suche Zeitungsartikel über die Vagina. Worum geht es denn? fragt mich der Bibliothekar. Ich merke, ich werde noch rot!" Ups! Da gibt es immer dieses kleine Ups, wenn ich über die Vagina spreche. Ob bei der Suche nach einem Verlag für dieses Buch, oder wenn Menschen mich fragen: „Worüber schreibst du denn?" Ups! Wenn ich daran denke, wie mein Umfeld auf das Buch reagieren wird? Ups!

Wenn mich eines in meinem Leben wirklich interessiert, dann ist es: Warum ist das alles so, wie ich es hier beschrieben habe? Und wo bitte ist der Ausweg? Was kann ich tun? Diesen Fragen gehe ich seit Jahren stetig nach. Und ich habe gelernt: Der Weg zu mehr Freiheit erfordert keine besondere Landkarte, er fordert Aufrichtigkeit. Vor allem aber erfordert er das, was ich die Tankstelle nenne: den Kontakt mit Frauen, mit

Freundinnen. Mit ihnen wirklich offen zu reden – jenseits aller Vorstellungen und Konzepte, jenseits des So-tun-als-ob, des ‚Wie geht's? ‚Danke, gut' – das ist Nahrung. Es ist wie ein Auftanken. Immer wenn wir uns trauen, über das zu reden, was wirklich ist, geht diese Tür auf. Dann stellt sich Nähe ein. Eine Nähe, die nährt und stärkt.

Wenn wir Frauen uns trauen, zum eigenen Körper zu stehen, hat das weit reichende Folgen für unser ganzes Leben. Im Becken ‚zu Hause sein' heißt, das Leben zu bejahen. Heißt, angeschlossen zu sein an die Quelle der Kraft. Alles andere bedeutet: Ich enthalte mir und dem Leben etwas vor. Eve Ensler hat mit ihrem wunderbaren Buch *Vagina Monologe* den Anfang gemacht – und der immense Zuspruch zeigt, wie groß das Bedürfnis ist, endlich das Tabu zu brechen.

Dieses Buch ist ein Lesebuch. Sie können überall beginnen, es gibt immer etwas zu entdecken. Und vielleicht geht auch bei Ihnen eine Tür auf und das ‚Unten rum' der Kindertage wird zur Vagina der erwachsenen Frau.

Geschichten

Wo Frauen heute stehen –
vom Mut des Erzählens

KARINA, 70 Jahre, ist gelernte Floristin und arbeitet heute mit Menschen nach der von Gerda Boysen entwickelten biodynamischen Methode. Sie ist geschieden, lebt seit 18 Jahren allein, hat vier Kinder und vier Enkelkinder und wohnt in Nordrhein-Westfalen. Über sich sagt sie: „Die Höhen und Tiefen meines Lebens waren immer Schritte, die mir geholfen haben, zu dem zu finden, was ich wirklich bin."

Kostbar bis köstlich oder Das müssten wir doch jeden Tag machen!

„Die Vagina oder die Scheide ist für mich ... " – so einen Satz hätte meine Mutter gar nicht aussprechen können, denn es gab keine Vagina oder Scheide. Es gab nur ‚da unten'. Meine Mutter hätte gedacht: ‚Da unten', das gehört in erster Linie Gott und dann dem Ehemann. Meine Eltern waren sehr gläubig und mein Vater kam direkt nach Gott. Wir Frauen waren Eigentum, wie im Mittelalter – ich bin 1935 geboren. Mein Vater war sicher kein Macho, er war ein ganz liebevoller Mann. Meine Mutter hat ihn verehrt, er bekam immer das größte Stück Fleisch.

Ich bin streng evangelisch erzogen, sehr pietistisch. Als Kind hab ich mich schon selbst befriedigt, und ich hatte auch Lust dabei. Aber es geschah immer alles unter einem strengen Verbot und mit Schuldgefühlen. Lust – das durfte gar nicht sein. Ich muss so um die neun gewesen sein, als ich damit anfing. Auf jeden Fall war es vor meiner ersten Periode. Damals hatten wir Geschwister keine eigenen Betten, und zwei Mädchen schliefen zusammen. Wir haben uns damals immer gekitzelt, das war so wunderbar, den Rücken entlang und auch über den Po. Aber das warme Gefühl durfte ja nicht sein, da musste man schnell wieder weg. Das war in Oberschlesien. Wir mussten im Krieg dahin flüchten. In der Zeit fing ich an, ‚da unten' Erstaunliches zu entdecken. Ich entdeckte meine Lust, abends im Bett, wenn meine Schwester neben mir lag. Das hat aber natürlich niemand gemerkt. Vielleicht tat es mir so gut, weil die Zeiten so schwer waren. Mir selber Lust zu verschaffen, das war damals meine Oase.

Das ist doch phänomenal, ich glaube, der Körper drängt richtig danach. Ich erinnere mich noch an eine Sache, das hab ich überhaupt noch niemandem erzählt. Nach der Schulzeit machte ich eine Lehre als Floristin. Eines Tages bin ich zur Toilette runter in den Keller gerannt, so eine Lust kam in mir hoch, und ich wusste, das muss jetzt sein. Denn zu Hause ging das ja nicht. Wir waren so viele Geschwister, und immer rappelte einer an der Klotür, wenn ich da für längere Zeit drauf war. Aber in dem Laden, da hab ich es einfach getan. Und ich ging dann später ganz befreit zurück nach oben in den Verkauf. Dieses Ereignis blieb lange in mir haften, weil es so drängend war.

Lust entstand von Anfang an über meine Klitoris. Aufgeklärt? Ach was, ich hab in der Lehrzeit mal mit einer Freundin darüber geredet, die hatte schon einen Freund. Ich fragte sie: „Wie küsst man denn, zeig doch mal!" Dann küsste sie mich mit Zunge und ich wich ganz erschrocken zurück. „Wie? So küsst man?" „Ja", sagte sie, „das ist ganz toll!" Wenn ich jetzt darüber spreche, denke ich, das war doch phänomenal! Das hätten wir doch viel mehr machen müssen! Es gibt doch bis heute etwas ganz Gespaltenes unter uns Frauen. Wir reden nicht untereinander! Wir reden über Männer, sprechen aber nie über unsere Intimitäten und die wichtigen Details, um die es wirklich geht. Schade!

Wir haben zusammen gebetet, was für uns damals wichtig und richtig war, und wir haben vier Kinder gezeugt. Aber mit freudiger Sexualität war die ersten fünf Jahre nichts. Ich hatte nie Lust dabei.

Und dann bekomme ich einen Mann, der nie zuvor eine andere Frau berührt oder geküsst hat. Ich hab ihn geheiratet, weil er beten konnte und gläubig war, so wie ich auch. Vorher hatte ich nie einen anderen. Ich war fast 19 Jahre alt. Er kam aus einer sehr gläubigen Gemeinde. Klar, es wäre sowieso kein anderer in Frage gekommen. Als wir dann mal Händchen haltend über die Kornfelder gingen, da hatte ich so eine Sehnsucht, dass er mich da unten berührt, aber das tat er nie. Ich wollte ihm dann zeigen, wo er mich berühren sollte. Er sollte einfach seine Hand da hinlegen und leichte Bewegungen machen. Da verstand er die Welt nicht mehr, weil ich ja eigentlich ein gläubiges Mädchen war. Er wusste ja noch nicht einmal, dass man sich selbst befriedigen konnte. Das lief alles unter Sünde. Wir haben zusammen gebetet, was für uns damals wichtig und richtig war, und wir haben vier Kinder gezeugt. Aber mit freudiger Sexualität war die ersten fünf Jahre nichts. Ich hatte nie Lust dabei. Es gab kaum Berührung mit der Hand, geschweige denn mit der Zunge.

Die Hochzeitsnacht war ganz furchtbar. Wir hatten ein eiskaltes Bett, in dem Haus war keine Heizung. Ich hatte nur Panik und Angst, und es tat auch nur weh. Ich war ja noch unschuldig, und er kam nicht rein. Es gab einen winzigen Flecken Blut, und ich dachte, jetzt ist es passiert. Das war es aber nicht. Wir versuchten es nochmal und nochmal, aber es ging nicht. Es war frustrierend und alles andere als lustvoll. Ich hatte nur einen Gedanken: Lass mich in Ruhe! Nach dem Desaster sind wir zum Arzt gegangen. Und der hat mir unter Narkose meine Unschuld genommen. Aber danach ging auch nichts. Wir waren dann nochmal zusammen dort, und der Arzt hat meinen Mann aufgeklärt: „Sie müssen ein Gleitmittel nehmen und ihre Frau vorher überall berühren. Das ist ganz wichtig, dass ihre Frau auch erregt ist." Und so weiter. Aber dann geschah immer noch nichts, die Scham war so groß. Auf einmal sollte das gehen, was wir vorher nicht konnten und durften? Aber ich war mutig und habe meinen Mann gefragt: „Wie können wir das denn anders machen?" Ich wusste doch schon, worum es mir ging, denn ich konnte mich ja selbst befriedigen. Und ich wusste auch, wie schön das ist. Ich konnte zu jeder Zeit einen Orgasmus bekommen, nur mit ihm zusammen ging gar nichts. Und dann, über die Jahre, ganz vorsichtig, war das ein Entdecken von Mann und Frau. Er entdeckte mich, ich entdeckte ihn, so weit es uns in unserem Gehemmtsein möglich war. Viel später wurde mir ein nicht unwichtiges Detail klar: Ich hatte einfach nicht genug Scheidenflüssigkeit. Woher sollte ich das wissen. Hätte ich damals gewusst, was ich heute weiß, hätten wir uns vieles ersparen können.

Und dann, über die Jahre, ganz vorsichtig, war das ein Entdecken von Mann und Frau. Er entdeckte mich, ich entdeckte ihn, so weit es uns in unserem Gehemmtsein möglich war.

Ich hatte zuerst eine Fehlgeburt, das war im dritten Monat. Mein Mann war erschüttert, er hat mit mir geweint. Ich hab ihn nie weinen sehen, denn ein Mann weinte ja nicht. Er steht da am Fenster, ich stöhne vor Schmerzen, und er trocknet sich die Tränen ab. Im Krankenhaus haben sie eine Ausschabung gemacht. Damals lagen noch sieben, acht Frauen auf einem Zimmer. Alle hatten sich irgendwie selbst darangemacht. Was es damals alles gab – mit Stricknadeln und so. Und sie fragten mich: „Na, hast du es auch selbst weggemacht?" „Ach du liebe Zeit", sagten sie dann, „du wollest das Kind! Hör mal, Kleene, du siehst ja aus wie 14, du kannst doch noch genug Kinder kriegen."

Einen Jungen und drei Mädchen habe ich später bekommen. Die Geburten, die habe ich gar nicht richtig wahrgenommen. Wir kriegten damals so ein Pfeifchen auf die Nase gesetzt. Danach spürte man nicht mehr viel. Meinen Mann hätte ich so gerne mitgenommen. Aber er musste an der Pforte wieder umkehren. Und ich durfte dann mit einer Hebamme kämpfen, die ich nicht kannte. Ich hab leider nur sehr wenige Erinnerungen daran. Viel später gab es einen Film über Geburten, wie das heute zugeht. Als ich den sah, hab ich geweint und geweint. Da ist so eine Scham darüber, dass ich die Geburten nicht in vollem Bewusstsein erlebt habe und die Kinder nicht auf dem Bauch hatte, nichts, gar nichts. Und dann kam noch dazu: Ich hab Hohlwarzen, und das Abpumpen ging nicht, die Brust entzündete sich gleich. Die Mütterlichkeit war wie abgeschnitten. Beim dritten Kind lag ich alleine da und die Hebamme lief weg und rief: „Mein Gott, die Fruchtblase... ich muss den Oberarzt wecken." Das war nachts. Bis der kam, war die Kleine schon draußen. Dieses Isoliertsein, das war schrecklich; nicht zu wissen, was passiert. Die Geburten sind in einer halben Ohnmacht einfach geschehen. Das ist für mich im Nachhinein unglaublich schmerzhaft, denn da ist ein Teil meines Frauseins nicht bewusst gelebt und wahrgenommen worden.

Mein Mann und ich, wir haben uns auf der seelischen Ebene sehr geliebt. Ich hab mit ihm einiges ausprobiert, so viel uns eben damals möglich war. Es gab Zeiten starker Annäherung, und ich hab später auch jedes Mal einen Orgasmus gehabt.

Mein Mann und ich, wir haben uns auf der seelischen Ebene sehr geliebt. Ich hab mit ihm einiges ausprobiert, so viel uns eben damals möglich war. Es gab Zeiten starker Annäherung, und ich hab später auch jedes Mal einen Orgasmus gehabt. Aber ich musste ihm immer zeigen: „Mach doch mal das... oder lass uns doch mal auf die Erde gehen... oder auf dem Küchentisch... " Das war doch eine verkehrte Welt! Ich hab wohl mehr den männlichen Part übernommen und er den weiblichen. Einmal hat er zu mir gesagt: „Du bist köstlich bis kostbar!" Das war unglaublich schön, wie er das sagte. Ich meine: Er ist okay und ich bin okay – aber ich wusste, es muss noch etwas anderes geben, oder?

Gegangen bin ich, als die Frauenseminare in der Volkshochschule anfingen. Nach 27 Jahren Ehe. Ich gläubiges, pietistisches Mädchen kam da zu Frauen, die über sich sprachen, darüber, wie sie sich in ihrem Frauenkörper sehen, die ausdrückten, was sie fühlten. Das war für mich eine Offenbarung. In mir war so eine Sehnsucht, endlich mein Frausein zu leben, meine Leidenschaft, die Kraft, die ich immer fühlte. Mein Intellekt wurde in den Seminaren gefordert. Ich hatte ja nur die Volksschule besucht, und in meiner Schulzeit gab es immer wieder Bombenalarm, damals war nicht viel zu lernen. Jetzt wollte ich endlich mehr. Ich wollte nicht mehr die Gehorsame sein. Ich hab doch immer für die Familie gesorgt und alles gemacht. Mit 47 Jahren hab ich mit den heiligen Traditionen gebrochen - mit 50 bin ich dann gegangen. Rückblickend ein ungeheurer Schritt.

Ob meine Vagina einen Namen hat, das ist eine interessante Frage. Ich hatte während der Lösung aus meiner Ehe jemanden kennen gelernt, der 15 Jahre jünger war als ich. Wir haben uns über sehr vieles ausgetauscht, auch sexuell. Das war für mich natürlich immer noch mit einem Verbot verbunden. Er durfte mich auch nicht richtig berühren - unten. Und gleichzeitig spürte ich, wenn er mich doch anfasste, dann war ich am Glühen. Er hat mich massiert und gefragt, wie ich meine Scheide nenne. Das war doch unverschämt, so zu fragen, ich hatte gar kein Wort dafür. Und ich weiß noch, damals hat er neben vulgären Begriffen auch das schöne Wort Yoni ausgesprochen. Und das habe ich mit Wohlwollen aufgenommen. In der feministischen Theologie haben wir sowieso entdeckt, dass all die Begriffe Worte der Männer waren. Brustwarze, wie schrecklich hörte sich das an, wie Warzenschwein. Brustknospe, das hört sich doch ganz anders an.

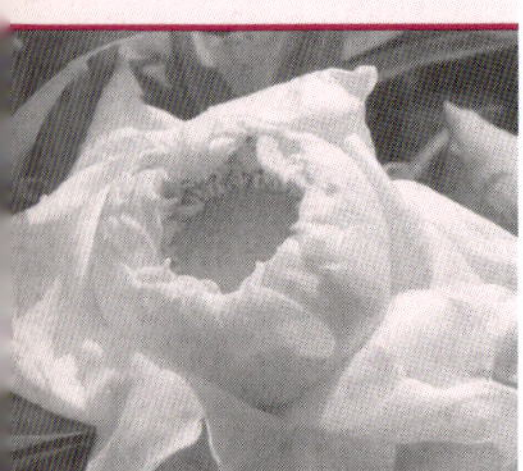

Ja, dann Alicia. Sie habe ich auf einem Seminar kennen gelernt. Gerade noch hatte mir eine Frau vorgeschwärmt: „Oh, ich hab mich verliebt, stell dir vor - in eine Frau!" Und ich hatte zu dem Zeitpunkt die Nase voll von Männern. Ich hatte einige Beziehungen ausprobiert, aber immer nur ganz kurz. Eines beschäftigte mich damals sehr: „Wie ist denn leidenschaftliche Sexualität?" Ich brannte ja darauf, andere Männer kennen zu lernen. Die große Freiheit... Und was war? Ich bin auf Männer zugegangen, die das gleiche zurückhaltende Wesen hatten wie mein Mann. Ich blieb die Frau mit dem Feuer, die den Mann motivieren musste. Ich sagte dann zu dieser frisch Verliebten: „Ich möchte auch verliebt sein, egal ob in Mann oder Frau." Was soll ich sagen, an dem Abend sagt Alicia dann so in den Raum hinein: „Oh, ich hab solche Kopfschmerzen." Ich reagierte natürlich sofort: „Komm, ich helfe dir." Und dehnte ihre Halswirbel, massierte ihren Kopf. Sie war eine Frau mit so einem echten Busen, groß und stattlich. Und dann streiche ich ihr so über die Schulter und sanft über den Busen, seitlich, aus Neugier. Ich dachte: Hat die einen Busen, das ist ja unglaublich. Diese Nähe zu einer Frau, das war etwas Besonderes. Ich wollte einfach mal fühlen, wie das ist, so ein Busen. Daraus hat sich dann zwischen uns etwas entwickelt. Als sie mich dann abends gefragt hat: „Gehst du mit?", hatte ich aber Angst davor. Ich weiß noch genau, sie hat so über meinen Rücken gestrichen, sehr zart und sanft. Aber das war zu viel für mich. Ich bin aus der Haut gefahren. Ich hätte mich doch freuen können, dass mich endlich mal jemand so berührt! Aber ich hätte sie erschlagen können, weil ich das überhaupt nicht ertragen konnte. Ich wollte angefasst werden wie von einem Mann, ich wollte mich mal richtig spüren, und dann kommt die mit so was an! So eine starke, kräftige Frau. Später hab ich ihr dann entschieden gesagt: „Fass mich endlich mal an! Kneif mir mal in den Hintern, damit ich das auch spüre!" Denn mein Kreuzbereich, mein Hintern, die waren gar nicht da, diese Bereiche gehörten gar nicht zu mir. Ich war dann zwei Jahre mit dieser Frau zusammen. Aus der Zeit mit ihr habe ich etwas für mich sehr Kostbares mitgenommen. Sie hat mir immer wieder gesagt: „Du schmeckst so gut, du riechst so gut!" Für mich war das ganz neu, denn mein Mann hatte einmal bemerkt: „Bah, du stinkst!" Das war so ein Schock, das habe ich nie vergessen. Ich hab mich immer gewaschen, aber das saß. Und das Wunderbare, was diese Frau mir mitgegeben hat, hieß: „Du riechst und schmeckst gut." Bis dahin konnte ich mich selber nicht wirklich riechen. Ich habe mich zwar befriedigt, aber sobald ich dann an meiner Hand gerochen habe – bah, schnell Hände waschen.

Diese Nähe zu einer Frau, das war etwas Besonderes. Ich wollte einfach mal fühlen, wie das ist, so ein Busen.

In meiner Ehe gab es Berührung, einfache Zärtlichkeit, Sich-nah-Sein so gut wie nicht, da ging es gleich voll in die Vagina rein. Sonst nichts. Er hat nie meine Vulva richtig berührt, die war tabu, während ich bei ihm alles gemacht habe. Das hatte zur Folge, dass ich mich nie ganz gefühlt habe. Meine Yoni war ausgeblendet – als ob sie nicht da war. Wenn er dann in mir war, habe ich alles Mögliche gemacht, damit ich mich spüren konnte, und ich bekam dann auch einen Orgasmus. Dafür habe aber ich gesorgt! Ich hab mich so bewegt, dass ich dann über meine Klitoris Befriedigung bekam.

Dieses sanfte, respektvolle Berühren – bei mir lief das alles immer sehr schnell. Da war eine Gier auf den Orgasmus.

Heute, mit 70 Jahren, spüre ich, dass immer noch etwas Geheimnisvolles um mich und meine Vagina bleibt. Es gibt etwas, das sich wie eine Verletzung anfühlt. Ich habe einige Bücher gelesen über indische Liebeskünste, darüber habe ich nur geweint. Dieses sanfte, respektvolle Berühren – bei mir lief das alles immer sehr schnell. Da war eine Gier auf den Orgasmus. Das ist auch in Ordnung, aber durch diese Bücher und auch durch Gespräche habe ich verstanden, was fehlt. Etwas vom langsamen Spüren des Körpers, von einer Berührung ohne Ziel, vom Atmen ins Becken. Und immer, wenn ich das versuche, weine ich und bin unendlich traurig. Dann beruhige ich mich wieder und sage mir: Komm, das ist in Ordnung. So, wie du jetzt bist, bist du wunderbar.

Wenn ich dann von Zeit zu Zeit ein geiles Buch lese, zum Beispiel von Anaïs Nin, dann stimuliert mich das, dann geht es wieder – zack – zum Höhepunkt, und das ist es dann auch schon. Komisch, da ist der Wunsch in mir, meine Vagina sollte ‚beheult' werden. Das ist wohl eine Trauer über Verlorenes und nicht Gelebtes. Ich spüre, es gibt noch etwas Tiefes, etwas Umfassenderes.

Im Moment widme ich mich ihr nur alle zwei bis drei Wochen, das ist nicht viel. Und jedes Mal, wenn ich es mir gönne, freut sich mein ganzer Körper. Heute muss ich immer die Klitoris stimulieren, und das geht nicht immer sofort. Ich könnte auch ein Gleitmittel nehmen, aber ich habe nie eines genommen. Ich sollte mir mal endlich eines gönnen. Meist reicht meine Spucke oder Wasser, das geht auch. Eines verrate ich noch: Mit dem Erforschen geht das immer weiter. Jetzt, in meiner Wohnung, habe ich gelernt, laut zu sein. Mein ganzes Leben lang hab ich's immer leise unter der Decke gemacht. Aber jetzt lass ich meine Stimme schon mal richtig los und denk: Boah, was für eine tolle Stimme ich hab! Dass ich das noch erlebe. Und das ist neu. Sie ist mein Körperteil, mir gehört sie, und ich möchte liebevoller mit ihr umgehen. Jedes Mal, wenn wir es tun, sag ich zu ihr: „Du, das müssten wir jeden Tag machen, das war doch jetzt sehr schön!"

Du fragst, ob Gott liebevoll auf meine Sexualität blickt? Ja, absolut, ich nenne sie die Göttin. Gott ist heute nichts außerhalb von mir Existierendes. Mit mir ist die Göttin, und sie schaut freundlich, weil ich dankbar und liebevoll auf mich und mein reiches Leben schaue.

Es wird immer besser – Sex im Alter

„Lust verschwindet nicht zusammen mit den Zähnen, und solange eine Frau noch auf dem Feld arbeiten kann, will sie hin und wieder auch noch ein bisschen Sex machen."

Was für diese alte Wogeo-Frau aus Neuguinea gilt, gilt auch für uns. Das Vorurteil, die Libido lasse mit den Wechseljahren nach, ist widerlegt. Entgegen den Klischees von den lustlosen alten Frauen und den sexuell aktiven alten Männern stellt die Forschung fest: Das sexuelle Interesse bleibt uns lange erhalten. Das bekundet ein großer Teil der 70- bis 79-Jährigen. Zwar werden erotische Fantasien und Träume etwas seltener, aber an erotischem Genuss, Erregbarkeit und orgasmischer Kapazität ändert sich bei sexuell aktiven Frauen bis ins hohe Alter rein gar nichts. Für acht von zehn Frauen über 50 gehört eine befriedigende Sexualität zu ihrem Leben. Dennoch gelten ältere Frauen oft als erotisch beeinträchtigt, und ihnen wird schon allein deshalb eine Rettung durch Hormone anempfohlen. Wenn sie überhaupt etwas als störend empfinden, dann benennen Frauen nach den Wechseljahren die ‚Dyspareunie'. Darunter versteht man Schmerzen beim Geschlechtsverkehr, hervorgerufen durch unzureichende Feuchtigkeit der Vagina.

Eine repräsentative US-Studie belegt, dass die meisten sexuellen Schwierigkeiten bei jungen Frauen und bei älteren Männern zu finden sind. Alle Probleme, nach denen gefragt wurde, treten bei Frauen im Alter von 50-59 Jahre seltener auf als bei jüngeren Frauen. Frauen werden in ihrer Sexualität mit den Jahren immer entspannter.

Aus: Dr. Kirsten von Sydow, in I. Jahn (Hrsg.), Wechseljahre multidisziplinär.

Was wollen Frauen – was brauchen Frauen, Asgard-Verlag 2004

KATHLEEN, 39 Jahre, ist Marketing-Managerin in Baden-Württemberg. Sie ist liiert. Über sich sagt sie: „Wenn ich meine Geschichte lese, bin ich einmal mehr versöhnt. Auch wenn es spät war – es war aufregend, spannend und romantisch. Da ist diese Sehnsucht nach Entspannung und Lebendigkeit, sie ist schön und warm, und gleichzeitig fast schmerzhaft. Ich bin schon ein gutes Stück gewandert und habe noch einen langen Weg vor mir."

Raus aus dem Kopf – rein ins Leben oder Ich lasse das Zerdenken und gebe mich hin

Was Sex angeht, bin ich eine Spätentwicklerin. Ich hatte erst mit 17 einen richtigen Freund. Wir haben stundenlang geknutscht, mehr nicht. Obwohl es schön war, wollte ich partout nicht mit diesem Mann schlafen. Einmal wurde sein Penis steif, und das fand ich ziemlich abschreckend. Es machte mir Angst und ich wollte das nicht. Dann war Ende. Jahrelang ist dann nichts mehr passiert. Mir war klar, ich bin noch nicht reif und ich möchte das nicht. Mich selbst zu befriedigen kam nicht in Frage. Ich habe zwar etwas gespürt, bin aber nicht auf die Idee gekommen, mich anzufassen. All die Jahre war ich absolut zu und total kopfgesteuert. Ich hatte das auch gar nicht auf der Platte, dass sich jemand für mich interessieren könnte, was natürlich ein Irrtum war. Mit Männern war es mir viel zu viel, zu eng und zu lästig.

Mit 23 tauchte ein Kommilitone auf. Er nahm mich mit ins Kino und wir haben uns einen erotischen Film angeschaut, *Emmanuelle*. Danach sind wir in seine Wohnung gefahren, und ich dachte noch: Oi, habe ich jetzt einen Freund? Hatte ich nicht! Er war noch mit einer anderen zusammen. Es war mir auch recht, dass er gebunden war. So konnte er mir nicht lästig werden. Mit ihm hab ich dann ausgiebig Petting gemacht. Wir haben uns getroffen, hatten Sex, aber ansonsten hatte ich ihn nicht am Bein. Eines Tages kam der Gedanke auf: Jetzt müsste es doch mal sein. Wir haben es dann probiert, aber ich war so eng, dass er nicht reingekommen ist. Ich war einfach verkrampft und er scheiterte im Anflug. Da war ich schon 24.

Der erste Mann, mit dem ich geschlafen habe, war Holländer. Wir lernten uns auf einer Paddeltour kennen. Ich raus aus dem Kopf, rein ins Paddelboot, er mit mir raus aus dem Paddelboot und rein ins Abenteuer. Das hatte mit der Größe des Penis nichts zu tun, auf einmal ging es. Das war nicht überwältigend, für mich eher sachlich, aber ich war froh.

Spaßeshalber haben wir eine Art Ehevertrag ausgehandelt. Darin ging es unter anderem auch um die Frage, wie oft wir in der Woche Sex haben müssen. Ich war für dreimal, er wollte nur zweimal. Ich hab eingewilligt unter der Maßgabe: Okay, zweimal. Aber dreimal ist anzustreben.

Dann kam das Arbeitsleben, und ich habe gleich was mit einem Kollegen angefangen. Wir waren lange zusammen. Er ist an mir drangeblieben, bis ich okay gesagt habe. Die ersten Male Sex waren schwierig. Ich war immer noch sehr eng. Dann kam der Tag! Es hatte wieder nicht so gut geklappt und er war richtig stinkig. Was macht man dann? Reden natürlich! Er saß in meinem Rattansessel und schmollte. Ich hab mich auf ihn gesetzt, um über mein ‚Defizit' zu sprechen. Keine Ahnung, wie das kam, aber auf einmal wurde das wirklich erotisch. Da ist etwas umgesprungen, und ich habe die Lust entdeckt. Nicht im Liegen, sondern im Sitzen. So war es für mich viel angenehmer, so bin ich leichter in Erregung gekommen. Wir haben uns angeschaut, das ist für mich super gut. Mit dem Ansehen gab es eine viel intensivere Verbindung zwischen uns. Ab diesem Zeitpunkt hatte ich mich entdeckt! Es war dann ziemlich schnell so, dass ich mehr Lust hatte als er. Spaßeshalber haben wir eine Art Ehevertrag ausgehandelt. Darin ging es unter anderem auch um die Frage, wie oft wir in der Woche Sex haben müssen. Ich war für dreimal, er wollte nur zweimal. Ich hab eingewilligt unter der Maßgabe: Okay, zweimal. Aber dreimal ist anzustreben.

Vaginalen oder klitoralen Orgasmus? Ehrlich gesagt kann ich das gar nicht unterscheiden. Ich bekomme auch einen Orgasmus, ohne dass meine Klitoris extra stimuliert wird. Es läuft dann eine Hitzewelle und ein Vibrieren durch den ganzen Körper, auch ohne dass ich vorher sehr erregt war. Ich kann sogar verspannt sein. G-Punkt? Damit bin ich mir nicht ganz sicher. Ich habe manchmal, wenn der G-Punkt berührt wird, im ersten Moment ein Gefühl, als müsse ich pinkeln. Das habe ich manchmal beim Sex auch. Aber dass das Berühren des G-Punktes schon mal zu einer Riesenerfüllung geführt hätte, wüsste ich jetzt nicht.

Meine Sexualität wird gerade wirklich schön. Ich bin jetzt seit vier Jahren mit einem neuen Partner zusammen. Lange Zeit war es sehr, sehr schwierig zwischen uns. Er ist eigentlich der Mann, mit dem ich die meisten Schwierigkeiten im Bett hatte. Aber mit ihm lebe ich zusammen! Ich hab immer so viel gedacht, war immer damit beschäftigt, mich zu fragen: Müsste ich nicht doch aktiver sein? Ist es ansagt, ihn jetzt zu streicheln? Muss ich mich mehr bewegen? Sollten wir mal die Stellung wechseln?... Immer der Gedanke: Was muss ich tun, um gut zu sein? Das hatte etwas sehr Verkrampftes. Jetzt wird es gerade besser. Neulich entstand ein Moment der Entspannung. Ein genialer Augenblick, in dem ich wusste: Ich lasse es jetzt einfach mit dem Zerdenken und gebe mich hin. Und das war super! Ich hab diese Stimme gestoppt, die von mir verlangte: Jetzt tu etwas! Es ist doch genial: Wenn ich entspanne, tue ich auch etwas, nämlich entspannen. Seit ich dieses Rumgemache mehr lassen kann, bin ich erstaunt, wie wenig ich mich in meiner eigenen Sexualität auskenne. Ich gestehe mir ein, dass ich nicht sehr viel über mich weiß. Und ich komme damit an den Punkt, mich zu fragen: Was ist denn dann mein wirkliches Empfinden? Was tut mir gut? Was möchte ich? Mit das Schönste ist heute für mich, wenn mein Mann mit seinem Schwanz in meine Vagina kommt. Es ist der Moment des Hineinkommens. Und da ist das richtige Timing für mich wichtig. Oft hab ich das zu früh zugelassen, und das ist dann ein Scheißgefühl. Es tut weh und macht keinen Spaß. Schön ist es erst, wenn so viel Erregung in mir ist, dass die Vagina schon anfängt zu betteln: Ja, ich möchte.

Ich kenne mit meinem Partner auch eine Phase, in der er nicht zum Sex zu bewegen war. Ich habe mich damals nicht mehr lebendig gefühlt, ohne Lebensenergie. Sex drückt sich nicht nur im Miteinanderschlafen aus. Es geht dabei eher um ein Lebensgefühl, das entsteht, wenn Sex in meinem Leben einen Platz hat. Das macht satt. Dazu gehört noch nicht mal unbedingt Geilheit, es gibt keinen Zwang. Es kann auch einfach Zärtlichkeit sein, aber dieses Lebensgefühl ist immer mit meiner Vagina verbunden. Wenn ich mich vital fühle, ist sie durchblutet, warm und ein lebendiger Ort.

Immer der Gedanke: Was muss ich tun, um gut zu sein? Das hatte etwas sehr Verkrampftes. Jetzt wird es gerade besser. Neulich entstand ein Moment der Entspannung. Ein genialer Augenblick, in dem ich wusste: Ich lasse es jetzt einfach mit dem Zerdenken und gebe mich hin.

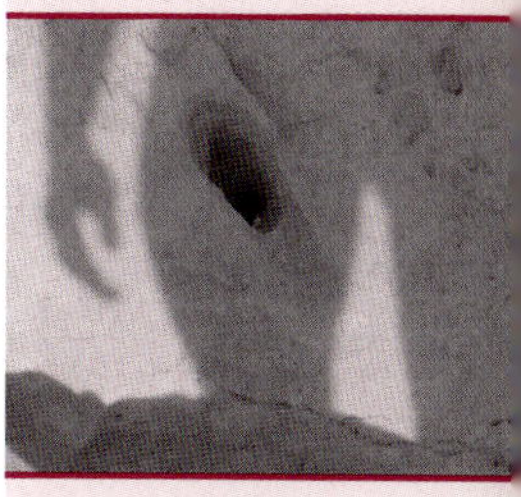

Ich habe lange gebraucht als Spätentwicklerin, und dieses ewige Denken hat mich fast zur Verzweiflung gebracht. Ich war fremdgesteuert und... ja, angepasst. Heute gestehe ich mir einfach zu, dass ich Sehnsucht nach noch mehr Lebendigkeit habe. Ich will für mich gehen. Das macht mir ab einem gewissen Punkt auch richtig Angst – aber da geht die Reise hin. In mir ist das Bild eines dicken Baumes, geerdet und einfach da. Ich finde oft auch Frauen faszinierend, wenn sie mit einem großen runden Hintern so überhaupt nicht unserem Schönheitsideal entsprechen, dabei aber eine Vitalität ausstrahlen, dass es kracht.

STEFANIE, 36 Jahre, Juristin aus Bayern, lebt, wie sie es nennt, „in between" und hat keine Kinder. Über sich sagt sie ein halbes Jahr nach dem Interview: „Heute kann ich mir auch mal was gönnen, ohne diese Moralkeule im Hintergrund, die diktiert, was man darf und was nicht. Meine innere Punktliste, wie ein Mann sein sollte, habe ich in einem Hängeordner abgelegt. Das ständige Checken, wie sieht er aus, ist er frei, ist er der Richtige für eine langfristige Beziehung? Das ruht jetzt bei den Akten, und damit lebt es sich sehr gut."

My heart belongs to Daddy oder Sex – den brauch' ich nicht

Männer und auch Frauen sagen, ich sei eine schöne Frau und hätte eine erotische Ausstrahlung. Ich selber spüre das nicht. Es ist, als ob sie über meine äußere Hülle reden, aber innen drin ist es ganz anders. Ich ziehe mich zwar sexy an, aber ich empfinde mich nicht so. Lange Zeit hatte ich das Gefühl, keine richtige Frau zu sein, weder äußerlich noch sexuell. Ich fühlte mich wertlos und hab gearbeitet und gearbeitet, aber auch das war nichts wert. Es gibt einen Begriff, der wahrscheinlich auf mich sehr zutrifft: Leistungstochter. Eine Leistungstochter versucht, über Bestleistung Anerkennung und vor allem Aufmerksamkeit von ihrem Papa zu bekommen, und sicher auch generell von Männern.

Früher habe ich Frauen, die ihre Sexualität lustvoll ausleben, heftig abgewertet: Das macht man nicht... so was ist nuttig. Gleichzeitig gab es immer auch eine große Faszination, was Sex angeht. Aber ich trau mich bis heute kaum, dem nachzugeben und es auch zu leben. Ich ziehe Blicke an und könnte wahrscheinlich an jeder Ecke Sex haben, aber es tangiert mich nicht. Ich kann meinen Körper, meine Lebendigkeit und meine sexuellen Wünsche einfach vergessen. Nicht da. Abgeschaltet.

Viele Jahre hatte ich keine feste Beziehung. Es gab ein paar kurze Affären, aber ich konnte mich niemals wirklich einlassen, und so sind die Männer auch schnell wieder verschwunden. Jetzt bin ich 36. In den letzten Jahren hab ich mich viel damit befasst, warum es so gekommen ist, dass ich überhaupt nicht in Kontakt mit meiner Weiblichkeit bin. Und ich glaube, es gibt so eine Art Treue in mir. Eine Treue zu meiner Mutter. Sie ist schwer krank. Als ich zweieinhalb war, wurden meine Sachen gepackt und ich kam zu Verwandten. Meine Mutter hatte plötzlich Krebs, über Monate lag sie in der Klinik. Sie bekam einen künstlichen Darmausgang gelegt. Was das für sie bedeutet, das konnte und kann ich nie wirklich erfassen, ich ahne es nur. Ich bin mit diesen Beuteln groß geworden, das war normal für mich. Ich habe meine Mutter nie als sexuelle Frau erlebt. Sie schien mir abgeschnitten. Dabei ist sie attraktiv und kam immer sehr bei Männern an. Und dann gibt es vor allem auch diese Treue zu meinem Vater, der sich, als ich Kind war, sehr zurückgezogen hatte. Er wies mich immer mit der Botschaft ab: „Ich will meine Ruhe haben, lass mich mit deinem Kram zufrieden!"

Ich wusste, wie das funktioniert mit dem Kinderkriegen. Aber was Lust ist, oder gar, dass Lust zu meiner Natur gehört und ich ein Recht darauf habe, dass es so etwas wie einen Orgasmus gibt... unbekannt.

Aufgeklärt worden bin ich durch Bücher und durch Sexualkunde in der Schule. Ich wusste, wie das funktioniert mit dem Kinderkriegen. Aber was Lust ist, oder gar, dass Lust zu meiner Natur gehört und ich ein Recht darauf habe, dass es so etwas wie einen Orgasmus gibt... unbekannt. Ich hab mir meine Vagina mal angeschaut, weil ich wissen wollte, wie und wo ein Tampon sitzt, wo die Stelle ist, an der ich ihn nicht mehr so spüre. Beim Sport sollte keiner mitbekommen, dass ich meine Tage habe. Mit 14 versuchte ich mich mit dem ersten Freund und ich mochte es gern, wenn er mich dort unten berührte, aber gleichzeitig kam da schnell ein Stopp in mir hoch. Ich war ein braves Mädchen und total unsicher, wusste nicht, wie ich ihn anfassen sollte, und hab mich nicht getraut, ihn unterhalb der Gürtellinie zu berühren. Wichtig waren die Gefühle, alles war pinkfarben! Das hat gereicht. Mit siebzehn drängte es so langsam, denn ich dachte: Jetzt musst du mal Butter bei die Fische tun – wie die anderen auch. Ich wollte wissen, wie das mit dem richtigen Sex ist. Meine Vorstellung und meine Bilder dazu: Dann kommt sein Penis rein und dann ist das ganz toll! Mit 18 hatte ich dann einen Freund, und mit ihm habe ich das erste Mal geschlafen. Aber es hat gebrannt und es war keinerlei Lust dabei. Er blieb abends länger bei mir. Wir haben Fernsehen geschaut, gekuschelt und herumgemacht und sind dann aus Versehen eingeschlafen. Nachts um drei schreckten wir hoch, und er hat sich aus dem Haus geschlichen. Da fing es an, dass mein Vater nicht mehr mit mir sprach. Er ignorierte mich. Er hat sich richtig abgewendet. Ich hab ihn gefragt: „Was ist?", und er ging einfach aus dem Zimmer. „Was läuft hier?", habe ich dann meine Mutter gefragt. Ich müsse das verstehen, es sei für ihn schwer, dass mein Freund in letzter Zeit länger bliebe... Mit diesem Satz ist ein Gefühl entstanden, das mir erst heute bewusst wird: Ich darf das nicht! Ich darf das nicht machen. Wenn ich das weiter tue, wird er gar nicht mehr mit mir sprechen. Ich war in den Jungen verknallt, er war nett, ich hab gerne Sex mit ihm gehabt. Aber ich hatte keine richtige Freude daran. Wir machten es heimlich. Das Schlafzimmer meiner Eltern war nebenan, mein Bett hat gequietscht – also nur nicht laut werden, nur keinen Spaß haben. Mein Körper fing an, sich total zu verspannen. Als ob etwas in mir sagte: Wenn du auch noch Spaß daran hast, wird dein Vater dich verstoßen. Irgendwie habe ich mich dann für ihn entschieden. Und vielleicht habe ich deshalb nie einen Orgasmus gehabt. Wenn ich sage entschieden, ist das sicher nicht das richtige Wort, es gibt einfach diese tiefe Verbundenheit mit meinem Vater. Entschieden habe ich mich wahrscheinlich schon früher, als kleines Mädchen.

Es gibt da noch etwas, das mir heute wichtig erscheint. Etwas, über das in der Familie nie geredet wurde, es ist zufällig herausgekommen. Der Vater meines Vaters ist gestorben, als mein Vater zwei Jahre alt war. Meine Oma war eine sehr lebenslustige Frau, die einzige in der Familie. Sie hat auf Sexualität offensichtlich nicht verzichtet. Als mein Vater sechs war, war sie noch einmal schwanger und hat das Kind zur Adoption gegeben. Sie versuchte, das geheim zu halten, aber es ist ihr nicht gelungen. Mein Vater hat mal auf mein Drängen hin erzählt, er habe sich damals in Grund und Boden geschämt, weil seine Mutter schwanger war – und kein Mann war weit und breit. Er muss dafür von den anderen Kindern sehr gehänselt worden sein. Das war für ihn Scham und Schande, und ich vermute, seine Mutter war für ihn – mal hart ausgedrückt – eine Hure. Und jetzt fängt seine Tochter an, mit Männern zusammen zu sein.

Ich hab dann zu mir selbst gesagt: Jetzt versuch mal, Lust zu haben! Aber ich wollte ihn nicht wirklich anfassen. So ein Schema lief ab, das hieß: Okay, ich bin jetzt mit diesem Mann zusammen, und deshalb müssen wir miteinander schlafen, und dann machen wir das eben. Ich hab halt funktioniert.

Als Kind habe ich ihn als sehr zurückgezogen erlebt, emotional verbunkert, nie da. Und ich erinnere mich, dass gerade diese Abwesenheit eine Magnetwirkung auf mich hatte. Ich habe mich danach gesehnt, dass er mich sieht und liebt, und hab so einen Glorienschein um ihn gelegt. Er war mein Papa, und ich konnte zu jeder Zeit fühlen, wie es ihm geht, dass er traurig war und einsam. In meiner Vorstellung war ich überhaupt die Einzige, die für ihn da war. Als kleines Mädchen hat man ja so eine magische Sicht. ‚My heart belongs to Daddy!' Natürlich bekam ich von ihm nie, wonach ich mich so sehr sehnte. Dabei hab ich mich weiß Gott angestrengt. Jahrelang Kunstturnen, war immer in allem top, immer gut in der Schule, hab nie Mist gebaut, war echt süß – auch sexy. Ich habe dann Jura studiert und dachte, darüber bekomme ich Kontakt mit ihm, oder zumindest einen Austausch auf beruflicher Ebene. Aber er war und ist unerreichbar für mich. Es ist, als wolle etwas in mir noch immer von ihm hören: Steffi, ich sehe dich, ich höre dich, du bist wunderbar, so wie du bist.

Mit Anfang 20 war ich mit einem Mann zusammen, mit dem es eigentlich gar keinen Spaß im Bett machte. Er hat mich geistig sehr angesprochen, aber nicht körperlich. Ich hab ihm meinen Körper zur Verfügung gestellt, aber nie einen Orgasmus vorgetäuscht, weil ich gar nicht wusste, wie das hätte ausschauen sollen. Merkte aber, dass ich mich nicht locker, geschweige denn gut fühlte. Ich war im Bett erstarrt, hielt die Luft an. Ich hab dann zu mir selbst gesagt: Jetzt versuch mal, Lust zu haben! Aber ich wollte ihn nicht wirklich anfassen. So ein Schema lief ab, das hieß: Okay, ich bin jetzt mit diesem Mann zusammen, und deshalb müssen wir miteinander schlafen, und dann machen wir das eben. Ich hab halt funktioniert. Für ihn ging es ums Prestige, ich war jetzt seine schöne Freundin. Und dieses Bild habe ich in den ersten Jahren bedient. hab meine Beine breit gemacht und irgendwann festgestellt: Ich kann das nicht. Meine Vagina war zu dieser Zeit ziemlich vertrocknet. So in sich hineingezogen. Wusste nicht, was sie will, was sie braucht, dass es sie gibt, dass sie eine Daseinsberechtigung hat, dass sie Gefühle haben darf. Das gab es nicht, ich fühlte mich von meinem ‚Unten rum' abgeschnitten.

Doch dann kam er! Jetzt tauche ich in die tiefsten Abgründe meines Lebens. Ich sah ihn, und es hat Peng gemacht. Er war zehn Jahre älter, Kameramann, Fotograf, hat auch an Pornos mitgearbeitet. Er war ein faszinierender Mann. Er hat mich eingeführt in alles, was es gibt – von Handschellen bis hin zur Videokamera. Er stellte eine Kamera auf und ich fand die Vorstellung, dass das andere sehen könnten, super aufregend. Es lief alles unter dem Stichwort: Verboten! Dieser Mann ist eigentlich verboten, alles, was wir tun, ist verboten. Abgründe! Aber genau das war stimulierend, anziehend und machte mir Lust. Ich war wirklich verliebt. Zwei Jahre waren wir zusammen. Er hat sich total um mich bemüht. Er war der erste Mann, der sagte: „Du hast ja keinen Orgasmus." Er war der erste Mann, der mich fragte: „Was ist mit dir?" Und er hat alles getan, um mir einen Orgasmus zu bescheren. Hat aber, was ich jetzt weiß, von der Existenz meiner Klitoris auch nichts gewusst. Auch nichts von Gleitcreme, es hat mir manchmal wehgetan. Er hat dann gemeint, ich solle mal loslassen. Heute kommt mir das komisch vor. Wir probierten vieles, und es war wunderschön, aufregend und spannend. Mir hat es nichts ausgemacht, dass ich keinen Orgasmus hatte. Aber ihm hat es etwas ausgemacht.

Mit ihm entdeckte ich mein Lustgefühl, und dadurch hat sich etwas in mir verändert. Ich fing nämlich an wahrzunehmen, was in mir möglich ist. Ich mochte diesen Mann wirklich sehr, aber das Ganze ist in einem Eifersuchtsdrama geendet. Mein Schwur hieß dann: Ich mache mein Jura-Studium zu Ende, begebe mich nie wieder emotional so sehr in etwas hinein, lasse mich nie wieder von Gefühlen dermaßen überwältigen und verliere nie wieder so die Kontrolle!

Orgasmus gehört dazu, jeder spricht darüber und alle anderen Frauen haben einen, das kannst du überall lesen.

Natürlich gab es den Wunsch, einen Herzenspartner zu finden, nur: Es war weit und breit keiner zu sehen. Hin und wieder gab es ganz kurz einen Mann, aber sofort meldete sich dieses Manko: Ich bekomme keinen Orgasmus. Das wusste ich seit dem Kameramann, und ich wusste auch, ich krieg das nicht hin, und für einen Mann ist das ganz schwierig auszuhalten. Der Eindruck war nachhaltig: Er macht und tut und bezieht das auf sich, dass er es nicht schafft, mir einen Orgasmus zu bescheren. Ich wusste also, ich funktioniere nicht und weiß auch nicht, wie ich funktionieren könnte, ich bin nicht in Ordnung, keine richtige Frau. Orgasmus gehört dazu, jeder spricht darüber und alle anderen Frauen haben einen, das kannst du überall lesen.

Ich hab dann neun Jahre ohne einen festen Partner gelebt. Meine ganze Energie ging in meine Arbeit in einer Anwalts-Sozietät. Ich war wieder ganz auf der Leistungsschiene. War einsam, hab auch nicht onaniert, keinen Sport getrieben. Hab nur geackert, auch am Wochenende, und dann an freien Tagen wie ein Schluck Wasser in der Kurve auf meinem Sofa gelegen. Irgendwann hatte ich kaum noch Freunde, stattdessen Depressionen und einen Burn-out. War ohne Kontakt zu meinem Körper und zu mir. Es hat mir auch nichts gefehlt, meine Sexualität hatte ich völlig eingefroren. Es war auch nie meine Sache, im Job oder in Gesellschaft mit Erotik zu spielen. Heute sage ich, wenn eine Frau ihre Erotik nicht aufblitzen lässt, wird sie beruflich nicht weit kommen. Ich hab gesehen, dass andere Frauen in ihrem Berufsleben damit Erfolg haben. Ich kann es nicht. Ich komme aus einer verklemmten Familie.

Dann lese ich den Prospekt und sehe: Natürlich, da geht´s ja auch um Sexualität! Das brauch ich nicht, dachte ich, so verzweifelt bin ich noch nicht.

Dann kam der Punkt, an dem ich merkte: So geht es nicht weiter, da ist etwas nicht in Ordnung. Einer Freundin von mir war es ähnlich ergangen, sie hat dann an einer Selbsterfahrungsgruppe teilgenommen. Nach ein paar Monaten bat ich sie, mir die Adresse zu geben. Dann lese ich den Prospekt und sehe: Natürlich, da geht´s ja auch um Sexualität! Das brauch ich nicht, dachte ich, so verzweifelt bin ich noch nicht. Irgendwann war mir klar: Wenn ich jetzt nichts tue, dann muss ich mich in die Psychiatrie einliefern lassen. Ich wusste nicht mehr weiter. Okay, ich bin dann doch in diese Selbsterfahrungsgruppe gegangen und hab wirklich viel über mich gelernt. Ich kann jetzt endlich zu mir und meinem Körper stehen, muss nicht nur leisten. Mein Nacken ist entspannter, ich akzeptiere mich, fühl mich so in Ordnung, wie ich bin. Ich darf eine sexuelle Frau sein und kann mich mit diesem Thema von meinem Vater oder überhaupt von meinen Eltern lösen.

Es ist noch nicht so lange her, da war ich sehr verliebt. Es gab zwischen uns viel Zärtlichkeit, wir waren uns nah, und das nicht nur beim Sex. Wir haben viel geredet und gelacht. Er war der erste Mann, mit dem ich einen Orgasmus hatte. Ja, wirklich, einen Orgasmus! Denn vor zwei Jahren gab es die Rettung – das Buch *For Yourself*. Da bin ich mit meiner Klitoris in Kontakt gekommen. Das erste Mal! Ich hab das Buch gelesen und es war klar: Ich bin ganz normal! Es kommt vor, dass Frauen mit 30 Jahren immer noch keinen Orgasmus hatten. Und es gibt so etwas wie eine Klitoris. Die hab ich dann mit meinem Dildo aufgesucht. Schnell war klar, wenn ich ihn dorthin halte, ziehe ich ihn immer wieder weg. Wenn es anfing, wirklich heiß zu werden, zieh ich ihn weg! Hab dann aber eines Tages mutig weitergemacht, und dann hatte ich auf einmal einen Orgasmus.

Das Buch ist Gold wert. Zu lesen, viele Frauen mit 30, 40, 50 Jahren haben das noch nie erlebt! Es ist keine körperliche Störung, ich bin doch richtig! Und ich hab erfahren, dass es über die Klitoris geht. Ah, so was hab ich auch! Aber ich muss dabei bleiben, sonst verliere ich das Gefühl für meine Sexualität wieder. Wenn ich mich nicht ausreichend damit beschäftige, schläft das Bedürfnis ein. Ab und zu kämpfe ich noch mit dem Gedanken, dass ich keine sexuelle Frau sei – aber den Gedanken schicke ich dann in die Wüste. Heute schaffe ich es so etwa dreimal in der Woche, mit mir zu üben. Ich muss und möchte mich damit beschäftigen und den Kontakt zu mir nie mehr verlieren!

Ich will einen Kreislauf zwischen Vagina und Herz, zwischen Sex und Liebe – dann erst kann ich meiner Vagina freien Lauf lassen. Sex und Herz zusammenzubringen ist übrigens auch für mich selber wichtig. Es ist ein Unterschied, ob man Liebe mit sich selber macht oder ob man masturbiert.

Was heute, seit ich meine Sexualität lebe, anders ist? Ich fühle mich mehr da, mehr im Leben, mehr in mir. Fühle mich als Frau. Ich kenne jetzt so was wie Lustanfälle. So, jetzt hab ich aber Bock! Ich sitze schon mal am Bürotisch und dann merke ich aus heiterem Himmel: Jetzt will mein Körper Befriedigung. Ein bisschen ist das für mich noch mit einem Manko behaftet, denn ich bin nach wie vor sehr abhängig vom Dildo. Mit der Hand geht es nicht. Dann höre und lese ich immer wieder, das sei nur eine Frage des Loslassens von Kontrolle, oder des Loslassens überhaupt. Was immer das ist, eines Tages werde ich sicher auch das verstehen.

Meine Sehnsucht? Es gibt eine Sehnsucht meines Herzens. Einen Mann zu haben, der mich will, und der bei mir bleibt. Ich kann bei ihm auch mal kurz ausflippen, mich zurückziehen, darf völlig emotional sein – und er bleibt da. Ja, das wünsche ich mir. Er bleibt mir zugewandt. Ich will nicht nur Sex. Ich weiß, wie es ist, nur Sex zu haben. Es kann lustvoll sein. Aber glücklich sein kann ich nur, wenn mein Herz dabei ist. Ich finde einen Mann auch erst richtig anziehend und lecker, wenn mein Herz hüpft. Er kann da sein mit seiner Lust und seinem Verlangen nach mir, was mich auch anmacht, aber es reicht mir nicht. Ich will einen Kreislauf zwischen Vagina und Herz, zwischen Sex und Liebe – dann erst kann ich meiner Vagina freien Lauf lassen. Sex und Herz zusammenzubringen ist übrigens auch für mich selber wichtig. Es ist ein Unterschied, ob man Liebe mit sich selber macht oder ob man masturbiert. Auch da geht meine Sehnsucht hin. Ich weiß, dass nur die Selbstliebe heilt.

Irgendwann mit 30 fing ich an zu merken, dass ich vielleicht doch gerne Kinder hätte. Bis dahin war das undenkbar. Der Geburtsvorgang war für mich total abschreckend. Wenn man sich nicht weiblich fühlt, ist der Gedanke an Geburt ganz weit weg, wirkt sogar bedrohlich. Mittlerweile ist ein Kinderwunsch da. Ich werde 36 und die Uhr ist noch nicht abgelaufen, aber die Zeit wird knapp.

Es ist ein Anfang, ich will weg von diesem Leistungsding. Das ist unglaublich anstrengend. Will weg davon, dass die Männer mich erlösen und mein Wert und meine eigene Wertschätzung von ihnen abhängen. Eigentlich geht es doch darum, dass ich endlich zu mir selbst sagen kann: Steffi, ich sehe dich, ich höre dich, du bist wunderbar, so wie du bist.

Spiegelung beim Frauenarzt

„Als ich anfing, mich mit meiner Vagina ernsthaft zu beschäftigen, da kam mir der Gedanke: Ist doch verrückt! Der Frauenarzt schaut mich an, und ich selber weiß gar nicht, wie ich aussehe. Ich meine, mein Frauenarzt weiß mehr über mich als ich selbst."

Bei der nächsten Vorsorge geht Lisa, 42 Jahre, das Thema an. Sie fragt ihren Arzt, ob sie ihren Muttermund anschauen könne. Ein Räuspern und eine skeptisch hochgezogene Augenbraue sind die erste Antwort. Ja, ... wie... ? Gut. Sie müsse aber selber einen Spiegel mitbringen. Das nächste Mal hat Lisa einen Spiegel dabei. Sie schaut ihre Vagina und ihren Muttermund ausgiebig an, und der Arzt erklärt ihr, wie die Schleimhaut und alles andere beschaffen ist. Im nächsten Jahr nimmt Lisa ihren Spiegel gleich mit zur Untersuchung, schaut sich alles an und schlägt dem erstaunten Arzt vor, ihren Spiegel dazulassen, damit andere Frauen oder Mädchen sich auch anschauen können. Kein Bedarf, sie sei die Einzige, die das wolle.
Im dritten Jahr - eine gynäkologische Zeitenwende - zieht der Arzt einen Spiegel hervor. Er empfehle jetzt den Frauen, sich anzuschauen. Schließlich gehe es doch um ihren Körper, und ihre Augen und Ohren seien ihnen ja auch vertraut.

Studien belegen: Nur 23% aller 50- bis 70-jährigen Frauen haben jemals mit ihrem Frauenarzt über Sex gesprochen. 71% aller jüngeren Frauen wünschen sich, dass ihr Arzt sexuelle Probleme anspricht.

SYBILLE, 54 Jahre, ist Lehrerin in Rheinland-Pfalz. Sie ist geschieden und hat zwei Kinder. Über sich sagt sie: „Es ist schön, wenn eine Geschichte über diesen wichtigen Teil meines Lebens erzählt wird. Und es war eine verrückte und sehr schöne Zeit. Vieles habe ich ausprobiert, aber eigentlich wollte ich nur einen, und dass er zu mir hält."

Die Zeit der freien Liebe oder Sollen wir beide mal...?

Sommer 1969 – die Schulzeit ist vorbei, endlich. Und heute war es geschehen. Sie ist jetzt erwachsen. Sie haben es einfach gemacht, es war ganz leicht und sanft, nie hätte sie das für möglich gehalten. Sie war Frau geworden und hätte es vor Glück herausschreien mögen, ihr Herz glühte für diesen Mann, ihren Ritter. 1969, die Zeit der sexuellen Befreiung, ist auch ihre Zeit des Aufbruchs. Sie zieht mit dem Ritter in die Fremde – 100 Kilometer vom Heimatort entfernt. Es ist der Auszug aus einer sprachlosen, bürgerlich engen und liebesfeindlichen Welt in die Freiheit.

Die Freiheit hat einen Namen, sie nennen sie WG, lieber noch Kommune. Von der Bedeutung des Wortes nichts wirklich wissend, zieht sie ein, und schon der erste Einblick in die Welt der Kommunarden löst Beklemmung in ihr aus. Denn kaum, dass sie das Haus betreten hat, springt ein großer Hund auf sie zu, umklammert ihr Bein und rammelt. Was soll sie tun? Keine Ahnung. Lächeln? In der Nacht hört sie im Nebenraum lustvolles Stöhnen, und als sie morgens auf dem Klo sitzt, kommt ein bildschöner nackter Mann herein und duscht. Was soll sie tun? Lächeln? Sie hat gerade sechs Jahre in einem evangelischen Mädcheninternat hinter sich. Was macht sie jetzt hier?

Es dauert drei Monate, dann gehört sie dazu. Sie ist jetzt auch Kommunardin. Alles geschieht wie im Traum, fast ohne ihr Zutun. Freie Liebe gehört ab jetzt zu ihrem Leben – manche tun es mit manchen. Aber was tun sie, und vor allem – wie? Was spielt sich ab in den Betten, wie erleben es andere Frauen? Egal, sie tun es. Was immer es ist, darüber sprechen sie nicht, gesprochen wird hauptsächlich über eines: Wer tut´s mit wem?

Noch lebt sie ihre Liebe mit dem Ritter, sehr zärtlich und liebevoll. Er erzählt ihr nächtelang Geschichten, sie singen Arien, mit ihm zusammen ist das Leben wie ein Spiel. Und das Projekt Kommune geht weiter: Geld wird geteilt und die Arbeit, meistens auch die Zahnbürste. Die Genossen lesen gemeinsam die Standardwerke über Kapital und Arbeit und über Besitzansprüche in Beziehungen. Besitzanspruch, das ist konventionell und steht für den Klassenfeind. Nur das ausgebuffte Kapital und bürgerliche Blutsauger beanspruchen und, vor allem, haben einen Besitz. Die Genossen teilen – auch die Beziehungen. Keinen Besitzanspruch reklamieren, das bedeutet Freiheit. „Was meinst du, sollen wir beide mal?" „Warum nicht." Sie will nicht verklemmt und prüde wirken, aber schon beim ersten Mal spürt sie: Freiheit kann auch bitter schmecken. Sie lässt es über sich ergehen, aber es tut nicht wirklich gut. Die Männer sind ihr fremd, auch wenn sie mit ihnen zusammenlebt. Zu viel Freiheit zerstört. Der Ritter ist traurig und geht: Gott, wenn er sie doch nur weiter ‚besitzen' wollte.

Die Frauen in ihrer Umgebung gehen auf die Straße und rufen: „Mein Bauch gehört mir." Keine Frage. Und unsere Vagina? Was ist mit ihr?

Die Frauen in ihrer Umgebung gehen auf die Straße und rufen: „Mein Bauch gehört mir." Keine Frage. Und unsere Vagina, was ist mit ihr? Endlich sexuell befreit! Sie reden über Abtreibung, als gehöre das zum Alltagsgeschehen, und innerhalb kürzester Zeit haben sich Scham und Sprachlosigkeit verwandelt in sprachgewaltige Wortanhäufungen einer neuen Frauenära.

Ihre zarte, vorsichtige und scheue Sexualität maskiert sich in: Ich lebe alles und tue, was mir gut tut! Einige wirklich nette und auch sehr sympathische Männer machen mit ihr Liebe – es gehört einfach dazu, zu der neuen Freiheit. ‚Machen' mit ihr – denn manchmal ist es, als sei sie gar nicht anwesend. Ist das normal? Sie hat niemanden, den sie fragen kann. Die anderen Frauen tun es auch, und sie scheinen glücklich zu sein. Wahrscheinlich ist mit ihr etwas nicht in Ordnung.

Ihr Geschlecht ist zwar ständig im Gespräch, hat aber noch immer keinen Namen und zieht sich zurück. Wie eine Muschel geht sie zu. Ist das normal? Mit den Frauen um sie herum diskutiert sie über schwer wiegende Fragen: „Ist Onanieren in einer Beziehung okay?" oder „Können Frauen auch Sex ohne Gefühle leben, einfach so?" Hitzige Gespräche, bei denen sie sich aber nie zu sagen trauen würde, dass Onanieren ihr eigentlich ganz fremd ist und dass sie Sex nur mit dem Mann genießen kann, für den ihr Herz brennt, der ihr Vertrauen gibt. Nur mit dem Menschen, bei dem sie sich sicher und wirklich angenommen fühlt. Aber der Ritter ist fort.

Endlich sexuell befreit! Sie reden über Abtreibung, als gehöre das zum Alltagsgeschehen, und innerhalb kürzester Zeit haben sich Scham und Sprachlosigkeit verwandelt in sprachgewaltige Wortanhäufungen einer neuen Frauenära.

Die Zeit der Kommune geht vorüber, das normale Leben beginnt. Arbeit, später Studium, sie findet den Mann, mit dem sie leben will, Kinder kommen, der Alltag beginnt. In den ersten Jahren freuen sie sich aneinander, lieben sich. Dann, ganz langsam, stellt sich die Sprachlosigkeit ein, die sie von früher kennt. Sie kann ihre Wünsche nicht ausdrücken, verliert den Kontakt zu sich und zu ihm, Sex wird zum Mittel der Auseinandersetzung, Liebes- und Körperentzug breiten sich aus. Und nach und nach geschieht etwas, was sie nie für möglich hielt – das bürgerliche Leben hält Einzug. Sprachlos, eng und liebesfeindlich.

Das Kronjuwel – die Klitoris

Schwer vorzustellen, dass Wissenschaftler plötzlich damit herausrücken, die Schwellkörper des Penis sähen ganz anders aus, als bisher angenommen. Kaum denkbar, dass es noch einen einzigen unerforschten Zentimeter am menschlichen Körper gibt.

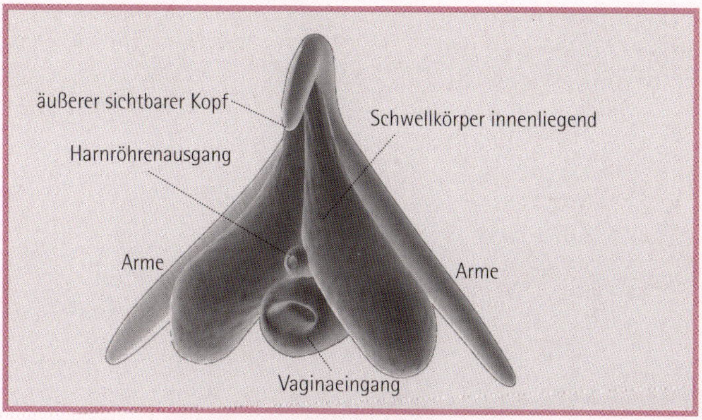

Aber genau so verhält es sich mit der Klitoris. Über sie haben wir erst in den letzten Jahren Genaueres erfahren, und zwar dank Dr. Helen O'Connell, urologische Chirurgin am Melbourne Private Hospital in Australien. Jahrelang beschäftigte sie die Sorge, dass sie bei Operationen Nerven zur Klitoris durchschneiden könne. Nerven, von denen sie noch nicht einmal wusste, dass es sie gibt. „Bei Prostatakrebsoperationen lernen wir in der Ausbildung, sehr genau auf die Erhaltung der sexuellen Funktion zu achten. Aber was tun wir, um Frauen in dieser Hinsicht zu schützen?" In den Lehrbüchern, so fand Dr. O'Connell heraus, war über die Klitoris wenig zu finden. „ ... das Buch zum Beispiel, aus dem ich Anatomie für meine chirurgischen Examen gelernt habe, enthielt überhaupt keine Beschreibung."

Nicht, dass die Klitoris ganz von der Medizin vergessen wurde. Selbst die Gelehrten der Renaissance kannten sie. Aber deren Interesse galt der Frage, wie man beweisen könne, dass die weiblichen Genitalien nur ein nach innen gekehrtes Spiegelbild der männlichen seien. Man suchte also nach Entsprechungen, und nicht etwa nach dem, was anders und besonders am weiblichen Körper ist. Im 19. Jahrhundert ging die Anatomie zwar schon genauer vor, aber am weiblichen Körper war vor allem die Fortpflanzung interessant. Und dafür schien die Klitoris, dieses kleine Stückchen Gewebe, nun wirklich keine Bedeutung zu haben.

Selbst die Anatomie der letzten Jahre des 20. Jahrhunderts, so fand Helen O'Connell heraus, bot keine detaillierte Beschreibung der Klitoris und ihres Nervensystems. Sie und ihre Kollegen gingen also zurück zu den Grundlagen der anatomischen Forschung, der Sezierung des weiblichen Körpers und stießen auf eine große Überraschung. „Wir fanden heraus, dass sich ein ganz anderes Bild bot als in den Standarddarstellungen der Anatomielehrbücher."

Die Klitoris, so ergaben ihre Untersuchungen, ist weit mehr als das ‚kleine Bisschen', das an der Oberfläche sichtbar ist. Innen besteht sie aus einer viel größeren Struktur, die sich um die Vagina und die Harnröhre legt. Der äußere Kopf ist mit einem Körper verbunden, zwei Armen und einer Menge Gewebe, das, wie der Penis, bei Erregung anschwillt. Das bedeutet, die gesamte Klitoris ist 8-9 cm groß, sie reicht sehr weit in den Körper hinein und ist mit anderen Organen verbunden. Bei jeder Operation im Bereich des Beckens können also die Nerven, die dieses Schwellgewebe stimulieren, in Gefahr sein. Vor diesem Hintergrund führt uns die alte Diskussion um vaginalen und klitoralen Orgasmus, wie Helen O'Connell sagt, auf den Holzweg, denn es handelt sich ganz klar um einen zusammenhängenden Bereich im Körper.

Ähnlich verhält es sich womöglich mit dem berühmten G-Punkt. Auch er, so meint Dr. O'Connell, verdankt seine Empfindsamkeit womöglich der Klitoris: „Interessanterweise fand man ihn im

Bereich des Schließmuskels der Harnröhre... , was ja ziemlich ungewöhnlich ist. Ich vermute, dass es mit dem klitoralen Schwellgewebe um die Harnröhre herum zusammenhängt, dass an dieser Stelle so viel los ist."

HEIDI, 49 Jahre, ist landwirtschaftlich-technische Assistentin, Familien- und Hausfrau und wohnt in Baden-Württemberg. Sie ist geschieden, lebt in Beziehungen und hat einen Sohn und drei Töchter. Über sich sagt sie: „Ja, ich suche mich, aber ich definiere mich noch zu sehr über meine Beziehungen – habe gerade zwei. Ich habe mir die Opferrolle während meiner Ehe wohl freiwillig ausgesucht. Im Spiel des Lebens habe ich meinen Part gespielt und muss das akzeptieren."

What can I do to make you happy? oder Meistens verzichtet man halt

Fragt mich dieser Mann: „What can I do to make you happy?" Mich glücklich machen? Das hat mich mein ganzes Leben lang noch niemand gefragt.

Ich war ein viertel Jahrhundert verheiratet. Während dieser Ehe hatte ich mehr als genug Sex. Mein Mann wollte mindestens einmal am Tag. Als wir uns vor zwei Jahren getrennt haben, da war mein Bedarf an dieser Art von Sex gedeckt. Bei ihm ging es immer ruckzuck, zwei bis drei Minuten und fertig. In meiner Ehe war ich treu und hätte mir niemals vorstellen können, dass ich mir einmal für Geld einen Mann kaufe. Aber ich wollte nach all den Jahren einen Mann, der ausschließlich auf meine Bedürfnisse eingeht. Wie man das anstellt? Übers Internet ist das ganz leicht, und gefunden habe ich einen sehr netten Inder. Wir trafen uns in einem Hotelzimmer. Ich habe es gebucht, mit Bad. Dann ging es darum, das Zusammensein zu genießen. Intimität mit jemandem, den du noch nie gesehen hast, ist nicht einfach. Erstaunlicherweise erzählte er, dass die meisten Frauen nur gehalten werden wollen, so wie ich. Er hielt mich einfach nur im Arm, und es kam nach und nach eine tiefe Ruhe in mir auf. Durch das Halten verging meine Angst. Dieser Mann hat mir glaubhaft versichert, dass sehr viele Männer auf mollige Frauen stehen, und dass ich sehr attraktiv bin. Das hatte ich vorher noch nie gehört.

Am Anfang meiner Ehe hatte ich immer vaginale Schmerzen. Ich war wund und aufgerissen. Körperlich haben mein Mann und ich gar nicht zusammengepasst. Aber ich wusste damals nicht, dass es verschiedene Formen und Längen von Vaginas und Penissen gibt. Ich konnte ja nicht vergleichen: Er war der erste Mann, mit dem ich ins Bett gegangen bin.

Als Kind hatte ich es oft mit der Blase zu tun, hab auch ab und zu ins Bett gemacht. So war das ,da unten' zwar ein Thema für mich, aber eher peinlich. Meine Mutter sagte damals: „Die Kinder kommen aus dem Bauch". Wie aus einem Bauchladen, so stellte ich mir das vor. Später dann, im Freibad, hat sie mich aufgeklärt. Sie sprach davon, wie das mit der Periode ist, und wie Mann und Frau zusammen sind, bevor sie Kinder bekommen. Ich war so schockiert, dass mein Vater und meine Mutter... unvorstellbar! Lange Zeit habe ich meinen Vater deswegen verachtet. Ich konnte mir nicht vorstellen, dass das schön sein sollte. Meine Mutter sagte zwar, dass es schön sei, aber wohl mehr, um mich zu beruhigen. Ich war mir sicher: Mein Vater tut meiner Mutter weh, und wahrscheinlich zwingt er sie dazu. Es gab ein untrügliches Gefühl in meiner kindlichen Wahrnehmung, dass das, was sie mir erzählte, nicht wirklich stimmte. Denn sie gab mir auch zu verstehen: Männer wollen immer. Manchmal sogar mitten in der Nacht. Von einer Verwandten, die schon weit über 60 war, wurde gemunkelt: Der Mann lässt sie nicht in Ruhe, auch nicht wenn sie krank ist und Fieber hat. Das gab mir die Gewissheit: Männer können nicht anders, wollen permanent und nehmen auf Frauen keine Rücksicht – und irgendwie erdulden Frauen das schon. Klar, das hat mein Leben geprägt. Frauen sorgen für die Harmonie und gleichen alles aus, wenn es schwierig wird in Familie und Partnerschaft. Denn der Mann hat immer Recht. Mein Vater bekam das größte Stück Fleisch und aß immer zuerst. Er brachte das Geld und wir hatten uns unterzuordnen.

Sie gab mir auch zu verstehen: Männer wollen immer. Manchmal sogar mitten in der Nacht.

Geheiratet habe ich mit 20. Ich wollte zu der Zeit einen Partner an meiner Seite haben, gemeinsam etwas unternehmen, brauchte jemanden zum Reden. Damals war ich recht dick und fand es schwierig, einen Mann zu finden. Wir haben uns beim AStA-Fest an der Uni kennen gelernt. Ich fand ihn ganz nett. Wir haben zusammen getanzt, er tanzte auch so gerne wie ich. Das war schon mal gut, und ich fand es toll, geküsst zu werden. Das war in den 70ern, er war damals noch kommunistisch angehaucht. Wir haben viel diskutiert und geredet. Er war damals auch sehr zärtlich. Es tat mir gut, berührt zu werden, und er kannte sich mit Psychologie aus. War schon ein intelligenter Mensch, alle Abschlüsse, Abitur, Examen und Promotion mit Auszeichnung. Sehr belesen.

Je länger wir allerdings verheiratet waren, umso weniger haben wir geredet, und ich hab von dem, was er las, nur noch gehört, wenn Besuch da war und die Männer sich unterhielten. Gut, er hat es früher nicht leicht gehabt, war schon als Kind im Internat. Sein Vater war gewalttätig. Das hat ihn hart gemacht. Ein Familienleben kannte er gar nicht. Eine Familie, die habe ich ihm gegeben. Sein Vater hat ihn als Kind viel geschlagen, und er selbst hat manchmal unsere Kinder geschlagen. Zwischen uns war nie wirkliche Liebe im Spiel. Wenn ich jetzt Freunde sagen höre: „Oh, ich bin verliebt und hab Schmetterlinge im Bauch", weiß ich: Das hab ich mit meinem Mann nicht gehabt. Vielleicht für kurze Momente mit den Männern, die jetzt da sind. Aber wenn sie nicht da sind, dann ist es wieder weg. Er hatte wie ich null sexuelle Erfahrungen, aber viel über Sex gelesen. Damals haben wir praktisch alles ausprobiert: verschiedene Stellungen, wie oft am Tag kann ich, wie oft kann er? Die erste Zeit war das interessant und schön, aber immer mit Schmerzen verbunden. Am schönsten war es im Urlaub. In England waren wir, da haben wir gezeltet, und er hat mich ewig massiert. Das hat er nie wieder getan. Ich habe erst jetzt mit dem Inder noch einmal erlebt, wie schön das ist.

Zu der Zeit hatte ich häufig Migräne. In dem Buch *Krankheit als Weg* stand, dass Migräne mit verklemmter Sexualität zusammenhängt. Eine Art von Orgasmusstau oder so was. „Kein Problem", sagten wir uns, „probieren wir es, wenn dadurch die Migräne weggeht!" Drei- bis viermal am Tag haben wir es dann gemacht, damit ich einen Orgasmus bekomme. Die Migräne blieb!

Wann ich das erste Mal einen Orgasmus hatte? Na, ja, es hat einige Zeit gedauert, bis ich überhaupt erfuhr, was ein Orgasmus ist, denn durch

Penetration erlebe ich keinen. Ich brauche immer die Stimulation der Klitoris. Dass ich das herausfand, war reiner Zufall. Wir lagen auf dem Teppich und sein Schenkel berührte mich. Ich habe mich bewegt und plötzlich: „Ja, bleib mal so!" Da bekam ich das erste Mal einen Orgasmus, reiner Zufall. Es hat oft lange gedauert, bis ich kam. Manchmal hab ich es auch abgebrochen. Ich dachte dann an ihn, ob er so lange durchhält und so. Orgasmus ist schon was Schönes, klar wollte ich das immer wieder erleben. Aber je älter ich wurde, umso weniger gab es das für mich. Ich wollte ja auch nicht wirklich mit ihm zusammen sein. Er hat mich nicht erregt. Gleich nach den Geburten der Kinder hat er wieder Ansprüche gestellt, sofort. Unter einer Geburt im Kreißsaal berührt er mich doch an der Klitoris! Ich dachte, er streichelt mich, damit ich mich entspanne. Wäre schön gewesen, doch ich hab mich nicht entspannt. Nach der Geburt ging es gleich weiter. Von Freundinnen wusste ich: Im ersten Jahr nach der Geburt läuft gar nichts. „Heidi, wie kannst du das! So oft, wie der will! Da hat man doch keine Lust, nachts, wenn das Kind immer kommt und schreit. Da kann man doch gar nicht." „Doch", sagte ich, „der hat immer Lust." Verweigert? Nee, ich hab's erduldet. Ich wollt ihn ja halten oder beweisen, dass ich es kann. Ich hab's gemacht, um ihn damit bei Laune zu halten, das war schon Strategie, und er hat das gebraucht. Wichtig war, ob es ihm gut geht, ob er befriedigt wird. Sex war das Einzige, womit er bei mir absolut zufrieden war. So ist er bei mir geblieben. Die letzten sechs Jahre hatten wir getrennte Zimmer, das hat aber seiner Sexualität keinen Abbruch getan.

Ich hab's gemacht, um ihn damit bei Laune zu halten, das war schon Strategie, und er hat das gebraucht. Wichtig war, ob es ihm gut geht, ob er befriedigt wird. Sex war das Einzige, womit er bei mir absolut zufrieden war. So ist er bei mir geblieben.

Mein Bedürfnis nach Sex ist über die Jahre immer geringer geworden, weil ich nicht mehr wollte, dass er mich berührt. Aber das geht ja schnell vorbei ... ist kein Problem. Bin halt dagelegen. Manchmal hab ich mitgemacht, damit er schneller fertig wird. Etwas vorgetäuscht hab ich nie. Nein, ich habe dabei an den Alltag gedacht, an die Probleme, wenn es welche gab. Wenn in der Schule etwas war, dann hab ich auch zwischendrin darüber gesprochen, und er hat wieder gemerkt, dass ich nicht bei der Sache war. Was er nicht so motivierend fand. Das war mir aber egal, das musste raus.

Und immer wieder hab ich erlebt, dass die meisten Männer hinterher müde sind und sofort einschlafen. Die drehen sich um, und ich liege dann da. Wenn du dann kurz vorm Orgasmus bist und alles Interesse bei ihm ist verglommen, das ist nich schön! Und meistens, ja, verzichtet man halt.

Wie das mit meinem Vater war? So langsam bekomme ich die losen Enden zusammen. Ich habe das immer auf den Ex-Mann geschoben, dass ich mein Herz ganz zugemacht hab. Riegel davor und nichts mehr fühlen! Erst seit ganz kurzem merke ich, dass es mit meiner Kindheit zu tun hat, dass ich den ganzen Alptraum mitgemacht habe. Ich habe meinen Vater unheimlich gern, er hat mich geachtet. Er schenkte mir zum Geburtstag Blumen, aber erst, nachdem ich verheiratet war. Das war einfach toll. Er hat gespürt, dass von meinem Ex nichts kam, keine Geschenke, keine Blumen, nichts. Und gleichzeitig erinnere ich mich jetzt auf einmal wieder, dass da früher ziemlich brutale Dinge geschehen sind. Er hat mich geschlagen, wenn die Hausaufgaben nicht richtig waren. Ich musste bis zehn oder elf Uhr abends dasitzen, musste alles vier-, fünfmal schreiben, bis es fehlerfrei war. Er war jähzornig und hat meinen Bruder einmal so verprügelt, dass der in der Küche von einer Ecke in die andere geflogen ist. Meine Schwester und ich, wir standen da und haben nur geschrieen. Meine Mutter war nicht da. Ich erinnere mich nur ganz dunkel, ich war drei oder vier. Da war fast Todesangst in mir, ich sah seine Augen vor Zorn funkeln. Um mich selber vor Schlägen zu schützen, bin ich burschikos geworden. Ich bin praktisch zu seinem besseren Sohn mutiert. Ich war immer dabei, wenn er sein Auto repariert oder am Haus rumgewerkelt hat. Wir hatten so ein kameradschaftliches Verhältnis. Wenn er schlechte Laune hatte, haben wir mit einem Ringkampf die Kräfte gemessen, bis er wieder ein Lächeln im Gesicht hatte. Ich hab ihn aufgeheitert. Er hat mich damals unheimlich gern gehabt. Meine Schwester sagt, ich sei die Einzige, die ihm einen Kuss geben konnte. Sonst gab es zwischen meinem Vater und mir keine Berührung. Mit meiner Mutter hatte ich ein sehr inniges, liebevolles Verhältnis mit viel Schmusen und Kuscheln. Und genau so einen jähzornigen Mann hab ich dann geheiratet. Und ich habe das immer ausgeglichen. Ja, vielleicht bin ich harmoniesüchtig, sonst hätte ich das nicht so lange ausgehalten, sicher auch wegen der Kinder ... es wird mir jetzt vieles klar, was man da schluckt und für die Männer tut.

Jetzt, in meinem neuen Leben, versuche ich nachzuholen, was ich mir wünsche. Ich will einfach mein Leben genießen, obwohl das mit den Kindern nicht so leicht ist. Die müssen die Trennung auch verarbeiten, und meistens bekomme ich ihre Wut ab. Das erste halbe Jahr nach der Trennung bin ich gar nicht unter Leute gegangen. Ich wollte von Männern nichts mehr wissen. Für meine Befriedigung hatte ich den Vibrator.

Nach Monaten habe ich mich dann im Internet auf Partnersuche begeben. Als Erstes schrieb mir ein Amerikaner. Er käme immer mal wieder nach Stuttgart, besuche gerne kulturelle Veranstaltungen, aber ungern allein. Er war unbeschreiblich nett. Er hat mich gelehrt, dass es auch liebevollere Männer gibt. Und er hat mir Fragen gestellt. Sehr tief gehende Fragen, die mir zu verstehen gaben, dass er etwas Wertvolles in mir sieht. Er hat mich gelehrt, dass ich jemand bin. Jemand Tolles. Einmal fragte er mich: „What can I do to make you happy?" Diesen Satz vergesse ich nie im Leben, das hat mich davor nie jemand gefragt. Er ist mein Engel. Durch ihn ist die Sexualität wieder in mir erwacht, und ich merkte: Es gibt ja doch noch etwas anderes. Es war Achtung dabei. Durch ihn hat die Lust wieder in mir angeklopft. Er hat gefragt, ob diese oder jene Berührung in Ordnung sei, was ich wolle, hat zu mir „meine Prinzessin" gesagt, hat mir Blumen geschenkt... er hat mir die Autotür aufgehalten! Aber wirklich gewollt hat er mich auch nicht. Er war verheiratet. Mittlerweile wohnt er in Belgien und hat eine Freundin in Norwegen, mit der er sich auslebt. Er schreibt mir das auch. Die treffen sich gleich eine Woche lang. Jetzt sind sie wieder in Paris. Da denk ich: Meine Herren, ist das schön! Der holt mit seiner jetzigen Freundin seine Pubertät nach. Überall, schreibt er mir, machen sie es. Das tut ganz schön weh. Muss schön sein, das Leben zu genießen mit viel Spaß und Lust.

Ich habe vieles gelernt in den letzten anderthalb Jahren, Gutes und weniger Gutes. Offen gestanden habe ich vieles ausprobiert. Und immer wieder hab ich erlebt, dass die meisten Männer hinterher müde sind und sofort einschlafen. Die drehen sich um, und ich liege dann da. Wenn du dann kurz vorm Orgasmus bist und alles Interesse bei ihm ist verglommen, das ist nicht schön! Und meistens, ja, verzichtet man halt. Inzwischen mach ich es so, dass ich meinen Vibrator heraushole und sage: „So, ich hole mir jetzt, was du schon vor mir hattest." Dann gucken die

Ich spüre: Meine Vagina gehört nur mir. Sie ist weich und klein und behütet. Ein Mann darf sie gern erforschen, aber es ist meine. Ich beginne, darauf zu achten, dass ich nichts mehr zulasse, was mir nicht gut tut.

Männer ganz interessiert zu, das hat noch nie eine Frau vor ihnen gemacht. „Gut", sag ich, „ich brauche das jetzt." Ich denke nur an mich dabei, dass ich auch befriedigt einschlafen möchte.

Ich kann heute leichter sagen, was ich will, da bin ich schon freier geworden. Ich will jetzt mich und meine Bedürfnisse deutlicher zeigen. Denn ich bin jede Form der Abwertung so leid. Mein Ex hat ja alles heruntergemacht, was mit meinem Frausein zu tun hatte. Das war dermaßen massiv. Es waren so viele Kleinigkeiten, man kann sie gar nicht alle aufzählen. Immer war mein Gewicht Thema. Wenn er morgens ins Bad kam: „Aha, der Bauch ist immer noch da." Permanent bin ich klein gemacht worden: „Du bist nichts, du kannst nichts." Außer eben im Bett, da war ich okay.

Was ich jetzt mache? Ich bin weiterhin im Internet aktiv und treffe viele Männer. Erst gestern habe ich eine Erfahrung gemacht, oje, oje, oje... da ist auch wieder nur er auf seine Kosten gekommen. Ich will es halt den Männern immer recht machen. Das ist doch unglaublich, es zieht mich an wie ein Magnet, ich komme immer wieder in die gleichen Situationen. Es ist, als sei etwas in mir programmiert. Aber das Leben geht weiter, und in den letzten Monaten kommt etwas Neues in mir auf. Ich habe mehr Kontakt zu mir und meiner Sexualität. Ich spüre: Meine Vagina gehört nur mir. Sie ist weich und klein und behütet. Ein Mann darf sie gern erforschen, aber es ist meine. Ich beginne, darauf zu achten, dass ich nichts mehr zulasse, was mir nicht gut tut. In der Regel sind die Berührungen von Männern immer viel zu fest, viel zu hart und kräftig. Ich mag es zum Beispiel nicht, wenn meine Klitoris direkt berührt wird. Meine Vagina ist länglich, weich und rosa, wie eine Rose. Ja, das trifft es, innen die Klitoris und außen die leicht geöffneten Blätter ... ein schöner Vergleich. Ich weiß, ich muss vorsichtiger sein. Gleichzeitig ist das ‚Nicht-sofort-Mitmachen' schwer. Da kommt die Angst. Ich will nicht allein sein.

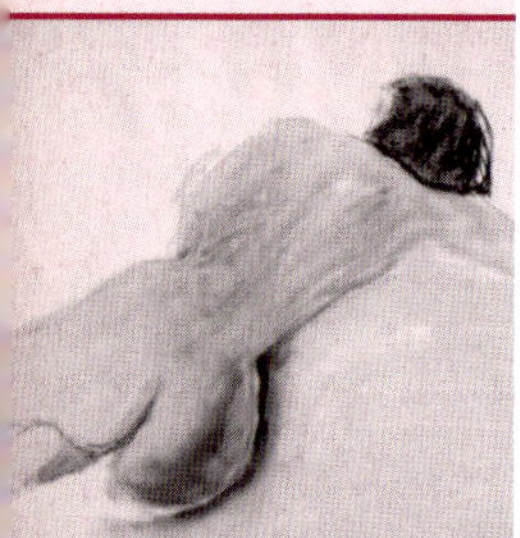

Vieles von dem, was war, ist zu beweinen. Solange ich mich dem nicht stelle, werde ich vermutlich keine neue Partnerschaft eingehen können.

Meine größte Sehnsucht? Eigentlich möchte ich nur gehalten werden.

KATARINA, 29 Jahre, ist Buchhändlerin in Zürich, lebt in einer Beziehung und hat keine Kinder. Über sich sagt sie: „Meine eigene Geschichte schwarz auf weiß zu lesen war gleichermaßen schockierend und zutiefst berührend. Trotz der Anonymität ist es doch ein absolutes Outing. Ich finde es gut, dass die Geschichte genau bei dem Punkt aufhört, an dem ich wirklich gemerkt habe: So geht es nicht weiter. Und was sich seitdem alles getan hat! Wenn ich das jetzt lese, kommt wieder dieses Lebensgefühl von damals hervor. Es ist Vergangenheit, und doch bin ich das auch."

Orgas-müssen oder Die Sehnsucht nach Berührung

Heute Morgen geschieht etwas, das für sie von Bedeutung sein wird. Noch völlig benebelt vom Rausch der letzten Nacht wacht sie neben ihrem Liebhaber auf. Ein taubes und verlorenes Etwas regt sich in ihr. Ist es überhaupt etwas – oder ist es eher gar nichts, leer? Ohne Vorwarnung ist es plötzlich da. Die Erde scheint verrutscht, als wäre die Waagerechte in eine Schieflage geraten. Katarina droht, den Boden unter den Füßen zu verlieren. Katarina ist zu diesem Zeitpunkt gerade 27 Jahre alt. Ihre Ausstrahlung ist von anziehender Erotik, sie erinnert an eine Katze: offen, warm, lebendig, auf der Lauer liegend, immer suchend.

Seit ihrem elften Lebensjahr ist Katarina fortwährend mit Männern beschäftigt. Eine Beziehung reiht sich an die andere, zumindest war immer ein Liebhaber da. Sie ist auf der Suche nach einem Lebensgefühl von Intensität und Ekstase. Katarina tut alles, wirklich alles, um ihr sexuelles Erleben intensiver werden zu lassen. Höher, weiter, total.

An diesem Morgen ist es, als verzieht sich eine Nebelwand aus ihrem Kopf. Sie sieht auf einmal, was sie mit sich tut. All die wilden Nächte haben ein merkwürdiges Lebens- und Körpergefühl in ihr hinterlassen. Als sei sie eine Hülle, eine leere Hülse, in der innen nichts ist. Mit diesem Gefühl lässt sich vieles machen und vieles ausprobieren. Es ist ja nur die Hülse, die das tut. Und da ist die Lust, die immer mehr will! Fast noch im Halbschlaf registriert Katarina, was in den letzten Monaten wie eine Blase in ihrem Kopf rumorte: Es ist ihre Gier. Eine Gier auf Orgasmus und Lust. Die Gier will nach etwas greifen, nach einem Gegenüber. Aber sie wird nie satt. Wie die Hungergeister, die mit zugeknoteten Hälsen und großen Mündern immer mehr in sich hineinstopfen und nie genug bekommen. Aber nach was sehnt sie sich?

Katarina ist acht Jahre alt. Ganz leise sein, denkt sie, dass nur die Schwester nicht aufwacht. Sie versteckt sich unter der Bettdecke. In der Hand hält sie den kleinen Spiegel ihrer Mutter. Heute Nacht will sie doch mal da unten nachschauen. Sie ist so neugierig, weil es da etwas gibt, worüber nie gesprochen wird. Irgendwie schämt sie sich auch und ist froh, dass Anne oben im Stockbett ganz ruhig schnauft. Auf keinen Fall darf die Schwester das merken, das wäre zu peinlich. Katarina knipst die Taschenlampe an und macht einige Verrenkungen unter der Decke, bis sie es deutlich sieht. Aha, so sieht das aus. Jetzt weiß sie Bescheid. Am nächsten Abend schaut sie noch einmal. Betastet und begutachtet alles und rollt sich dann, mit einem kleinen stolzen Gefühl, weil sie so mutig war, in ihre Decke ein. Sie ist es gewohnt, mit ihrem Bären einzuschlafen, denn viel Zärtlichkeit oder Hautkontakt gibt es bei ihnen in der Familie nicht.

Katarina ist ein heiteres Kind. Sie wohnt gerne in dem großen Haus. Auf dem Dachboden stehen alte Truhen mit tausend Sachen darin, ein guter Platz zum Spielen. Die Kinder der Nachbarschaft versammeln sich bei ihr. Sie toben herum, manchmal ziehen sie sich sogar im Dunklen nackig aus. Eines der Kinder macht dann plötzlich das Licht an und ruft: „Oh, oh, was ist denn hier los!" Wie aufregend das alles ist! Sie hat einfach Spaß. Nur das mit dem Anfassen, das kann sie nicht. Überhaupt, alles, was mit dem Körper zusammenhängt, ist ihr fremd. Bei ihnen zu Hause wird nie gekuschelt – so, wie sie es bei anderen Kindern sieht. Ihre Eltern fassen sich nie an, ganz selten nimmt jemand Katarina in den Arm. Anfassen ist komisch. Sie will das auch gar nicht! Wenn die Mutter sie mal berührt, zieht Katarina sich gleich zurück. Sollen die anderen das machen, sie hat so ein komisches Gefühl dabei im Bauch. Sie kann sich gar nicht erinnern, dass ihr Vater die Mutter mal geküsst hätte.

War es das? fragt sich Katarina an diesem Morgen. War es die Sehnsucht nach Berührung, die sie in immer neue Liebesabenteuer trieb? In diese Spirale von Verliebtheit, Schmerz, Aufregung und Intensität. Sie war immer mit Männern beschäftigt, auch als Jugendliche.

Sie ist 13, es ist November, die Laternen sind schon an. Katarina steht mit Jörg am Gartentor, sie knutschen. Jörg ist eine Klasse höher, sie gehen seit einem Jahr zusammen. Er ist ihr dritter Freund. Sie liebt es, zu küssen und von ihm gestreichelt zu werden. Einfach so zusammen sein und kuscheln, das könnte sie den ganzen Tag machen. Bei ihr zu Hause spürt sie immer noch diese Kühle, keinerlei Körperkontakt, dabei liebt sie ihre Eltern. Am Anfang fand sie es seltsam, von den Jungen berührt zu werden. Es war so, als wenn sie niemals zuvor Schokolade gegessen hätte – und auf einmal bekommt sie reichlich davon geschenkt. Ein ganz neues Gefühl in ihrem Körper. Diese zärtlichen Berührungen machen fast süchtig. Sie liebt jetzt Schokolade über alles. Und möchte immer mehr davon.

Am Anfang fand sie es seltsam, von den Jungen berührt zu werden. Es war so, als wenn sie niemals zuvor Schokolade gegessen hätte – und auf einmal bekommt sie reichlich davon geschenkt. Ein ganz neues Gefühl in ihrem Körper.

Diese Erinnerungen sind Katarina sehr kostbar. Damals, unter der Laterne, wünschte sie sich mehr und mehr Zärtlichkeit. Jede Zelle in ihr war mit den Berührungen lebendig geworden. Sie war mit dem, was die Jungen ihr gaben, glücklich, und die Jungen reklamierten nicht mehr. Sich anschmiegen, das fand sie wunderbar. Sich jeden Tag treffen, wochenlang, vor dem Gartentor stehen, in einem finsteren Eck, und jeden Abend dasselbe tun: hingebungsvoll küssen. Vielleicht am Ausschnitt und den Busen streicheln – mehr war es nie geworden. Aber gleichzeitig knisterte es, da war dieses Kribbeln. Auch, wenn sie jahrelang mit ihren Freunden immer oberhalb der Gürtellinie geblieben war – mehr hätte sie sich auch gar nicht getraut –, es war immer mit erotischem Knistern verbunden.

Ja, das war es! Katarina schreckt hoch. Sie kannte Berührung nur im sexuellen Zusammenhang. Berührung war gleich Erotik, später hieß Berührung Sex. Einen körperlichen Kontakt mit anderer Absicht hatte sie nie gekannt. Ihre Kindheit hatte ohne Körper stattgefunden. Das war wie eine Prägung oder ein Bild in ihr. Berührung geht so: knutschen und streicheln. So sieht Zuneigung aus. Dabei ist da eine tiefe Sehnsucht in ihr nach ...

nach was eigentlich? Nach Liebe, oder ganz einfach nur nach Zärtlichkeit? Es gibt diese Sehnsucht, aber die liegt weit hinter dem Horizont.

Sie sucht zwar immer nach dem ultimativen orgiastischen Kick, aber im Zusammensein mit Männern einen Orgasmus zu bekommen, ist ihr fast nicht möglich.

Katarina steht auf, schaut auf das Lager der letzten Nacht. Sie weiß, nicht immer ist sie gut mit sich umgegangen. Seit vielen Jahren ist ihr Leben ständig sexuell. Verliebtheit war gleich Sex, und Sex hieß: Wie komme ich zum Orgasmus? Möglichst viele intensive und ekstatische Erfahrungen erleben, mit allen Mitteln. Darum war es gegangen. Da war dieser Hunger. Sie hatte mit jedem Mann gehofft, es könne sie immer noch ein Stückchen weiterbringen. Wie eine Manie war dieser Wunsch nach intensivem Erleben, und er ließ sie bereit sein, alles auszuprobieren. Sie hatte alles versucht, was das lustvolle Feuer in ihr zündete, es machte sie hungrig, aber es führte nirgendwo hin. Dabei war sie auch zu weit gegangen, und es hatte Situationen gegeben, in denen sie sich ausgeliefert fühlte. Alkohol vernebelte sie so sehr, dass sie alles, was sie tat, nicht wirklich spürte. Katarina muss lächeln. Wer sie kennt, wäre erstaunt und ungläubig. Sie sucht zwar immer nach dem ultimativen orgiastischen Kick, aber im Zusammensein mit Männern einen Orgasmus zu bekommen, ist ihr fast nicht möglich. Bis auf wenige Ausnahmen, in denen Liebe im Spiel gewesen war. Sie braucht sehr viel Vertrauen, und das ist nur selten da. Insgeheim nennt sie es ‚Orgas-müssen'. Es müsste passieren, aber eigentlich gelingt ihr das immer nur mit sich allein.

Katarina ist 19, ein heißer Julitag. Sie will es endlich wissen. Ihr Körper ist mit Lust geladen wie ein großer, heißer Ballon. Nie hat sie es bisher geschafft, einen Orgasmus zu bekommen. Dabei geht sie auf die 20 zu. Die Hitze in ihrem Körper schreit nach Erlösung. Diese hocherotischen und lustvollen Zusammentreffen mit ihren Liebhabern wirken in ihrem Körper wie eine sich endlos aufladende Batterie. Dass sie noch nicht geplatzt ist vor Lust, wundert sie. Heute wird ein denkwürdiger Abend sein. Sie hat es sich genau angeschaut und den Punkt gefunden. Und sie weiß: Diesen Punkt lass ich jetzt nicht mehr los. Sie befühlt ihre Klitoris, bleibt dran, und der Körper beginnt, sie zu führen. Das wird sie ihr Leben lang nicht vergessen: ihr erster Orgasmus! Eine wahnsinnige Erfahrung. Sie fühlt sich eingetaucht in ein intensives blaues Licht. Der ganze Körper glüht, ein Empfinden, als würde sie in dem Blaulicht einer Rettungsambulanz sitzen, mittendrin – ein einziges Blaulicht. Auf einmal macht es ‚Baff'. Mit allen erdenklichen Dingen experimentiert sie in den nächsten Monaten. Sie steckt sogar Shampoofläschchen in verschiedenen Größen in sich hinein. Bis sie, entgegen aller Annahmen, erkennen muss, dass sie innen nicht viel spürt. Ist das normal? Es scheint ihr ein Problem. Aber im Spiel mit der Klitoris folgt sie bis zum heutigen Tag ihrer Neugier und einem unermüdlichen Forschergeist.

Der Mann, mit dem sie eine von Alkohol durchtränkte, leidenschaftliche Nacht verbracht hat, wacht auf und schaut sie an. Er hatte ihr, wie die anderen auch, das Gefühl gegeben, begehrenswert und schön zu sein. Noch im Alter von 14 oder 15 hatte sie sich wie einen Trampel empfunden. Hatte gehungert, um schlank zu sein, hatte sich malträtiert, um gut auszusehen. Das Gefühl, eine schöne erotische Frau zu sein, bestätigte sie jetzt und gab ihr Sicherheit. Eine Sicherheit, die ihr sehr wichtig war, fast existenziell. Es gab ihr auch ein Gefühl von Macht. Sie konnte es jetzt wieder in den Augen dieses Mannes sehen: Er wollte sie, wie all die anderen auch. Wenn er nur ahnen würde, was heute Nacht geschehen war... Für sie war es wieder mal eine der bekannten Nummern gewesen. Sie hatte heiße Worte geflüstert, gestöhnt, flach geatmet, aber es war nichts passiert. Wieder einmal hatte sie den Orgasmus vorgetäuscht. Denn niemals hätte sie mit diesem Mann, mit dem sie sich nicht wirklich verbunden fühlte, einen Orgasmus haben können. Das war ihr Dilemma. Er hatte sich wahnsinnig um sie bemüht, aber sie konnte nicht. Sie brauchte Vertrauen und tiefe Zuneigung, um sich gehen lassen zu können. Also hatte sie gestöhnt und sich wild gebärdet. Aber es blieb ihr Geheimnis. Ein Mann muss es mir ordentlich besorgen können, so war ihr Bild. Der Penis muss reichen, damit ich zum Höhepunkt komme. Sexuell, wie sie sich fühlte, hätte es eigentlich genügen müssen, einen Mann aus drei Meter Entfernung anzuschauen und schon... aber die Wahrheit war: Es gab eine Scheu in ihr, und sie schämte sich, das zuzugeben. All die Jahre über hatte sie die Vorstellung gehabt, der Mann müsse sie befriedigen, und sie untergrabe seine männliche Potenz, wenn sie selber tätig würde. Das würde doch heißen, er reiche ihr nicht.

Es gab eine Scheu in ihr, und sie schämte sich, das zuzugeben. All die Jahre über hatte sie die Vorstellung gehabt, der Mann müsse sie befriedigen, und sie untergrabe seine männliche Potenz, wenn sie selber tätig würde. Das würde doch heißen, er reiche ihr nicht.

Katarina zieht sich an. Was mache ich hier, fragt sie sich. Für einen Moment fühlt sie sich haltlos. So, als sei sie in den letzen Jahren herumgetrieben worden, wie ein Blatt im Wind, von einem Mann zum anderen. Immer in dem Wunsch, bei dem Richtigen anzukommen. Sie hat sich sexuell viel zu viel eingelassen, ohne eine innere Verbindung mit diesen Menschen zu haben. Ihre Vagina fühlt sich überstimuliert an, hat aber nicht bekommen, was sie eigentlich gebraucht hätte. Das hinterlässt einen ganz bestimmten Geschmack, stellt Katarina fest, so, als würde sie sich selber verraten. Als würde sie sich achtlos hingeben. Sie fühlt diese unangenehme Leere in sich. Dabei braucht sie nur Berührung. Berührung, die nichts will, nichts fordert, keine Ansprüche stellt.

Ohne ein Wort verlässt sie die Wohnung. Ihr ist klar: So geht es nicht weiter.

EMMA, 37 Jahre, ist Krankenschwester in Nordrhein-Westfalen. Sie lebt in einer Beziehung und hat keine Kinder. Über sich sagt sie: „Wenn ich mit dem Thema anfange – und ich rede gerne darüber, dann geht das sofort los. Als hätten die Frauen nur darauf gewartet, endlich mal reden zu können. Sex ist immer hochaktuell."

Von Salatgurken, Kaviar und Bohnensuppe oder Mein Lieblingsthema – Sex

Sex ist für mich wie Essen und Trinken. Es ist nichts, was über allem schwebt, es gehört einfach dazu. Ich mag Kaviar und Lachs, aber es geht auch ohne. Manchmal ist es einfach nur Bohnensuppe. Sex ist alltäglich, kann auch mal beschissen sein, manchmal klappt es einfach nicht. Wenn du mit jemandem zusammenwohnst, dann stellst du irgendwann fest, dass dieser jemand morgens Mundgeruch hat, eventuell Schweißfüße, und ich lebe auch damit.

Im Durchschnitt haben wir 1,5 Mal in der Woche Sex – nur konzentriert sich das bei uns auf 36 Stunden. Es gibt Wochenenden, an denen wir achtmal Sex haben, und dafür dann zwei Wochen gar nicht, was ihn dann auch schon mal nervt. Wenn ich gar keine Lust habe, dann mache ich es auch nicht, aber es gibt auch Neutraleinstellungen, in denen ich finde: Es muss jetzt nicht unbedingt sein, aber ich steige dann ein. Mehr als drei Orgasmen schaffe ich nicht – dann wird es unangenehm. Das geht dann an die Schmerzgrenze, denn ich brauche schon eine etwas kräftigere Stimulierung, die natürlich Wärme bis Hitze erzeugt. Wie lang? Zwischen fünf und fünfzig Minuten, je nachdem. Sex ist einfach der Zuckerguss auf dem Kuchen – schon was Besonderes, aber nicht mein Lebenszweck.

Meinen ersten Orgasmus, den hatte ich mit mir alleine. Schon früh, mit zehn Jahren. Das war reiner Zufall. Im Turnunterricht sind wir mal am Seil hochgeklettert, und während ich mich abmühte, da hochzukommen, dachte ich plötzlich: Wow, das ist aber toll. Ich bin dann abgestürzt, weil ich doch ziemlich überwältigt war. Und abends hab ich mich gefragt, ob man das selbst wiederholen kann. Ja, man konnte. Seither bin ich da echt engagiert, um das mal so auszudrücken. Ich trainiere fast täglich, und wenn ich mich wirklich konzentriere und anstrenge, kann ich einen Orgasmus zum Beispiel in der Straßenbahn haben. Ich muss da nur so sitzen und an was Schönes denken – und irgendwann: Ahhh. Ich zuck da nicht rum, das ist einfach nett. So wie man abends im Bett masturbiert, dann schläft man einfach schneller ein. Ich entspanne mich nochmal – und weg bin ich.

Mir macht Sex wirklich Spaß, sonst würde ich das nicht machen. Ich bin ja nicht die Wohlfahrt.

Das Ganze hat natürlich Auswirkungen auf meine Beckenbodenmuskulatur... Mein Frauenarzt hat mich mal gefragt, ob ich tanzen würde. Und ich: „Ne, wieso?" „Sie haben da eine stramme Muskulatur." Ich hab wie Tulpe getan. Er wusste ja nicht, dass ich früh angefangen habe. Jetzt arbeite ich an einer vaginalen Wellenbewegung, die schaffe ich aber noch nicht. Mattes, mein Mann, sagt zumindest, eine Welle würde er noch nicht spüren. Die Ringmuskel habe ich voll im Griff, aber dass die Welle von vorne nach hinten geht, da muss ich noch üben. Ich habe mal gelesen, dass es in den Harems Frauen gab, die Halterinnen hießen. Kurz bevor der Mann zum Orgasmus kam, haben sie ihre Beckenbodenmuskeln so angespannt, dass das verhindert wurde. Das will ich auch können. Ich hab zwar keinen Knackarsch, aber dafür andere Muskeln, die gut trainiert sind.

Mir macht Sex wirklich Spaß, sonst würde ich das nicht machen. Ich bin ja nicht die Wohlfahrt. Ich glaube, das kommt durch meinen ersten Freund. Der hatte auch keine Ahnung, und ich musste mir keine Sorgen darüber machen, ob er schon mehr wusste als ich. Ich fühlte mich nicht gehemmt, weil wir gut drüber lachen konnten. Unter dem Motto: Findest du das jetzt schön? Ne, nicht wirklich! Und das? Meine Schwester ist acht Jahre älter als ich, das war super. Ich konnte sie alles fragen. Das mit dem Petting zum Beispiel habe ich am Anfang überhaupt nicht verstanden, das klappte mit meinem Freund nicht. Ich hatte schon eine Sehnenscheidenentzündung im Arm. Bis ich meine Schwester fragte, und wir dann anhand einer Salatgurke ein bisschen herumexperimentiert haben. Das war schon gut, da war ich 15. Das war alles nicht so verklemmt wie bei manchen Freundinnen. Ich war mit meinem ersten Freund sieben Jahre zusammen, und wir hatten viel Spaß, bis ich dann viel öfter wollte als er.

Meine beiden ersten Freunde waren einfach nicht so sexwillig wie ich. Der Erste hat sehr viel Sport getrieben und war fertig, wenn er nach Hause kam. Ich saß aber schon dribbelnd im Bett unter dem Motto: Hallo Schatzi, da bist du ja endlich! Der Zweite kuschelte lieber. Ich muss dazu sagen: Damals habe ich Sex immer noch mit Liebe verknüpft. Sex haben war das Gleiche wie eine intakte Beziehung haben.

Du liegst mit schwarzer Unterwäsche auf dem Bett. Dein Mann kommt rein und fragt dich: „Ist was mit Mutter?"

Sie will – er nicht, er will – sie nicht. Das ist auch ein Dauerthema mit meinen Freundinnen. Wer von beiden Partnern scharrt schon wieder mit den Hufen? In meinem Bekanntenkreis ist das ziemlich 50 : 50. Jetzt, mit Mattes, ist es sehr angenehm. Der will immer. Und ich sag doch lieber Nein als Bitte. Mattes ist schon erregt, wenn ich mir nur einen Schuh ausziehe. Es gibt ja auch die Theorie, dass Männer alle sechs Minuten an Sex denken. Worauf Mattes meinte: So selten?

Orgasmus? Ich hab mir nie Gedanken darüber gemacht, dass das beim normalen Beischlaf nicht klappt. Ich bin da auch total pragmatisch. Ich bekomme eben nur einen Orgasmus, wenn ich selber nachhelfe. Ist ja wurscht, wie es funktioniert – Hauptsache, es funktioniert. Beim Sex mit einem Mann ist das Gefühl einfach toll, aber das führt nicht zum Orgasmus. Wobei ich nicht sagen will, dass das Gefühl weniger intensiv ist, wenn ich masturbiere. Wenn ich es mit mir mache, steigt die Lust an bis zu einer Spitze und fällt dann wieder ab. Wenn ich mit meinem Mann zusammen bin, steigt die Lust an und bleibt dann oben, wie auf einem Plateau. Da gibt es auch so kleine lustvolle Spitzen, die auch immer recht laut werden. Wenn ich drankomme, berühre ich auch meine Klitoris, da bin ich ganz locker, da hat auch noch niemand nachgefragt. Das war immer okay. Von meinen Freundinnen kenne ich das auch, dass sie beim normalen Geschlechtsverkehr keinen Orgasmus haben. Stundenlanges Vorspiel ist nicht eine meiner Lieblingsbeschäftigungen – lieber öfter. Von Freundinnen weiß ich, dass sie gerne ein langes Vorspiel haben.

Total gut ist, wenn ich mit Mattes geschlafen hab, wie ich mich danach fühle. Es wird alles locker, entspannt, weich und warm, und ich habe so das Gefühl: Wenn ich jetzt das Licht ausmache, dann würde ich leuchten.

Reden beim Sex finde ich eher störend. Klar, ich sag schon: „Ne, das nicht...". Aber meist nehme ich seine Hand und zeige ihm: Jetzt da! Ich sorge einfach für mich. Da bin ich aber noch harmlos. Meine Freundin Leonie, wenn die Lust hat, dann geht die ran. Die zieht sich aus, zieht ihren Freund aus, legt ihn auf die Couch, und dann ist jeder Widerstand zwecklos. Obwohl ich nicht glaube, dass sich ihr Freund ernsthaft darüber ärgert. Die ist da nicht so drauf: Guck mal, Schatzi, sehe ich heute nicht gut aus? Leonie dauert es zu lange, bis ihr Freund schnallt, was angesagt ist.

Wir hier im Kohlenpott sind da sowieso unkompliziert. Ich komme aus der Arbeiterschicht, da macht man sich nicht so einen Kopp. Die einzige Sorge meiner Mutter war, dass ich schwanger werde – nicht, dass ich Sex hatte. Meine Eltern, so eine bekloppte Ehe die haben, die hatten immer guten Sex, da wette ich meinen Arsch drauf. Meine Mutter hatte sicher sehr viel Spaß am Sex. Aber sie ist streng katholisch erzogen, da war auch immer so eine Moralkeule dabei. Sicher hat sie sich auch ein bisschen geschämt, aber sie hat halt Temperament.

Da, wo ich herkomme, da sorgt man für sich und hat die Dinge ganz gern unter Kontrolle. So ist das auch beim Sex. Ist vielleicht manchmal ein bisschen zwanghaft, dieses Selbstbestimmte. Ich bin nicht gerne abhängig von jemandem. „Das kann ich nicht, weil ich eine Frau bin..." – das gibt es bei mir nicht. Wobei, manchmal ist es schon Banane. Eigentlich muss ich keine zwei Wasserkästen schleppen können. „Mach es selbst, dann wird es vernünftig gemacht!" – irgendwie gilt das auch für den Sex. Also sorge ich für mich. Das heißt: Bevor ich etwas mit einem Partner übe, übe ich es erst mal mit mir selber. Ich gucke ganz genau: Wie fühlt sich was an? Ist es angenehmer, wenn ich mir ein Kissen unter den Hintern schiebe, oder hilft mir Musik dabei? Ist es besser mit kalten oder mit warmem Händen, mit Gleitcreme oder ohne? Liest man ein geiles Buch oder guckt sich einen Porno an? Für mich war das sehr hilfreich, zu wissen wie ich funktioniere. Und ich bin mir dann auch sicher, wie ich eine Erfolgsgarantie habe. Wenn ich weiß, was funktioniert, dann kann ich es auch mit einem Partner gut üben, weil ich dann nicht so unsicher bin. Meine Freundinnen erzählen schon mal, wie deprimierend es ist, denn irgendwann möchtest du auch mal einen Orgasmus haben, und dann möchte man den Typ schütteln, obwohl der dafür gar nichts kann. Das ist doch meine Verantwortung, und ich sage meinen Männern auch: Kümmere du dich um dich, ich kümmere mich um mich.

Ob ich einen Namen für diesen lustvollen Ort habe? Uschi! Nein, wirklich, wenn ich mit meinem Mann darüber rede, sage ich schon Vagina. Ich sag auch Fuß zu meinem Fuß und nicht Schnuckel. Körperlich befasse ich mich ja sehr intensiv mit meiner Vagina, aber spezielle Gedanken habe ich mir noch nie über sie gemacht. Sie gehört einfach dazu. Und ich denke mal, sie hat auch nicht umsonst ihre Position in meinem Körper dort, wo sie ist. Es ist ja ein sehr empfindlicher Bereich, und deshalb ist er auch geschützt zwischen meinen Beinen. Sicher ist es der privateste Teil, den ich überhaupt habe.

Den G-Punkt kenne ich nur namentlich, vom Gefühl her aber nicht.

Meine Vagina war mir immer sehr bewusst, aber mein Busen hat mich eher beschäftigt. Den Busen sieht man ja, auch den von anderen. Da schaust du schon: Wie ist deiner? Angeschaut habe ich meine Vulva als Mädchen. Als Erwachsene nur, als ich mal einen Pilz hatte, damit ich dem Arzt auch sagen konnte, was ich für eine Salbe brauche. Den G-Punkt kenne ich nur namentlich, vom Gefühl her aber nicht. Wenn mal jemand mit Handschellen ankam, bin ich nicht in Begeisterung ausgebrochen, aber Gott ja, kann man ja mal machen. Obwohl ich offen zugeben muss, dass mir die klassische Variante durchaus gut gefällt. Ich bin jetzt auch eher etwas bequemer geworden. Leichtes Bondage (Fesselungsspiele) finde ich nicht unspannend. Diese Machtgeschichte ist dabei interessant. Ich halte mich schon für eine Frau, die ihr Leben immer sehr gut im Griff hat. Ich habe es wirklich gerne, wenn alles unter Kontrolle ist. Aber beim Sex gebe ich dann schon mal sehr entspannt die Verantwortung ab. Und zwar in einem Bereich, der begrenzt ist, sodass ich mir keine Sorgen machen muss, dass ich wirklich die Kontrolle verliere. Im Sex kann ich mich hingeben, denn ich kann die Situation jederzeit beenden. Beim Orgasmus kann ich mich dann absolut vergessen – vergessen, wer ich bin, was ich gerade mache, wie ich aussehe. Im Alltag ist das schwieriger, da verlasse ich mich lieber auf mich selber. Der Kontrollverlust beschäftigt mich auch in meinen Fantasien, dazu gehören zum Beispiel Vergewaltigungsfantasien. Im Sinne von: Der Mann kommt und nimmt mich. Ich weiß, dass das vielen meiner Freundinnen auch so geht. Das möchte ich sicher nicht real erleben, aber hier geht es um Fantasie.

Heute, wo ich in die Jahre komme, wird alles etwas ruhiger und viel entspannter. Ich mach mir keine Sorgen mehr, ob der Busen hängt oder das Doppelkinn zu sehen ist, das war früher echt stressiger. Jetzt kann ich mich fallen lassen, mach mir keine Gedanken um irgendwas.

Mattes, mein Mann, der findet es beim Sex toll, ein echter Kerl zu sein. Er ist im richtigen Leben sicher kein Softie, aber ein harter Kerl ist er auch nicht. Ein richtiger Mann ist er dann wieder, wenn er meint: „Oh, müssen wir jetzt schon wieder über Beziehung reden?" Aber: Er hat wirklich geschnallt, was Gleichberichtigung ist, und zwar auf allen Ebenen.

Ich kann mich übrigens auch echt gut mit Fantasien antörnen, es gibt eine Fernsehserie mit einem Mann, auf den ich echt stehe. Dieser Typ ist derartig scharf ... an den muss ich nur denken, das reicht. Also, wenn Mattes reinkommt und Lust auf Sex hat, denk ich an diesen Typen, er ist sehr schlank und drahtig, geiles *Six Pack*, eher schon ein *Eight Pack*. Ich habe viele Fantasien, auch dann, wenn ich mit meinem Mann zusammen bin. *Six Pack* im Bett ist fein, denn mein Schätzchen, der hat zwar wirklich seine Vorteile, aber rein optisch gesehen... Wir lachen auch darüber. Zwischen Mattes und mir gibt es auch diesen leidenschaftlichen Sex mit Rumschreien, Stöhnen, Kratzen und Beißen, und dann gibt es diesen Lachsex. Zum Beispiel, wenn ich merke, er ist so kurz vor dem Höhepunkt, dann hör ich auf und sag: „Sollen wir nicht doch neue Vorhänge holen?" Das muss auch relaxed sein können, der Alltag ist ja anstrengend genug. Einmal ist es eher ernst, das andere mal just for fun.

Mattes ist wirklich zärtlich. Ich mag das nicht, wenn Zärtlichkeit bei Männern immer nur zielgerichtet zum Sex geht. Er kann mir den ganzen Abend den Nacken kraulen, die Füße massieren, an mir rumkrabbeln, das ist sehr angenehm. Das viele Schmusen senkt aber auch ein bisschen meine Lust auf Sex. Ich werd aber einen Teufel tun und ihm das erzählen. Ich habe zwar 20 Kilo zu viel drauf, und der Mattes fände das auch nicht schlecht, wenn ich weniger hätte, weil er eigentlich auf schlanke Frauen steht, aber die Optik steht bei uns beiden nicht im Vordergrund.

Heute, wo ich in die Jahre komme, wird alles etwas ruhiger und viel entspannter. Ich mach mir keine Sorgen mehr, ob der Busen hängt oder das Doppelkinn zu sehen ist, das war früher echt stressiger. Jetzt kann ich mich fallen lassen, mach mir keine Gedanken um irgendwas. Ich glaube schon, dass er mich attraktiv findet, ich ihn ja mittlerweile auch. Ist ja klar, je lieber du jemanden hast, umso schöner wird er. Wir sind absolut alltagstauglich.

Das ist meine fünfte feste Beziehung, wobei ich sagen muss: Das erste halbe Jahr in einer Beziehung fand ich immer anstrengend – immer schick anziehen, immer Haare waschen... Wenn du aber dahin kommst, dass du ihn auch mal erschlagen könntest, dann isses echt guter Alltag. Käme der Teufel und würde sagen: Hömma, wenn du mir deine Seele gibst, dann garantiere ich dir, dass deine Beziehung bis an dein Lebensende so bleibt, da würde ich sofort drauf eingehen. Wir lieben uns und sind uns einig, dass er vor mir stirbt und ich vor ihm. Okay, das wird schwierig.

Unten liegen!
Was Katja beim Sex liebt, ist klassisch: unten liegen. Einen Haken hat das leider: ihr Partner Peter auch. Und nun? Was tun? Eine kleine Verabredung belebt ihr Liebesleben und die heißt: Wer zuerst ausgezogen ist, darf unten liegen. „Meist liege ich unten", sagt Katja und lächelt zufrieden.

HANNE, 42 Jahre, ist Ärztin in Schleswig-Holstein. Sie ist seit 19 Jahren verheiratet und hat drei Kinder. Über sich sagt sie: „Immer wieder rede ich mit Frauen über diese Angst vor der Lust. Die Signale des Körpers sind vielfältig: Übelkeit, Verkrampfungen in der Scheide, Schmerzen. Zwei meiner Schwestern haben sich einfach aus ihrem sexuellen Leben ausgeklinkt. Ich selber lebe heute meine Sexualität und es gelingt mir mehr und mehr, in diese vitale Kraft zu kommen."

Auf einmal steht ein Stopp-Schild da

Der Körper sagt ganz plötzlich Nein. Ich darf nicht. Es fühlt sich an wie ein Verbot. Auf einmal steht ein Stopp-Schild da. Das Gefühl schießt ein, ganz plötzlich, wie eine Blockade. Ein Zusammenziehen, ein Balken in der Mitte meines Körpers – im Magenbereich oder ein bisschen darunter. Damit verbunden ist eine leichte, manchmal sogar eine starke Übelkeit. Dieses Gefühl schneidet mich erst einmal von meinen sexuellen Empfindungen ab. Als fließe da nichts mehr durch. Sobald Erregung in mir aufsteigt, taucht es auf. Wenn mein Mann und ich zusammen sind, wenn wir uns streicheln, wenn ich anfange, Lust zu empfinden, dann sagt mein Körper Stopp. Ich komme da durch, indem ich atme. Ich möchte mir meine Erregung erlauben, mir gestatten, Lust zu fühlen. Darum geht es. Und ich will meine Lust leben. Denn ich weiß, dieses Verbot entsteht nur in meinem Kopf. Aber es hat Zugkraft. Damit verbunden ist auch die Angst, die Kontrolle zu verlieren. Es macht mir Angst, mich hinzugeben. Lieber die Luft anhalten. Wenn ich mich körperlich hingebe, bedeutet das ja: Ich öffne mich vollkommen. Eine tiefere Öffnung kann ich mit einem anderen Menschen gar nicht teilen. Mich einfach aufzumachen, und dabei auch noch mit meiner Liebe da zu sein, das fordert mich heraus. Wenn ich dann die Kontrolle verlieren würde, dann... dann, so sagt eine Stimme in mir, könnte etwas Schlimmes passieren.

Die Kontrolle aufgeben, mich gehen lassen – damit verlasse ich ja auch meinen normalen, rationalen Alltag und gehe, so empfinde ich das, auf eine archaische, fast animalische Ebene. Und das erfordert jedes Mal eine

Entscheidung. So, als müsste ich vom Sprungbrett springen, um ganz in mein Gefühl einzutauchen. Ich verlasse sozusagen mein zivilisiertes, angepasstes, funktionierendes Leben. Dieses Leben als Ärztin und Mutter, und auch als gute Ehefrau.

Meine Mutter kommt mir in den Sinn. Sie hat mich und meine drei Schwestern mit dem Gefühl aufgezogen, Männern gegenüber müssten wir äußerste Vorsicht walten lassen. Der Mann an sich sei irgendwie gefährlich – das heißt, die männliche Sexualität sei gefährlich. Meine Mutter ist ein Kriegskind. Sie ist mit der Angst vor den Russen groß geworden. Man hat sie auf dem Dachboden vor den potenziellen Vergewaltigern versteckt gehalten. Da verstehe ich, warum sich so ein Männerbild in ihr festgesetzt hat. Und diese Angst hat sie an uns Töchter weitergegeben. Da ist nichts, auf das wir uns vertrauensvoll einlassen können, nichts, was wir genießen dürfen, da steht immer diese Vorsicht im Weg. Weibliche Sexualität in Verbindung mit Genuss gab es für meine Mutter nicht. Für sie war es Pflichterfüllung, ihr Leben lang. Manchmal hat sie gesagt: „Alles wäre gut, wenn es die Sexualität nicht gäbe." Sie stand immer unter dem Druck, meinem Vater zu Willen zu sein, weil sie meinte, das sei eine Notwendigkeit für den Mann. Aber für sie selbst war es nie lustvoll.

Für Frauen, die ihre Lust leben, habe ich große Bewunderung. Ich finde es großartig, wenn Frauen das können. Und mir selber gelingt es auch immer mehr, meine Lust auszudrücken und mich hinzugeben.

Das fällt mir dazu ein. Und es sieht so aus, als hätte ich dieses alte Muster übernommen. Denn das Verrückte ist: Meine Erfahrung mit Männern ist eine ganz andere. Ich selber habe nie etwas Negatives oder Schlimmes mit einem Mann erlebt. Meine Lebenserfahrung ist es bestimmt nicht. Das ist doch totaler Wahnsinn, oder? Und es zeigt mir, wie sehr wir von unseren Müttern beeinflusst sind. Dass Ängste, Misstrauen und Vorurteile von Generation zu Generation weitergegeben werden, als ob sie sich auf zellulärer Ebene fortpflanzen. Genauso fühlt sich das an. Ich weiß: Das bin nicht ich! Und das gehört nicht zu meiner Lebensgeschichte! Es ist das, was ich mit der Muttermilch aufgesogen habe.

Für Frauen, die ihre Lust leben, habe ich große Bewunderung. Ich finde es großartig, wenn Frauen das können. Und mir selber gelingt es auch immer mehr, meine Lust auszudrücken und mich hinzugeben. Wenn das Stopp mal wieder auftaucht, atme ich mich im wahrsten Sinn des Wortes durch es hindurch.

Ohne Zögern

Niemals zuvor hat sie sich
praller und weiblicher gefühlt.
Niemals zuvor
war ihr Körper so schön.

Der Bauch wächst,
die Brüste füllen sich.
Sie liebt es, schwanger zu sein.

Mit dem Schmerz, der die Geburt
ankündigt, wird sie ganz ruhig.
Wellen von unbekannter Stärke durch-
fluten ihr Becken.

Es ist, als tue sich der tiefe Ozean
auf und trage sie in einen Raum
wilder Natur und endloser Kraft.
Ganz Frau – ganz da –
in diesem Leben.

Mit der Welle gehen,
ohne Zögern – sie kann nichts tun –
nur mit dem Schmerz sein
und weitergehen.

Ihre Vagina dehnt sich
und wird weit –
ein Junge kämpft sich durch.
Sie schaut ihn an und ein nie
gekanntes Glücksgefühl und
zärtliche Wärme durchziehen sie.

MARIA JOHANNA, 44 Jahre, ist Unternehmerin in Nordrhein-Westfalen, lebt getrennt von ihrem Ehemann und hat drei Söhne. Über sich sagt sie: „Beruf und Kinder bringe ich gut unter einen Hut. Ich habe einen neuen Partner und nehme mein volles Leben gerade so, wie es kommt."

Eben noch Mädchen – danach eine Frau

Mein erstes Kind habe ich 1986 bekommen, das zweite 1987, das dritte 1990. Es hat lange gedauert, bis ich ein Krankenhaus fand, in dem sie es fördern, die Kinder auf natürliche Weise zur Welt zu bringen. Die meisten Ärzte predigen ja: Eine Frau muss heute keine Schmerzen haben. Aber mir war klar, ich will meine Kinder so bekommen, wie es alle Frauen der Welt tun. Ich will meine Kinder bewusst bekommen und mich nicht betäuben lassen. Ich will es miterleben. Hebammen sagen: Das Kind braucht die Wehen. Wehen aktivieren den Überlebensmechanismus, sie massieren die Muskulatur und den ganzen Atemtrakt des Kindes. Mit dem Druck auf den Brustkorb wird das Fruchtwasser ausgeschieden und das Neugeborene ist dann mit dem ersten Atemzug gleich da. Eine Geburt ist für mich ein Prozess, ein vitaler Lebensimpuls – das Kind macht sich auf den Weg ins Leben. Besser gesagt: Beide, Mutter und Kind, erkämpfen das Leben. Also war mir klar: Ich will da durch. Und bei allen dreien war es dann wie ein Marathonlauf, bis an die Grenzen.

Natürlich, die Wehen sind heftig, das ist ein unglaublicher Schmerz. Damit umzugehen ist hart. Im Kreißsaal habe ich gleich gesagt: Ich lege mich auf kein Bett! Ich wäre gestorben, das hätte ich nicht ausgehalten. Ich bin nur herumgelaufen. Laufen und atmen. Mein Mann hat mir den Rücken massiert. Da ist dieses urgewaltige Körpergefühl. Diese Kraft, die ich hatte, dieses Schreien tief aus dem Bauch. Urschreie, die du ausstößt. Alles ist total konzentriert auf die Körperfunktionen. Man presst und drückt, und vielleicht geht noch ein bisschen Stuhl mit ab. Aber das ist so egal. Das ist eine Pulsation, du spürst, wie die Muskulatur der Gebärmutter arbeitet. Das hat ein Eigenleben, du bist ganz Körper. Du kannst nur atmen und versuchen, das hinzukriegen. Der Bauch lebt sich ohne mein

Zutun und arbeitet mit unglaublicher Energie. Meine Vagina habe ich genau wahrgenommen. Es ist das Gefühl: Jetzt sprengt es mich! In dem Moment musste ich mir deutlich sagen: Okay, das gehört dazu, es ist in Ordnung. Das war wie eine Naturgewalt – als stehe man im Auge eines Tornados. So würde ich das beschreiben. Aber der Tornado ist nicht außen, er ist innen. Und ich war mir sicher, es kann mir nichts passieren. Ich muss nur mitgehen, dann überstehe ich das. Das ist so intensiv, zu merken: Ja, ich kann damit umgehen, ich schaffe das, ich halte das aus. Das ist vielleicht das Beste an dieser Erfahrung. Danach kann dir nicht mehr viel passieren.

Durch das Gebären hat sich mein Frausein verändert. Vorher war ich ein Mädchen, danach war ich eine Frau. So habe ich das empfunden. Die Geburt lässt mich einfach diese Kraft der Weiblichkeit fühlen, das hat eine andere Qualität als eine starke Frau zu sein. Ich war früher sehr hart und immer die Starke. Durch die Geburten ist da etwas anderes gereift. Eigentlich bist du als Frau der Schwangerschaft, und vor allem der Geburt ausgeliefert. Es geht los mit den Wehen und Schmerzen ohne Ende, und du kannst das wirklich nur durchstehen und aushalten, wenn du dich hingibst. Machen ist da nicht mehr angesagt – es macht mit dir. Das ist ja ein weibliches Prinzip, du lässt geschehen und gleichzeitig bist du in einer Urkraft. Für mich war das wie eine Initiation. Und dann dieses Würmchen, das dann da war und in meinen Armen lag. Das hat mich so bewegt. Durch diese Wucht sind wir beide durchgegangen – das Kleine und ich. Da ist dann dieses Gefühl der bedingungslosen Liebe. Das waren ohne Frage die glücklichsten Momente meines Lebens.

Darf das Stillen lustvoll sein? Über Scham-, Peinlichkeits- und Schuldgefühle

Eine Mutter ist doch keine sexuelle Frau, sie ist schließlich Mutter. Das gilt vor allem für die stillende Mutter. Sie ist in aufopfernder Hingabe dem Baby zugewandt. In ihrem Artikel „Sexualität nach der Geburt" spricht Dr. Kirsten von Sydow ein Tabuthema an: Stillen kann auch Lust auslösen. Tatsächlich besteht ein enger Zusammenhang zwischen dem Let-down-Reflex (dem komplexen Wechselspiel zwischen Ansaugen und Ausscheiden der Milch) und der weiblichen Sexualreaktion. Mit dem Saugen zieht sich die Gebärmutter zusammen, was oft mit einem sexuellen Gefühl verbunden ist. Die Wissenschaftlerin Niles Newton hat dafür eine einleuchtende Erklärung: Stillen muss mit angenehmen Gefühlen verbunden sein, da der Fortbestand der Menschheit – lange bevor die Vorstellung von Pflicht entwickelt wurde – davon abhängt, dass es möglichst häufig stattfindet.

Mütterliche Sexualität ist ein Thema, das offenbar ängstigt. Vielleicht existieren deshalb wenige systematische, gute Forschungsarbeiten darüber. In der von Dr. Kirsten von Sydow durchgeführten Interview-Studie über „Weibliche sexuelle Entwicklung im Lebenslauf" wurde bei kaum einer anderen Frage eine so hohe Antwortverweigerungsquote erreicht, wie bei der folgenden: „Ist Stillen eine erotische Erfahrung?" Von 73 stillerfahrenen Frauen waren nur 46 bereit, diese Frage zu beantworten. Die Hälfte davon meinte, dass Stillen „keinesfalls erotisch" sei (52%), der Rest meinte, es sei „eventuell" (17%) oder „wahrscheinlich erotisch" (24%) und für 7% war das Stillen „gewiss eine erotische Erfahrung". Einige wenige sprachen offen über Schuldgefühle wegen der damit einhergehenden sexuellen Erregung: „Haben Sie das Stillen als erotisch empfunden?" – „Vielleicht, aber (leise) ich glaub', ich habs mir nicht klar gemacht, aber ich möchte schon annehmen, dass da – ich glaub schon." Oder: „Stillen ist gewiss eine erotische Erfahrung!" „Ich hab das empfunden als irrsinnig intensive körperliche Wollust. Bei jedem Zug des Kindes merken Sie, die Gebärmutter, die zieht sich zusammen – das ist ein körperlicher Schmerz und doch keiner. Es ist ganz eigenartig. Aber schön!"

SUSANNE, 49 Jahre, Architektin aus Niedersachsen, ist verheiratet und hat keine Kinder. Über sich sagt sie: „Mit dieser Geschichte habe ich mein Leben schwarz auf weiß vor mir. Wenn ich sie lese, kann ich endlich weinen. Zum ersten Mal kann ich wirklich weinen über das, was früher war."

Ich betrete unerlaubtes Land oder Irgendwann ist es gut, alles gut sein zu lassen

Wie jeden Sonntagmorgen klettert die kleine Susanne in das Bett ihrer Eltern. Vorsichtig versucht sie, sich an ihre Mama zu schmiegen. Sie sucht ihre Wärme. Aber wie jeden Sonntag steht die Mutter auf. Sie wuchtet ihr steifes Bein aus dem Bett und geht. „Bleib bei Papa!", sagt sie, und Papa zieht die Fünfjährige an sich heran. Mühsam steigt die Mutter die Treppe hinunter, geht in die Küche und macht Frühstück. Genauso mühsam, wie sie hinunterging, würde sie auch wieder heraufkommen. Tack, tack, man würde es von weitem hören. Aber sie kommt an keinem Sonntagmorgen herauf ins eheliche Schlafzimmer. „Man muss sich fügen", sagte sie immer, und: „Nur, wenn man nicht aufmuckt, kommt man gut durchs Leben!" Der Vater ist liebevoll zu Susanne. „Du bist meine Beste!" oder „Dich hab ich wirklich lieb!", sagt er zu ihr. Und das kleine Mädchen sucht Liebe und Nähe in einem Haus, in dem es sonst nur Kälte gibt. Zärtlich streichelt er die Kleine, und nimmt sie dann ganz nach seinem Willen.

„Jahrelang habe ich mein schwieriges Leben nur mit meinem Vater und dem Missbrauch in Verbindung gebracht. Aber jetzt, mit den Wechseljahren, spüre ich deutlicher denn je, dass es sehr viel mit meiner Mutter zu tun hat. Meine Mutter hat neun Kinder geboren. Ich bin die Jüngste, nach mir hatte sie drei Fehlgeburten. Sie war kühl, immer streng und überaus mächtig. Und sie war traurig, sehr traurig. Dieses Traurige war wie ein Magnet für mich. Schon als Kind hörte ich sie aus dem Schlafzimmer stöhnend meinen Vater anbetteln: „Gib doch endlich Ruhe!" Ich hab als Kind viel zu viel mitbekommen. Und wenn sie zu mir sagte: „Ach Kind, wenn du wüsstest... " Dann bin ich zu ihr hingelaufen und wollte sie trösten. Ich wollte, dass es ihr gut geht. Ich hab sie in den Arm genommen, hab ihr die Beine eingecremt. Ich hab alles getan, was mir möglich war. Es war, als ob ich aus mir heraustrete und sage: So, Mama, ich bin für dich da. Dir darf es nicht schlecht gehen. Da ist eine ganz tiefe Liebe für meine Mutter. Ja, ich wäre auch für sie gestorben. Vielleicht habe ich als kleines Mädchen gemeint: Wenn ich zu Papa gehe, nehme ich dir das ab."

„Frühstück!", ruft die Mutter, Susanne und der Vater kommen herunter. Kein Wort, keine Geste. Ein Ritual, für Jahre. Sie setzen sich an den Tisch. Anschließend geht die Familie in die Kirche.

„Erst jetzt, nach 40 Jahren, verstehe ich mich selbst und auch, was damals geschah. Ich war willenlos, in einer Art Hörigkeit, habe nicht aufgemuckt, habe nur getan, was meine Mutter wollte, und gehofft, dass dabei etwas Zärtlichkeit und Liebe für mich abfällt. Bei ihr war damals aber nichts mehr zu holen. Mein ganzes Leben lang war es dann so, als dürfe ich nicht lebendig sein und mich nicht freuen. Es durfte mir nicht gut gehen. Ich konnte nicht fühlen: Guck mal, die Welt ist schön. Ich musste an meinem Platz bleiben, und der fühlte sich total schwer an. Gleichzeitig gab es auch etwas anderes in mir. Unter der Traurigkeit und der Verzweiflung liegt ein Lachen. Das war immer mein Antrieb: mein Lachen zu suchen. Letztendlich hat meine Mutter mir ihre Leidensgeschichte übertragen. Sie hat mir vorgemacht, wie eine Frau zu leben hat. Freude gab es nicht. Für sie galt: Meine Vagina und mein Körper gehören nicht mir. Was den Körper und die Sexualität betrifft, da hat man sich unterzuordnen und vieles, vieles zu erdulden. Ich habe mich jahrelang dagegen gewehrt, die Bedeutung meiner Mutter zu erkennen. Heute weiß ich: Für beide Eltern hatte ich eine Funktion, und beide haben mich völlig überfordert!"

Niemand ist da, mit dem Susanne hätte reden können. Sie ist 14. Der Vater kommt jetzt nachts zu ihr. Meist hat er getrunken. Einmal schreibt sie der Schwester, was die Wahrheit ist, und bittet sie um Hilfe. Die Antwort bleibt aus. Dann sagt sie zur Mutter: „Papa war heute Nacht wieder bei mir!" „Der meint das nicht so", sagt die Mutter. Und es klingt, als ob es aus einer Nebelwand kommt, wenn sie hinzufügt: „Er hat mal wieder zu viel getrunken. Stell dich nicht so an!" Mit 16 bekommt Susanne ihre

Regel. Sie weiß nicht, was in ihr geschieht. Die Mutter sagt nur: „Da liegt was für dich bei Papa im Schrank." Sie geht an den Schrank und holt vor seinen Augen das Päckchen mit den Binden hervor. Es ist beschämend. Warum auf diesem Weg? Was machen sie mit ihr? Erst heute, nach über 30 Jahren, ahnt Susanne, dass die Mutter ein Signal gesetzt hat: Jetzt ist Schluss! Das Mädchen ist jetzt eine Frau und kann schwanger werden. Die Botschaft wird verstanden, der Missbrauch hört auf.

„Ich weiß nicht, ob sich andere das vorstellen können. Der Anfang mit meinem Vater war immer schön. Ich hab dann auch seine Hand gesucht, wollte, dass er mich streichelt, weil da Nähe war. Und die habe ich gebraucht wie Milch und Brot. Er hat mich ja geliebt. Ich habe von ihm bekommen, was ich brauchte. Ich habe mich nach Berührung gesehnt, egal welche, auch, wenn es die falsche war. Mein Vater hätte die Pflicht gehabt, die Grenzen zu achten. Hat er aber nicht. Und ich habe mich mein Leben lang dafür schuldig gefühlt."

Das Schreckliche war, die Fakten des Missbrauchs durfte ich ausdrücken, aber nicht, was es mir auch gegeben hat. Dass es da auch lustvolle Gefühle gab, ist immer von einer unbeschreiblichen Scham umgeben gewesen. Dabei war ich noch ein Kind, fünf Jahre alt, ein kleines Mädchen, als alles begann.

Über viele Jahre ist Susanne depressiv, sie sucht sich therapeutische Hilfe. Sie ist verzweifelt, spürt ihre Wut, lässt allen Vorwürfen freien Lauf. Sie zeigt es den Eltern. „Mit meiner Bulimie habe ich ihnen alles vor die Füße gekotzt", sagt sie. Nur eines spart sie immer aus: Damals, mit ihrem Vater, gab es auch Lust in ihr. Es gab Momente, da fand sie es gut, da machte es ihr Spaß. Und genau das ist es, was sie sich jahrzehntelang nicht verzeihen kann. Immer die gleichen Sätze wiederholen sich in ihr auf quälende Weise: Hätte ich mich anders verhalten, wäre mir das nicht passiert. Wäre ich doch nur gegangen. Ich bin schuld und schäme mich dafür!

„Lebendig sein oder gar Lust empfinden, genau das war das Schlimmste. Das durfte nicht sein, das war unmöglich. Da lag ein Deckel von Schuld drauf, schwer wie ein Fels. Ich konnte auch in den Therapien nie über dieses Lustgefühl reden. Das Schreckliche war, die Fakten des Missbrauchs durfte ich ausdrücken, aber nicht, was es mir auch gegeben hat. Dass es da auch lustvolle Gefühle gab, ist immer von einer unbeschreiblichen Scham umgeben gewesen. Dabei war ich noch ein Kind, fünf Jahre alt, ein kleines Mädchen, als alles begann."

Jedes Gefühl für ihren Körper scheint verloren. Sie berührt ihn, aber er fühlt sich fremd an. Ein Blick auf ihre Scheide gleicht dem distanzierten Blick auf ein Foto. Die Verzweiflung ist groß, und aus Verzweiflung wird Hass. Hass gegen Männer, gegen das Leben und gegen den eigenen Körper. Eine Mischung, aus der Rache entsteht. Die Zwanzigjährige macht die Männer an. Sie selbst hat nichts davon. Sie macht sie an, verführt sie. Strengt sich an, sodass es für die Männer heiß wird, aber sie behält die Macht! Sie lässt sich seelisch nicht berühren, nimmt sich keine Zärtlichkeit, kennt kein Vorspiel. Es ist ein Akt, und sie hat die Kontrolle darüber. Ihre Botschaft heißt: Mich kriegst du nicht. Und sie wähnt sich in dem Glauben: Meine kleine Seele bleibt so geschützt.

„Erst, als ich eine ganz kurze Liaison mit einer Frau hatte, hab ich zum ersten Mal wahrgenommen, wie schön ein Frauenkörper ist. Das fand ich dermaßen schön, da habe ich zum ersten Mal begriffen, worum es geht. Sie hatte so was Wohliges, Warmes, und so hat sie mich auch in Empfang genommen. Ich habe dann aber Schiss gekriegt und das einfach abgebrochen. Immer wieder erlebe ich echten Kontakt mit Menschen. Mit Menschen, von denen ich mich akzeptiert fühle. Aber wenn es nah wird, kann ich mich nicht mehr fallen lassen. Dann gehe ich sofort in die andere Richtung – ich mache zu und kontrolliere. Da, wo Verletzungen möglich werden, wo eine Tiefe entstehen könnte, mach ich dicht und bediene nur noch. Im Grunde bin ich dann verloren und tue nur noch, was der andere will, oder das, wovon ich meine, dass der andere es will. Es fühlte sich an, als sei ich sein Abziehbild."

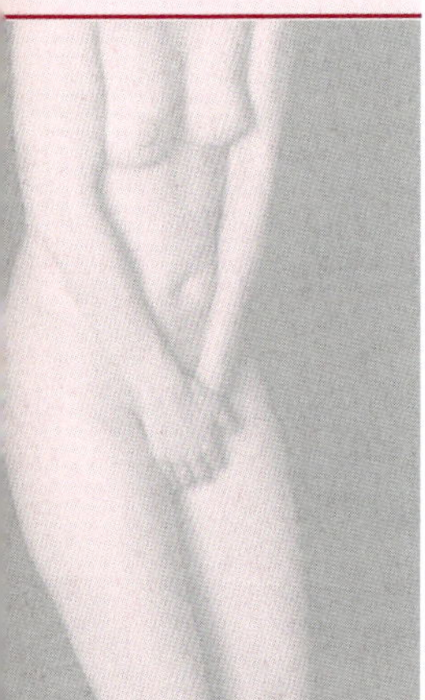

Susanne wird Architektin, ist überaus engagiert und aktiv, tanzt und sucht das Lachen. Mit 35 heiratet sie. Warmherzig und gradlinig ist ihr Mann. Er entscheidet sich für sie, und sie sich für ihn, weil sie wissen: Gemeinsam können wir Altes durchbrechen. Endlich will sie es sich gut gehen lassen. Sie fühlt: Das habe ich einfach verdient. Aber die Vergangenheit lässt sich nicht abschütteln. Mit der Nähe kommt die Abwehr. Jahrelang kämpft Susanne mit Entzündungen in der Vagina. Die Schleimhäute reißen auf bis zum Damm.

„Die Entzündungen in der Scheide, so sehe ich das heute, waren einfach das Signal: Da geht jetzt keiner rein! Fertig! Und ich habe es nicht anders geschafft, ich konnte nicht sagen: Im Moment möchte ich es nicht. Ich habe auch nicht gewusst, dass ich Nein sagen kann oder mir was anderes nehmen darf. Jetzt ist damit Schluss. Ich trete raus aus diesem Bann und schaue, was meines ist. Es ist für mich, wie in ein unerlaubtes Land zu gehen. Aber ich gehe. In ganz kleinen Schritten nehme ich wahr, was ich will. Ist es Tee, Wasser oder ein Stück Brot? Ist es Musik oder Stille, ist es diese Berührung oder eine andere? Was gehört zu mir? Und ich lerne, mich zu vertreten.

Zum ersten Mal nähere ich mich meiner Scheide und meiner Klitoris und spüre wirklich: Ah, das tut gut, hier schwillt was an, das macht Lust. Zum ersten Mal finde ich das schön, denn es ist wirklich mein Gefühl."

Wir waren vor einiger Zeit bei Pro Familia, weil unsere Sexualität ziemlich am Boden lag. „Wollen sie zusammen bleiben?", haben sie uns gefragt. „Gut, wenn sie zusammen bleiben wollen, dann können sie etwas probieren." Mit ihrer Hilfe haben wir gelernt, dass auch etwas anderes geht, als nur den Beischlaf auszuüben. Miteinander spielen, uns massieren, das haben wir beide wieder entdeckt. Das ist nicht ganz leicht, wir verhalten uns teilweise, als seien wir gerade erst 16 Jahre alt. Eigentlich ist das ein herrlicher Zustand, denn 16-Jährige lachen. Ich bereite jetzt extra einen Raum vor, stelle Kerzen hinein – wir machen das bewusst nicht im Schlafzimmer, ich heize ordentlich ein, und wir fangen an zu testen. Und zwar ganz vorsichtig – ich kann diese Schritte nur ganz vorsichtig machen. Zum ersten Mal nähere ich mich meiner Scheide und meiner Klitoris und spüre wirklich: Ah, das tut gut, hier schwillt was an, das macht Lust. Zum ersten Mal finde ich das schön, denn es ist wirklich mein Gefühl."

Was Susanne nie für möglich gehalten hätte: Sie kann heute wohlwollend zurückblicken. Auch, wenn sie den Missbrauch nie akzeptieren wird, empfindet sie zu ihrem Vater Liebe. Eine Aussöhnung, die ihr durch Gespräche, Therapien und durch eine Art von Gebet gelungen ist. Missbrauch, sagt sie, wird unterbrochen oder aufgelöst, wenn einer in der Familie sich traut, aufzustehen und hinzuschauen, wenn einer nicht stillschweigend in dem Brei hängen bleibt und deutlich sagt: Das passiert jetzt nicht mehr. Und noch etwas ist ihr klar geworden: Wenn ich wirklich

Frieden finden will, dann komme ich um meine Mutter nicht herum. Der Anstoß dazu kommt von außerhalb.

„Mein Hausarzt, der mich lange kennt, sagte zu mir: Fahren Sie ans Grab ihrer Mutter. Sagen Sie ihr: So Mutter, jetzt reicht es! Ich habe mich lange genug für dich abgerackert. Ich habe ein Recht auf ein eigenes Leben. Wenn du Lust hast, kannst du mich von da oben gerne begleiten und mir zuschauen. Und da habe ich gedacht: Ja! Die Erlaubnis, endlich zu leben, die kann nur ich mir geben. Nur ich kann dafür sorgen, dass ich meinen Weg gehe und nicht mehr im Hass bin. Und seit ich an ihrem Grab war, kann ich sagen: Ich liebe meine Mutter, aber ich stehe nicht mehr in dem Bann, ihr helfen zu müssen. Sie muss für sich selbst sorgen. Ich bin jetzt mit ihr verbunden, und gleichzeitig darf ich meins machen. Ich darf sie lieben, und ich darf mich lieben. Und irgendwann ist es gut, alles gut sein zu lassen."

LENA UND SANDRA sind beide 20 und studieren in Wien. Lena ist seit einem halben Jahr sehr verliebt. Über sich sagt sie: „Ich wünsche mir, eines Tages einen so selbstverständlichen Umgang mit Sex zu haben, wie die Männer, die ich kenne. Ich wünsche mir, dass sich irgendwann mein Hirn ausschaltet und alles nur noch über das Herz und die Seele läuft."

Sandra, die seit mehr als drei Jahren in einer Beziehung lebt, sagt über sich: „Mit Lena kann ich über fast alles reden, aber bei meinem Freund fällt es mir manchmal schwer, obwohl wir beide der Meinung sind, dass Offenheit so wichtig ist. Und wenn es mir dann mal gelingt, bei einem für mich heiklen Thema über meinen Schatten zu springen und mit ihm darüber zu sprechen, merke ich gleich, wie der Sex mit ihm noch viel schöner und vertrauter wird. Und es kann ja so schön sein!"

Mit dem richtigen Fuß starten oder Das ‚erste Mal' aus Liebe

„Ich bin mir bewusst, dass es dieser Körperteil ist, der mir Lust verschafft. Dadurch, dass mein Freund sie so liebevoll behandelt, habe ich auch ein liebevolleres Verhältnis zu ihr. Ich fange an, mich zu wundern, warum ich keinen Namen für sie habe! Und denke mehr darüber nach, wie Männer ihr Geschlechtsteil wahrnehmen, und wie wir, die Frauen. Ich nehme wahr, dass Männer irrsinnig liebevoll mit ihrem Schwanz umgehen. Die greifen ihn einfach zwischendurch mal an und wackeln so ein bisschen herum damit, oder streichen mal drüber, wenn sie sich strecken. Das machen wir überhaupt nicht. Männer sind da selbstsicherer."

„Ich bin da unten nicht so heimisch, außer wenn ich mich selbst befriedige oder wasche. Doch! Manchmal, wenn ich einschlafe, dann habe ich meine Hand in der Hose, hab sie einfach nur so drauf liegen, aber sonst nichts. Das tue ich aber nicht, wenn mein Freund dabei ist. Dann ist das sein Bereich. Der gehört dann mehr ihm als mir. Er gehört schon mir, aber es ist mehr seine Zuständigkeit. Jetzt weiß ich´s, es ist die Verbindung! Es ist die Verbindung zwischen ihm und mir, und deshalb rückt ‚sie' beim Sex ein bisschen zu ihm hin."

Wir reden viel, und am allerliebsten über Männer und Sex.

Sandra und Lena kennen sich schon immer, seit 20 Jahren. Beide sind voller Lebendigkeit, voll Neugier auf das Leben und die Liebe. Und beide sind sehr bereit, mit mir über ihr sexuelles Erleben zu sprechen. „Wir reden viel, und am allerliebsten über Männer und Sex." Unser Gespräch hat etwas Leichtes und Selbstverständliches, denn für Sandra und Lena gehören Themen wie ‚Liebemachen', der ‚Ort zwischen ihren Beinen' oder ‚sich selbst befriedigen – wie geht was?', zum Alltagsgespräch. Lena bezeichnet sich als spätreif, denn sie war 19, als sie das erste Mal richtigen Sex mit ihrem Freund machte. Die beiden jungen Frauen haben sich viel Zeit genommen mit ihrem ersten Mal. Wie alle Mädchen haben sie herumgeknutscht und mehr. Aber beide haben, wie sie sagen, früher eher Zurückhaltung gepflegt. „Wenn ich es nicht hundertprozentig will, dann ist es nicht gut für mich", erklärt Lena. „In einen Jungen war ich total verliebt und irgendwie wollte ich auch. Es war auch aufregend. Gleichzeitig hab ich mich unwohl gefühlt, wenn ich mit ihm im Bett gelegen bin. Obwohl ich anzogen war, kam die Angst und die Frage: Was muss ich jetzt machen? Ich hatte Angst vor dem, was ich in diesem Moment tun musste, und wollte einfach nicht weitermachen."

Für Sandra war es ähnlich: „Mit 16 hatte ich einen Freund, der war sehr erfahren, aber nicht wirklich lieb und einfühlsam. Und das ist mir einfach zu schnell gegangen. Ich hab es ihm auch nicht richtig klarmachen können. Danach war ich jedes Mal total grantig und zurückgezogen. Wenn er meine Brust geküsst hat, das war noch schön, aber ich wollte zum Beispiel seinen Schwanz nicht anfassen, das war mir einfach nicht angenehm, und ich konnte damals auch noch nicht so offen drüber reden."

Sandra sieht diese Erfahrungen als eine Übung in Selbstbehauptung. „Ich hätte gleich am Anfang Nein sagen sollen. Aber vielleicht war da die Frage: Wenn ich Nein sage, bin ich dann noch attraktiv für ihn? Er war der einzige Freund, der nicht schwächer war als ich, vom Charakter her. Er war selbstbewusst und stark, deshalb hab ich Angst gehabt und gemeint, ich müsse jetzt. Ich wollte nicht, dass es zwischen uns schon aus ist. Das war der Konflikt." Aber schließlich hat sie doch Nein gesagt und empfindet das als Treue zu sich selbst.

Die Zwanzigjährigen sind nie wirklich über ihre Grenzen gegangen. Sie sind eher wie Kundschafterinnen auf den Pfaden der Liebe und der Sexualität. Sie erforschen unbekanntes Gebiet: Was tut mir gut – und was nicht? Beide gehen sehr vorsichtig und achtsam mit sich um. Sie mögen ihren Körper. Und ganz gleich, ob sie Lust mit sich selbst erleben oder Sex mit ihrem Freund genießen – immer stellen sie sich Fragen: War das jetzt schön? Hat mir das gut getan? Will ich davon mehr? Oder macht es mir Stress? Wenn es gut war, forschen sie dort weiter. Wenn nicht, geht die Reise woanders hin.

„Sind junge Frauen heute wirklich freier?", frage ich. „Das würde ich bezweifeln", sagt Lena. „Ich habe eine Freundin, die lässt Dinge mit sich machen, die ihr nicht gefallen, und er macht einfach weiter. Sie lässt es sogar zu, dass er über sie lacht. Jetzt hat sie sich total zurückgezogen. Sie hat kein Interesse an Selbstbefriedigung, hat mit ihm seit Monaten keinen Sex. Sie will nicht mehr reden, sie will nichts mehr probieren, denn das Thema wird immer bedrängender für sie. Dabei ist sie diejenige, von der ich immer dachte, dass sie am meisten Spaß daran hat, weil sie sehr sexy ist. Was da passiert, wenn du so über dich hinweggehst, das ist unglaublich! Aus Angst, als prüde zu gelten oder den Partner zu verlieren, machen viele Mädchen, was ihre Freunde wollen. In der Schule hatten die meisten schon lange vor mir mit einem Mann geschlafen. Das hat mir auch Stress gemacht. Ich glaube, dass wirklich viele Mädchen zu früh anfangen und es dann nicht genießen. Dann startest du einfach mit dem falschen Fuß."

Es ist einfach so: Meine Eltern haben mir vermittelt, dass mein Körper und ich das Wichtigste sind. Und ich habe gelernt, zu mir zu stehen, und auch in Beziehungen nur das zu tun, was ich will.

Lena und Sandra sind sich ganz klar über ihre Bedürfnisse. Diese Sicherheit und diese Wertschätzung sich selbst gegenüber setzen natürlich einen guten Grund und Boden voraus. „Es ist einfach so: Meine Eltern haben mir vermittelt, dass mein Körper und ich das Wichtigste sind. Und ich habe gelernt, zu mir zu stehen, und auch in Beziehungen nur das zu tun, was ich will." Sandra nickt, sie fühlt sich sehr von ihrer Mutter unterstützt. „Ich rede heute mit ihr über alles, auch über Orgasmus und Lust." „Ich auch", sagt Lena. Das heißt, eine Einschränkung gibt es. Als Jugendliche war das Erleben von Lust mit sich selbst ein Bereich, der trotz aller Unbefangenheit in der Aufklärung ausgelassen wurde. Wie funktioniert das mit mir selbst? Welche Punkte sind es, die ich berühren muss? Wie reagiert mein Körper? Was braucht er?

Sandra ist selber drauf gekommen: „Ich hab´s probiert, irgendwann hat es funktioniert, es war eher zufällig, da war ich so 16." Für Lena war das etwas schwieriger: „Ich hab darüber gelesen und es auch versucht, aber es hat nie wirklich funktioniert. Ich dachte, wahrscheinlich mache ich es falsch, wusste aber nicht wie. Dann hab ich in England ein Mädchen kennen gelernt. Sie war sehr offen, was das betrifft. Und wir haben gleich über alles geredet – auch über Selbstbefriedigung. Durch sie hab ich dann den Mut gefasst, es nochmal zu probieren. Was wichtig war: Ich hatte eine *Cosmopolitan* mit allen technischen Details. Und dieses Mädchen hat mir dann beschrieben, wie sich das anfühlt und wie lange es dauert, bis man einen Orgasmus hat. Vorher habe ich nicht gewusst, ob das nach fünf Minuten gehen soll oder nach einer halben Stunde oder nach zweien. Ich hab mich einfach nicht ausgekannt. Nach unserem Gespräch wusste ich: Es kann dauern. Und die ‚Hand'lungsanleitung in der Zeitung war so genau, dass ich etwas damit anfangen konnte."

„So wie man Fahrradfahren lernt, so lernt der Körper auch, Orgasmus zu erleben. Orgasmus braucht Übung, und Mädchen lernen."
Ellen Laan, Professorin für Klinische Psychologie an der Universität Amsterdam

Das Gespräch lässt mich nachempfinden, wie es ist, wenn man als junge Frau mit dem richtigen Fuß startet. Da ist die Sache mit dem ‚ersten Mal' – für beide war es schön, weil es aus Liebe geschah. Und: „Es war natürlich auch gut, jetzt zu den Leuten zu gehören, die Sex haben, nachdem ich so lange drauf gewartet hatte. Es war überhaupt nicht schwierig. Ich hab immer geglaubt, es sei unangenehm. Aber es war sehr lustvoll für mich. Der ganze Körper hat so sehr gekribbelt, das Gesicht, die Haut überall – das ist doch ein Orgasmus, oder nicht?"

Ja, alles was im Körper bebt, sich bewegt, kribbelt, ist orgiastisch. Und... auch ein Orgasmus will gelernt sein. Neue Forschungen stellen fest: Orgasmusfähigkeit entwickelt sich nach und nach bei jungen Frauen. Ellen

Laan, Professorin für Klinische Psychologie an der Universität Amsterdam, erforscht das Thema seit Jahren. Sie erklärt: So wie man Fahrradfahren lernt, so lernt der Körper auch, Orgasmus zu erleben. Orgasmus braucht Übung, und Mädchen lernen.

Lena und Sandra lernen! „Das merke ich auch", sagt Sandra, „je sicherer ich werde, desto entspannter werde ich, und desto lustvoller wird das Ganze." Ihr vier Jahre älterer Freund ist, wie sie sagt, sehr respektvoll, und sie gehen offen miteinander um. Nur eines hatte sie sich etwas anders vorgestellt: „Ich hatte vorher beim Petting schon einen Orgasmus, und das hat sich besser angefühlt als dann beim Sex. Es ist bis heute so, dass ich keinen Orgasmus habe beim Sex, also wenn er in mir ist. Wir experimentieren damit, weil es für ihn frustrierend ist. Eine Zeit lang war das schon ein Problem. Er hat wahrscheinlich gedacht, er sei nicht gut genug. Es wäre so schön, wenn es endlich mal gleichzeitig wäre. Nach einer Weile konnten wir uns aber einfach sagen, dass es halt so ist, und wir experimentieren damit weiter herum. Wir nehmen uns einfach viel Zeit."

Für Lena ist es ähnlich: „Mit dem Gleichzeitig, das funktioniert nicht so wirklich. Wir haben probiert, dass er mich befriedigt bis kurz vor dem Orgasmus, und dass wir dann zusammen schlafen und er so weiter macht mit der Hand. Das geht aber nicht, er muss sich zu sehr konzentrieren, und das klappt nicht. Und ich bin noch ein bisschen zu gehemmt, mich selber zu berühren."

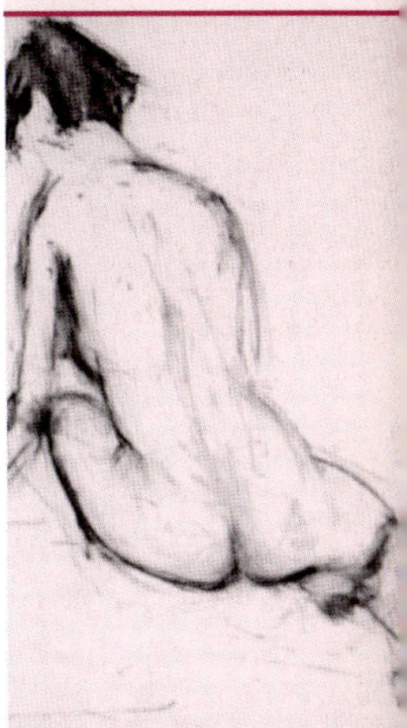

Selber die Klitoris zu berühren, das ist sicher der richtige Weg. Auch dazu veröffentlicht Ellen Laan interessante Ergebnisse und meint: „Nur 30 % der Frauen haben einen Orgasmus während des Geschlechtsverkehrs. Anzunehmen, 70% aller Frauen, also jene, die dabei keinen Orgasmus haben, seien unreif oder litten an einer Funktionsstörung – ich hüte mich, diese Meinung zu vertreten." Vorsichtig mit sich selber zu sein bedeutet auch wahrzunehmen, wann ich mich zurückhaltend oder scheu fühle. Auch da sind die jungen Frauen sehr genau mit sich und ihren Empfindungen. Sie selbst sind zwar mit ihrer Scheide vertraut, schauen sie an und kennen sich gut mit ihr aus. Aber im Zusammensein mit ihren Freunden gibt es da auch etwas Schüchternes: „Ich bin jetzt schon seit drei Jahren mit meinem Freund zusammen, und ich hab irrsinnig lang gebraucht, bis ich mich ihm auch bei hellem Licht ganz hab zeigen können", erklärt Sandra. „Da hätte ich mich vielleicht ausgeliefert gefühlt. Dass er mir die Beine gespreizt hat, sodass man alles genau sieht, dazu hab ich lange gebraucht – viel länger, als zu allem anderen. Es war nicht angenehm. Ich habe gemerkt, sobald es dahin gekommen ist, habe ich mich nicht mehr entspannen können. Dann hab ich doch lieber die Decke drüber."

„Bei mir hat es nicht so lange gedauert. Aber ich hab auch das Gefühl, dass er total liebevoll mit meiner Vagina umgeht und sie ihm richtig gefällt. Und wenn sie ihm gefällt, dann kann ich sie ihm auch zeigen. Wenn wir sehr intensiv zusammen waren und neue Dinge ausprobiert haben, krieg ich immer wieder so ein kleines Schamgefühl. Ich probiere was Neues aus mit ihm, und dann muss ich das erst mal verarbeiten. Dann ziehe ich mich ein bisschen zurück, und ja, ich genier mich fast ein bisschen vor ihm. Wenn man so in Ekstase ist, dann tut man so einiges und denkt überhaupt nicht drüber nach. Wenn ich dann wieder ‚aufwache', wenn ich also wieder nüchtern bin, dann ist da diese kleine Scham. Wir haben mal so ein bisschen *Dirtytalking* gemacht, und danach haben wir uns einen Moment lang gefragt: Hey, was haben wir da eigentlich getan? Das ist lustvoll, aber es gibt auch ein kleines Schamgefühl. Und dann muss ich mich zurückziehen und will auch keinen Sex."

Wenn man so in Ekstase ist, dann tut man so einiges und denkt überhaupt nicht drüber nach. Wenn ich dann wieder ‚aufwache', wenn ich also wieder nüchtern bin, dann ist da diese kleine Scham.

Sex, Körper und Beziehung sind für Lena und Sandra ein zu entdeckendes Land – inneres Neuland und ein Lebensgefühl, das Freiheit möglich macht. Und so sprudelt es auch aus Lena heraus: „Bis zu einem gewissen Grad bin ich ganz ohne Scham, das ist der Normalbereich, so, wie die meisten Leute sind. Aber ich spüre, da gibt es einen Bereich, der geht weiter hinaus, und da will ich reinschnuppern. Ein Bereich, der noch freier ist. Da gibt es schon eine Sehnsucht. Ich glaube, es ist befreiend, wenn man ohne Scham leben kann – vielleicht ist man dann komplett frei. Wenn ich mit meinem Freund Sex hatte und wir dann nackt im Garten ins Schwimmbecken springen, dann fühl ich mich wie ein Kind – ohne Scham."

Gleichzeitig mit dieser Welle von Offenheit und Neugier steht die Frage an, wie es weitergeht. Bleibt das so? Ist die lustvolle Spannung zu halten? Lena, die seit einem halben Jahr mit ihrem Freund zusammen ist, ahnt, dass die Woge von Lust und Intensität abebben kann, und dass dann etwas anderes kommt. Egal, was kommt, sie will auf jeden Fall mit ihm zusammenbleiben. Sandra kennt Johannes schon viel länger, für sie ist das Thema Zukunft im Moment ein bisschen heikel: „Ich hatte früher nie Angst, dass das irgendwann zwischen ihm und mir fad wird, weil es so schön und so aufregend war. Und ich habe mir gedacht: Die Leute, bei denen das einschläft, die sind halt unfähig. Oder die reden nicht miteinander. Aber jetzt – ich bin wie vor den Kopf gestoßen. Wir sind jetzt drei Jahre zusammen und haben viel darüber geredet, dass wir zusammenbleiben und dass wir mal gemeinsam Kinder haben. Wir haben schon vieles geplant. Aber jetzt kommt ganz leicht so ein Gefühl: Ich will mich noch ausleben. Ich will noch was anderes. Ich bin 20, und wir sind wie ein verheiratetes Ehepaar – irgendwie. Es ist wunderschön mit ihm, er ist lieb und er kennt mich. Wir passen super zusammen, aber irgendwas rumort da in mir. Und ich weiß nicht, wie ich das unterbringen soll, dass ich noch was Neues ausprobieren will. Wenn ich das sage, wird er verletzt sein. Dafür gibt es keine Lösung. Manchmal denke ich, das Beste wäre, man tobt sich in der Jugend aus und mit 25, 30 trifft man den Menschen des Lebens."

Ich hätte schon gerne einen Namen für sie. Das finde ich jetzt irgendwie komisch, dass ich sag: da unten.

Wie bei allen Interviews stelle ich auch hier die Frage, ob es eine Sehnsucht in ihnen gibt, einen Wunsch. Und Lena spricht für beide aus, was ihnen in dem Gespräch deutlich geworden ist: „Ich hätte schon gerne einen Namen für sie. Das finde ich jetzt irgendwie komisch, dass ich sag: da unten. Und jedes Mal ein bisschen leise rede, wenn ich sag: da unten. Und Vagina klingt wissenschaftlich und hochgestochen, Scheide irgendwie brutal – komisch. Ich will schon einen Namen haben und genauso darüber reden, wie der Philipp über seinen Schwanz. Meine Vagina ist nicht so selbstverständlich wie meine Hand, die ich dauernd sehe. Sie ist schon ein bisschen was Fremdes. Aber was positives Fremdes, schön und lustvoll. Eine tolle Sache, aber eine namenlose! Ein bisschen mystisch. Jetzt gerade habe ich das voll starke Gefühl, dass sie zu mir gehört, so wie mein Herz total in mir drinnen ist!"

10. Mai 2005
An einer deutschen Grundschule

Mit dem Pausenklingeln betritt Gudrun S. das Lehrerzimmer. Schon länger beobachtet sie etwas, was sie wirklich beunruhigt. Da müssen wir reagieren, denkt sie. Jede Stunde sieht sie die kleine Yvonne, wie sie sich da unten hinfasst und rubbelt und... Das geht einfach zu weit! In meinem Unterricht kann ich das nicht tolerieren, das überfordert die anderen Kinder, denkt sie, strafft den Rücken durch, räuspert sich entschieden und sagt in die Runde: „Alle, die in meiner 1b unterrichten – wir müssen dringend über Yvonne sprechen!"

Die Kollegen wissen sofort, worum es geht, denn das ist sehr unangenehm, was da in der 1b geschieht. Die Kleine onaniert! Und in solch einem Ausmaß, dass ist nicht normal! Obwohl, stellen sie fest, wenn wir mal deutlich hinschauen, bei dem Elternhaus... Keine Frage, die Kollegen ahnen, was da in dem Elternhaus geschieht. Die Familie ist sozial ganz problematisch, wer weiß, was das Kind alles sieht und mitbekommt. „Ganz klar, hier besteht Handlungsbedarf, und wir müssen dringend die Mutter herbestellen!" Gudrun S., die Klassenlehrerin, räuspert sich wieder. Sie spürt ihre Aufregung, was soll sie der Mutter sagen, und wie? Wieder eine dieser ganz schwierigen Situationen, die ihr einfach zu viel sind. Aber ganz gleich, wie schwer es ihr auch fällt, sie wird der Mutter einen Hinweis geben, damit endlich etwas geschieht.

„Hat schon mal jemand mit dem Kind gesprochen?", fragt die Kollegin P. Mit dem Kind gesprochen? Das ist doch wohl Sache der Mutter! Da sind sich alle einig. Gerda P. ist am nächsten Tag zum Förderunterricht in der 1b eingesetzt. Sie beobachtet die Sechsjährige in dieser Stunde genau – das Kind wirkt unkonzentriert, rutscht auf dem Stuhl hin und her, greift mit der Hand zwischen die Beine und krabbelt sich. Irgendwie sieht das Gesicht nicht so aus, wie es sein müsste, denkt Gerda P., wer onaniert, wirkt entspannter. „Yvonne, komm, lass uns mal reden", sagt sie zu dem Mädchen und beide gehen ins Nebenzimmer. „Sag mal, juckt das oder brennt das da, wo das Pipi rauskommt?" „Juckt." Das Kind schaut verlegen zu Boden. „Dann sag deiner Mama mal, dass sie mit dir zum Arzt gehen soll, ja?" „Hmmm... ."

Zwei Wochen später. Yvonne sitzt ruhig und konzentriert über ihren ersten Rechenkünsten, sie hatte eine Pilzinfektion. Gott sei dank, diese peinlichen Gespräche sind nochmal an Gudrun S. vorbeigegangen.

Angelehnt an eine reale Begebenheit in Hessen

ANGELA, 44 Jahre alt und von Beruf Ergotherapeutin, ist verheiratet, hat zwei Töchter und lebt in Bayern. Über sich sagt sie: „Wenn ich zurückblicke, sehe ich, welche Schritte ich schon gegangen bin. Und ich möchte meinem Mann für die Unterstützung danken. An dieser Stelle will ich dir sagen: Deine Begeisterung für mich und dass du mich nie bewertest, macht es mir leicht, mich zu finden. Nur so kann ich alles, was in mir ist, ausdrücken."

CARMEN, 38 Jahre alt, ist Krankengymnastin und hat eine Tochter. Auch sie ist verheiratet und lebt in Bayern. Sie sagt: „Ich – eine sinnliche, gut aussehende, kraftvolle Frau? Ich musste öfter aufhören zu lesen, weil mich das so berührt. Durch den Austausch mit Frauen weiß ich heute, dass Filme, Werbung usw. blenden. Wir denken, wir müssten so sein. So sei eine richtige Frau. Im Gespräch mit anderen Frauen bemerkt man dann, dass es im Grunde nur um das eigene Gefühl geht. Wie ich bin, bin ich richtig, und nur das ist wahr."

Die Angst saß immer mit im Bett oder Wie viel Lust darf sein?

Leise weht orientalische Musik über den Rasen. In der Tür des Gartenhauses steht Carmen, in Schleier eingehüllt. Den Bauch entblößt, wiegt sie ihr Becken, kreisend lässt sie ein Spiel ihrer Hüften zu. Barfuß, in kleinen Schritten tanzt sie auf die Gäste zu, voll Anmut bewegt sie ihren Körper Schritt für Schritt. Sie lässt ihren Bauch tanzen. Die Schleier fallen Zug um Zug, und sichtbar wird ein scheuer und zugleich lockender Blick – verführerisch. Zwei Männer pfeifen, und Carmen antwortet mit einem kleinen Kick aus dem Becken. Die Frauen beginnen, sich mitzuwiegen. Der Blick der Männer ist gebannt. Angela steht mit ihrem Mann Bernd Arm in Arm an einen Baum gelehnt. Sie schauen zu, und sanft bewegen sie sich zur Musik. Angela streicht ihm über die Hand, wie ein junges Paar strahlen sie sich an. 17 Jahre sind sie zusammen, und nach jahrelangem Krampf und Kampf geht es zwischen ihnen endlich wieder bergauf.

Carmen tanzt auf einzelne Gäste zu, erotisch und spielerisch zeigt sie die Schönheit ihres Körpers und überlässt sich ganz dem Tanz. Das Publikum klatscht laut, sie strahlt. So einen Auftritt hat sie sich immer gewünscht.

Einen Monat später, es ist ein warmer Samstagnachmittag im August. Wir sitzen in Angelas Garten. Kaffee, Kuchen und Krüge mit Säften stehen bereit. Unser Body- und Vagina-Talk braucht Zeit. „Früher hätte ich nie als Bauchtänzerin auftreten können, ich war mit meinem Körper und mit meiner Sexualität vollkommen zurückgezogen. Ganz lange hat mich der Gedanke geplagt, ich sei frigide", beginnt Carmen das Gespräch. „Immer, wenn mit meinem Mann etwas nicht geklappt hat, dann hat er gesagt: Du bist ja frigide! Was für mich so viel heißt wie: Es liegt an mir und ich bin schuld." Sie atmet tief durch. Nachbarn geben eine Party – die Stones sind zu hören. Beide Frauen reden an diesem Nachmittag über Dinge, die sie früher niemals mit anderen hätten teilen können.

In einer Tantra-Gruppe haben sie sich kennen gelernt. Angela war 41, Carmen 35. Beide Frauen leben in einer kleinen fränkischen Stadt. Beide wissen, was hartes Arbeiten bedeutet. Beide haben mit ihren Männern ein Haus geschaffen, Beruf, Kinder und Haushalt bewältigt. Sie lieben ihre Männer, und in ihrem Leben schien eigentlich alles da zu sein. Und gleichzeitig gab es einen drängenden Wunsch, denn etwas fehlte: die Lust und die Leidenschaft. Es war, als seien sie von ihrer sexuellen Vitalität, ihrem Frausein abgeschnitten. Und dieses kleine Tier mit scharfen Zähnen und unüberhörbarer Stimme, dass im Untergrund lebt, klopfte täglich an und fragte: Soll dieser Krampf im Bett wirklich alles gewesen sein? Mit sich selber, nie aber mit ihrem Mann, kannte Angela das angenehme Gefühl, einen Orgasmus zu haben, und das machte Lust auf mehr. Carmen waren die sexuellen Probleme ihrer Ehe über den Kopf gewachsen, sie wollte da raus und endlich lebendigen Sex. Beim Tantra hat sie angefangen, über ihre größten Ängste zu reden.

„Ich wusste gar nicht, dass man sich anders fühlen, dass man sexuell überhaupt etwas ändern kann. Ich hab gedacht: Ich bin halt blöd und frigide. Ich war mir immer sicher, dass ich nicht attraktiv bin. Dass mich

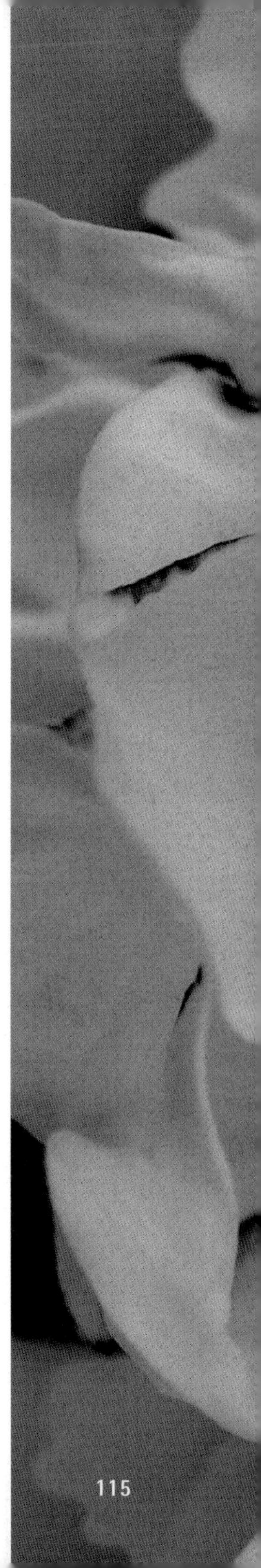

überhaupt ein Mann wollte, konnte ich mir gar nicht vorstellen. Ich bin einfach nicht in Ordnung – davon bin ich ausgegangen. Erst im Gespräch mit anderen Frauen bin ich drauf gekommen: Hoppla, das läuft ja anderswo genauso ab. Andere Frauen haben auch Probleme. Das war für mich ein Hoffnungsschimmer, man fühlt sich nicht mehr so allein und unnormal."

Ich wusste gar nicht, dass man sich anders fühlen kann, dass man sexuell überhaupt etwas ändern kann.

Angela weiß genau, was Carmen meint. Auch sie war immer sicher gewesen: Überall läuft es gut, nur nicht bei mir. „Bei mir gibt es kein ‚Gloria, Viktoria', kein Reden wie bei *Sex and the City*." Ihre Ehe lief ohne diese leidenschaftliche Ekstase, es wollte einfach nichts funktionieren. Oft war es wie ein Ringen im Bett, bei dem entweder ihr Mann oder sie oder beide die Verlierer waren. „Es tut gut, sich immer wieder auszutauschen", stellt Carmen fest, und zupft an ihrem rosa T-Shirt mit weitem Ausschnitt. „Tantra öffnet dir die Augen, aber es ist kein Fahrplan, kein ABC des guten Sex. Wenn du etwas für dich verändern willst, das hab ich gelernt, dann kommst du nicht drum herum, zu deinen Wurzeln zu gehen. Du musst dir immer wieder klarmachen, woher das alles in dir kommt."

Angela schaut Carmen an: „Wie furchtbar das früher war, kannst du dich erinnern? Mit 15, 16, da hab ich mit einigen Jungen Petting gemacht, stundenlang. Aber wir haben dabei nie gesprochen! Nichts gesagt, stundenlang rumgefummelt, aber kein Wort gesagt!" Sie kannte nur Sprachlosigkeit, bloß nicht Reden und war von einem Erlebnis ins nächste getappt. Aus Scham hat sie sich nie ausdrücken können: „Wenn du nicht reden kannst, dann kochst du in der eigenen Suppe, und alles fällt auf dich zurück." So wie bei ihrem ‚ersten Mal': Jetzt versuch's halt mal, oder willst du warten, bist du Oma bist? Der Hans ist doch in Ordnung... so hatte sie sich Mut gemacht. Sie wollte mit einem Mann geschlafen haben, bevor sie 19 wurde. Alles war perfekt geplant. Sie war sehr aufgeregt, dachte an Zärtlichkeit und Liebesglück – und dann? Das sollte es gewesen sein? Eine Sache von fünf Sekunden? Angela hatte zwar nicht gewusst, was da kommt – aber so? Wirklich, er hatte sich auf sie draufgelegt, war rein und raus, und das war es. In Sekundenschnelle war das erledigt. Sie war total frustriert und fuhr desillusioniert nach Hause. Na ja, so ist das halt, dachte sie. Hauptsache, ich gehöre jetzt dazu. Erst später kamen dann die Selbstzweifel: Klar, es liegt an mir, sonst wäre es sicher schöner gewesen.

Was schwierig anfing, blieb auch lange so. „Weißt du", sagt sie zu Carmen, „Beziehung war für mich immer furchtbar, ich konnte mich gar nicht einlassen. Ich hab immer gemeint, ich müsste dann vielleicht jeden Tag mit dem Partner ins Bett gehen, das konnte ich schier nicht. Ich hab mich immer wieder frisch verliebt, hab dann ein-, zweimal mit ihm geschlafen und brauchte dann wieder meinen Abstand. Wobei der Mann möglichst weit weg wohnen musste. Das war alles viel zu eng, und ich hatte Angst, etwas erfüllen zu müssen. Verliebt sein, der Zustand war einfach, da wurde die Angst von der Attraktion und von der Lust überdeckt." Angela streicht sich vorsichtig die Haare aus den Augen. „Ich spüre beim Erzählen, dass ich eigentlich immer riesige Angst vor Sex gehabt habe – deswegen immer kurz, immer andere. Ich meine, ich mag das nicht hier ausbreiten, aber es hat in meiner Kindheit Übergriffe gegeben. Männliche Sexualität war für mich irgendwie angstmachend, fast bedrohlich."

Beziehung war für mich immer furchtbar, ich konnte mich gar nicht einlassen. Ich hab immer gemeint, ich müsste dann vielleicht jeden Tag mit dem Partner ins Bett gehen, das konnte ich schier nicht.

Die beiden Frauen schauen sich an. Viel zu lange war es so, als gehöre ihr Geschlecht, ihre Vagina, ihre Sexualität nicht zu ihnen, als sei es eine Art besetzte Zone, besetzt von Vorurteilen, von Scham, von ‚Darf nicht sein'. Nicht hinschauen, nichts fühlen. „Es war fast so, als ob ich gar nicht richtig lebe. Sexualität, da habe ich mich total zurückgenommen, ich hab nie was ausprobiert." Carmen lehnt sich zurück, sie ist eine schöne Frau, in ihren dunkelbraunen Augen leuchtet ein Feuer. „Als brave Tochter wusste ich doch: Das darf man nicht, das tut man nicht. Nur, wenn mein Mann mich berührt hat, war das okay. Aber wenn ich mich selbst befriedigt habe, dann war das noch lange nicht in Ordnung. Da kommt mir meine Mutter in den Sinn. Ich vermute, für sie war die Vagina eher was Dreckiges. Und wenn ich weiterdenke, kommt der Gedanke in mir hoch, sie sei nutzbringend, irgendwie zum Binden des Mannes. Mein Vater ist sehr attraktiv und wäre wahrscheinlich öfter fremdgegangen. Sie hat das dadurch unterbunden, dass sie immer bereit war. Manipulierend ist das. Sie hat sich hergegeben, damit er mit ihr schläft und nicht woanders hingeht."

„So kenne ich es auch von zu Hause", sagt Angela. „Dann muss man sich mal eben die drei Minuten nehmen, macht die Beine breit und lässt das über sich ergehen." Carmen seufzt. Es gab kein Vorbild dafür, kein Gespräch darüber, wie Sex und Liebe Spaß machen können. Sie zieht die Knie an den Körper und legt die Arme um die Beine. „Ich hatte doch echt keine Ahnung! Als mein Mann sagte: Du bist frigide, da dachte ich: Ja, stimmt. Ich glaub, ich lag auch da, steif wie ein Brett... Ich glaub das nicht nur, ich lag da, steif wie ein Brett!" Angela schaut Carmen an: „Ich würde sterben, wenn mich einer frigide nennt." „Ja", sagt Carmen, „so ähnlich fühlt es sich an, damals kam ich mir so minderwertig vor. Da gab es eine furchtbare Stimme in mir, die suggeriert hat: Jetzt bist du schon nicht attraktiv, sondern auch noch im Bett nicht gut. Sei froh, dass er dich überhaupt noch will." „Wie?" „Ja, sei dankbar, habe ich mir gesagt, dass du ihn hast. Meine Mutter hat auch immer gemeint, sei dankbar, dass er bleibt. Er sorgt für dich, finanziell."

Beide Frauen haben schon seit den 80ern und 90ern immer wieder von der Klitoris gehört oder gelesen, aber das auf sich selber zu übertragen, das ging nicht. Richtig ‚hinzulangen' und auszuprobieren war mehr als schwierig. Überhaupt, Orgasmus klang wie eine verlockende Unbekannte.

„Das ist echt traurig." „Das ist auch traurig. Dabei ist mein Mann sehr einfühlsam. Wenn ich nicht wollte, hat er mich nie überrumpelt. Und gleichzeitig waren wir in dem Bereich wie Fremde. Ich war bei uns auch diejenige, die immer gedacht hat: Jetzt muss ich mal wieder. Aus dem Gedanken meiner Mutter heraus: ab und zu mal lassen. Aber er hat mich nie überredet. Bei uns war es eher so, dass zu wenig Sex da war. Und seitdem ich mehr will, da will er nie." „Wie oft habt ihr denn?" „Zwei Mal in drei Monaten vielleicht, aber es war nie richtig befriedigend für mich. Wir haben ja auch nie darüber geredet. Ich konnte gar nicht aussprechen, was ich schön fand, oder seine Hand führen und es ihm zeigen, nie. Ich hab ja immer abgewartet, dass er das Richtige tut. Das ist so doof, aber so war das. So hab ich es gelernt."

Beide Frauen haben schon seit den 80ern und 90ern immer wieder von der Klitoris gehört oder gelesen, aber das auf sich selber zu übertragen, das ging nicht. Richtig ‚hinzulangen' und auszuprobieren war mehr als schwierig. Überhaupt, Orgasmus klang wie eine verlockende Unbekannte. Und diese Unbekannte beschäftigte Carmen immer wieder: „Damals habe ich mich jeden Tag gefragt: Wie komm ich da hin? Und wie fühlt sich das überhaupt an? Das beschäftigt mich heute noch. Du kannst doch niemanden fragen: Wie fühlt sich ein Orgasmus an? Schrei ich da – oder was? Eigentlich müsste man sich das gegenseitig vormachen. Für mich war das immer ein Traum: Gezeigt zu bekommen, wie geht das überhaupt: Liebemachen oder Sexualität."

Angela nickt. „Gute Vorstellung: irgendjemand, der dich an die Hand nimmt und dir's zeigt." „Und wenn du keinen Orgasmus hattest, hast du dich dann selber anschließend befriedigt?" Angela ahnt schon, ihr Einwand klingt etwas verrückt, und Carmen wehrt auch gleich ab. „Um Gottes Willen, nee, ich hab mich ganz schwer zurückgenommen. Ihn hätte doch der Schlag getroffen."

„Sind wir wirklich so stark geprägt?" Angela weiß, wie überflüssig diese Frage ist, denn die Vorstellungen ihrer Mutter existierten wie ständig mahnende Stimmen in ihr. Frauen mit Stöckelschuhen, sehr weiblich gekleidet, waren in den Augen ihrer Mutter schon anrüchig. Zu zeigen, dass man eine erotische Frau ist – das war unmöglich. Ihre Mutter stand da in ihrer Küchenschürze und sagte über diese Frauen: „Die sind ja wie Nutten." Dabei wollte Angela immer ihre erotische Seite zeigen, und sie hatte den Wunsch nach einem Leben mit erfüllter Sexualität. Sie schaut Carmen an. „Kannst du das verstehen? Da gibt es die Angst, dass ich keine Mutter bin, wenn ich Lust spüre. Mehr noch, da ist die Angst, überhaupt Lust zu leben."

Mutter und Lust? Auch für Carmen passt das so wenig zusammen wie Feuer und Wasser. Sie hat die Denkweise ihrer Mutter eingesogen. Eine Frau hat sich halt zu fügen. Wie viele Selbstzweifel werden da gesät? Am Anfang ihrer Ehe sah sie ihren Mann nur am Wochenende, er arbeitete in einer anderen Stadt. Jeden Freitagabend lief das Gleiche ab: Sie schliefen miteinander, er drehte sich sofort auf die Seite und schlief ein. Jeden Freitagabend fragte sie sich: Was mach ich falsch? Ihre Mutter sagte: „Ha ja, das ist normal, dass er einschläft und sich wegdreht."

Die beiden Frauen haben schon häufig über ihre Geschichte geredet. Es tut ihnen gut, die Dinge beim Namen zu nennen. Angela: „Ich hab erst mit meinem Mann wirklich diese Angst gespürt, denn bei ihm wollte ich bleiben. Da gab es kein Ausweichen mehr. Sex – das war das Oberstressthema zwischen uns. Weil der Bernd, der wollte gern mit mir ins Bett, und häufig, der hat so eine Lust gehabt auf mich. Aber ich konnte mich nicht darauf einlassen. Ich hab Angst gehabt, das war mir zu viel. So eine diffuse Angst. Mein Körper hat sich zugezogen. Klingt vielleicht komisch, aber dann ist so was Männliches in mir aufgekommen. Ich war kurz, schnell, heftig im Bett. Aus lauter Angst bin ich in die Offensive gegangen. Das war eine merkwürdige Situation, ein bisschen wie: Mein Mann liegt mit einem Mann im Bett. Verstehst du? Ich wusste nicht, wie eine Frau im Sex ist. Und ‚zwei Männer' im Bett, das klappt natürlich nicht. „Klar", Carmen nickt, „Ich hab mich ja auch nichts getraut. Im Kopf hätte ich gerne, aber ich hab mich nicht getraut."

Für mich war das immer ein Traum: Gezeigt zu bekommen, wie das geht überhaupt: Liebe machen oder Sexualität.

Aus dem Nachbargarten wehen Musikfetzen von Tom Jones *She drives me crazy* herüber. Carmen gießt Milch in ihren Kaffee und fragt vorsichtig: „Wenn die Angst auf der Bettkante sitzt, wie fühlt sich das dann an?" Angela erinnert sich nicht wirklich gern. „Du fühlst gar nichts, also, wenn dich der Mann berührt, dann fühlst du nichts, und er kann sich noch so anstrengen. Es gibt kein Lustgefühl, keine feuchte Vagina. Ich hab dann gemacht. Hab mich geräkelt, ihn gestreichelt, geküsst – aber das bringt es auch nicht." In Angela steigt noch einmal diese schwierige Zeit auf. Elend hatte sie sich noch vor drei Jahren gefühlt, und kein Entrinnen war in Sicht. „Das ist auch die Angst, dass es wehtut beim Eindringen, denn es hat ja zum Teil auch wehgetan, so angespannt, wie ich war. Dann gab es eine Phase, da haben wir abgebrochen, wenn wir gespürt haben, das haut nicht hin. Ich wusste nicht weiter. Er war halt sehr frustriert. Mein Gott, ich hatte so einen Druck und bin einfach nicht in richtige Lust gekommen."

Kaum vorstellbar, denn Angela wirkt heute wie eine sehr lustvolle, lebensbejahende Frau. Sie strahlt etwas Sanftes und gleichzeitig beschwingt Verführerisches aus. Wäre dieser Wunsch nach Liebe, Lust und Leidenschaft nicht gewesen, würden sie und Carmen heute nicht so genießerisch in der Sonne sitzen. Nichts bleibt, wie es ist, wenn man einen Schritt in eine neue Richtung macht. „Ich wollte einfach," Angela lächelt, „ich wollte endlich leben. Angefangen hat es damit, mich selber anzuschauen, ja, ich hab meine Lustlippen und meine Klitoris angeschaut. Da war zwar die Angst davor, dass ich sie nicht schön finde – aber sie gehört nun mal zu mir. Meine ist so dunkel. Zuerst hab ich gedacht: Huch, warum ist die so dunkel?"

Langsam steigt Röte in ihre Gesichter, sie sind sich vertraut, haben alles voneinander gesehen, auch ihre Vulva. Ein wichtiges Erlebnis: behutsam hinzuschauen, zu erkennen wie einzigartig jede Frau ist, jede Vagina, jeder Körper. Das war nicht nur schön, sondern es hat beide auch entlastet. Jede Vagina sieht anders aus.

Wenn du wie ein Flitzebogen gespannt oder nur im Kopf und am Denken bist, kannst du dich gar nicht spüren. Jetzt acker ich nicht mehr so herum im Bett, bin nicht mehr so getrieben. Früher war da immer die Sorge: Wenn ich nicht aktiv bin, dann lascht es ab.

Angela steht auf. „Ich glaube, ich hab früher immer über Anspannung einen Orgasmus bekommen. Ich habe viel Druck gebraucht. Jetzt läuft es in eine andere Richtung. Jetzt darf mehr Gefühl da sein, und wir überdecken nicht mehr so, was da ist." Sie pflückt eine blaue Hortensie, stellt sie in ein Wasserglas und setzt sich wieder. „Wir spüren einfach, was in der Situation ist. Also, ob ich traurig oder freudig bin oder Schiss kriege. Und was ich brauche. Eine Zeit lang haben wir sehr viel geredet. Jeder hat ausgedrückt, was im dem Moment war. Wir waren schon 14 Jahre zusammen, als wir darauf gekommen sind, dass wir mehr kommunizieren müssen! Dass die Angst nicht im Körper sitzen bleiben, sondern ausgesprochen werden will. Das Verrückte ist, wenn du es dann mal aussprichst, ist es fast weg."

„Wie wird man entspannter?", fragt Carmen. Angela lacht: „Eigentlich ganz einfach, ich werde entspannter, indem ich mich traue zu entspannen! Wie willst du sonst auch spüren, was der Körper will? Wenn du wie ein Flitzebogen gespannt oder nur im Kopf und am Denken bist, kannst du dich gar nicht spüren. Jetzt acker ich nicht mehr so herum im Bett, bin nicht mehr so getrieben. Früher war da immer die Sorge: Wenn ich nicht aktiv bin, dann lascht es ab. Und jetzt muss ich kaum was tun. Aus

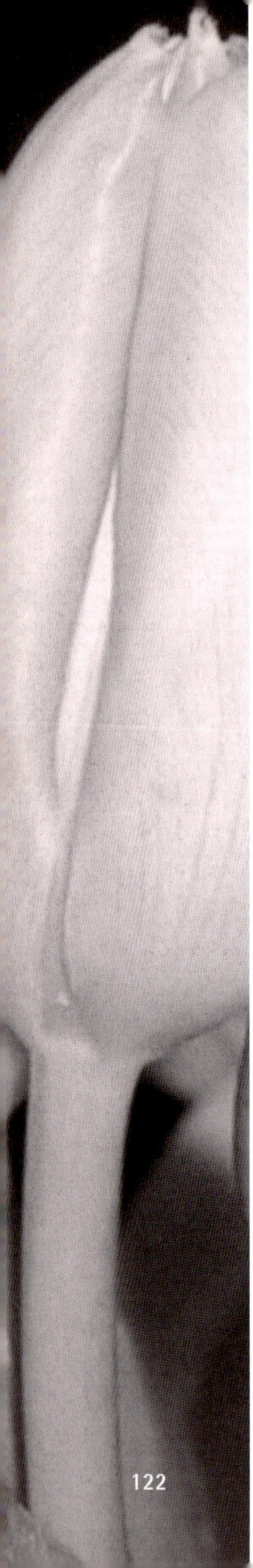

einer sanften Berührung entsteht etwas. Da entwickelt sich von selbst etwas. Es kommt von innen raus, nicht so vom Kopf. Mein Körper macht einfach mehr das, was er möchte. Und es muss nicht unbedingt zum Orgasmus kommen. Wir machen es so, wie wir Lust haben. Manchmal lassen wir es bewusst stehen und sagen: Okay, wir treffen uns heute Abend und machen weiter. Wenn ich heute mit Bernd schlafe, ist alles ganz anders. Es ist erregend, und dann tritt eine tiefe Entspannung ein. Ich mag dieses Stoßen an der Klitoris, dadurch entsteht ein tiefes, berührendes Gefühl. Irgendwie berührt mich das im Herzen."

Wie leicht und entspannt die Gesprächsatmosphäre ist: Es geht also, jenseits von schamhafter Zurückhaltung über Sex zu reden. Carmen erklärt: „Bei mir muss immer die Klitoris stimuliert werden, ich brauche das ganz leicht und zart. Wenn er zu arg drückt, dann komm ich in so ein Gefühl hinein, dass grenzt dann fast an einen Schmerz. Wenn er sie zart berührt, komme ich zu meinem Höhepunkt. Eine Berührung sofort danach, das mag ich überhaupt nicht. Ich würde mir wünschen, dass wir erst mal eine Pause machen, und dass er dann nochmal anfängt, mich zu streicheln." „Ihr macht dann also zwei Akte?" „Ja." „Einen für dich, einen für ihn?" „Genau. Und weißt du, was ich liebe? Wenn ich meinen Höhepunkt gehabt hab und er in mich reingeht und mich richtig feste stößt. Dann kommt ein ganz tolles Gefühl, es ist aber kein Orgasmus."

Carmen zögert. Jetzt kommt das Gespräch an einen Punkt, der für sie schwierig ist. „Das einzige Problem, das wir haben: Es ist mir viel zu wenig! Gerade, wenn wir lange keinen sexuellen Kontakt hatten, dann kann ich nicht gleich am Anfang was spüren. Die Lust hat sich verzogen, ich weiß nicht wohin. Dann ist es, als ob mein Körper neu aufmachen muss, um wieder mit ihm zu schlafen. Wenn wir dann zweimal wieder zusammen waren, dann kommt auch die Lust auf's Ausprobieren. „Ja, kenn ich", sagt Angela, und Carmen fährt fort: „Nur, wenn wir es öfter machen, dann kann ich mich in neue Dinge hineinbegeben. Aber er will nicht oft und gibt mir zu verstehen, er kann nicht, er mag nicht, er hat keine Zeit."

„Wo es doch immer heißt: Männer können immer." „Das tut dann auch weh", Carmen zögert, „ich kann mich an eine Szene erinnern, da hab ich mich ausgezogen. Ich hatte schöne Wäsche an. Es war Samstagabend und ich hab angefangen, ihn zu verführen. Ich hab's einfach probiert. Er hat so reagiert: Fußballspiel läuft. Okay, ich verstehe ja, das ist für ihn auch wichtig. Aber wenn immer was anderes wichtiger ist, tut das weh. Und dann ziehe ich mich zurück. Bei uns muss immer ich signalisieren: Ich habe Lust, ich will. Und wenn ich zehnmal Nein höre, dann habe ich schon fast keine Lust mehr, es ein elftes Mal auszuprobieren, dann will ich nicht mehr. Das verletzt mich."

Angela sagt nichts, wartet und hört zu. „Also muss ich mich selbst befriedigen, aber das ist es nicht, ich brauche meinen Partner. Und ich brauche Zeit, denn nur dann kann ich schauen: Was hat er gerne, und wie kann ich etwas bei ihm tun, was ihm besonders gut gefällt? Es interessiert mich doch, was ihm gut tut. Wenn ich Zeit habe, dann geht etwas in meinem Herzen auf, dann ist das für mich wie ein Geschenk an ihn." „Fühlt sich traurig an." Angela kann verstehen, dass diese Ablehnung Auswirkungen auf Carmens Lebensgefühl hat. Es kommt noch vor, dass Carmen sich nicht als attraktive Frau fühlt. Aber: Sie macht sich nicht mehr so klein. Sie ist lebendig und vital und spürt immer mehr, wie saftig ihre Vagina ist.

Wenn ich mein Wollen, meine Lust spüre, dann gibt es so einen Gleichklang in mir. Wenn ich eine gute Sexualität habe, dann bin ich auch im Leben anders. Dann bin ich offener, zufriedener, nicht griesgrämig.

Der Bauchtanz hilft ihr, ihre Weiblichkeit zuzulassen, und gibt ihr Selbstvertrauen. „Wenn ich mein Wollen, meine Lust spüre, dann gibt es so einen Gleichklang in mir. Wenn ich eine gute Sexualität habe, dann bin ich auch im Leben anders. Dann bin ich offener, zufriedener, nicht griesgrämig. Und wenn sie unterdrückt wird, dann werd ich verbittert, biestig und böse. Wie lange ich das noch aushalte...? Ich warte noch eine Zeit, vielleicht sagt das Schicksal was dazu. Aber ich weiß, dass es so nicht weitergeht. Mein Wunsch ist, dass jemand da ist, ein Mann, mit dem ich über diese Dinge reden und mit dem ich ausprobieren kann. Das ist eine große Sehnsucht. Und dann möchte ich einfach da sein, einfach so, wie ich bin. So blöd wie ich bin, so wie ich aussehe, egal wie, und ich will zu mir stehen und mich nicht mehr zurücknehmen."

Langsam neigt sich der Tag, die Stimmung auf der Party nebenan steigt, Angela hat sich mit ihrem Mann zum Tanzen verabredet. Mit Offenheit und hartnäckigem Dranbleiben haben die beiden ihre Ängste und Kämpfe im Bett hinter sich gelassen. „Unsere Ehe geht nach 17 Jahren bergauf. Jetzt, nach so langer Zeit, haben wir endlich Vertrauen zueinander und sind uns wirklich nah. Das Aussprechen unserer Ängste war ein entscheidender Punkt. Und wir haben uns gewollt! Ich bin heute ganzer, runder, habe ein gutes Körpergefühl, ich fühl mich einfach stärker. Ich habe jetzt auch Phasen, wo die Lust einfach da ist, da fass ich mich auch gerne mal an und spüre, oh, ja, das ist schön. Und ich weiß, da ist noch viel mehr möglich."

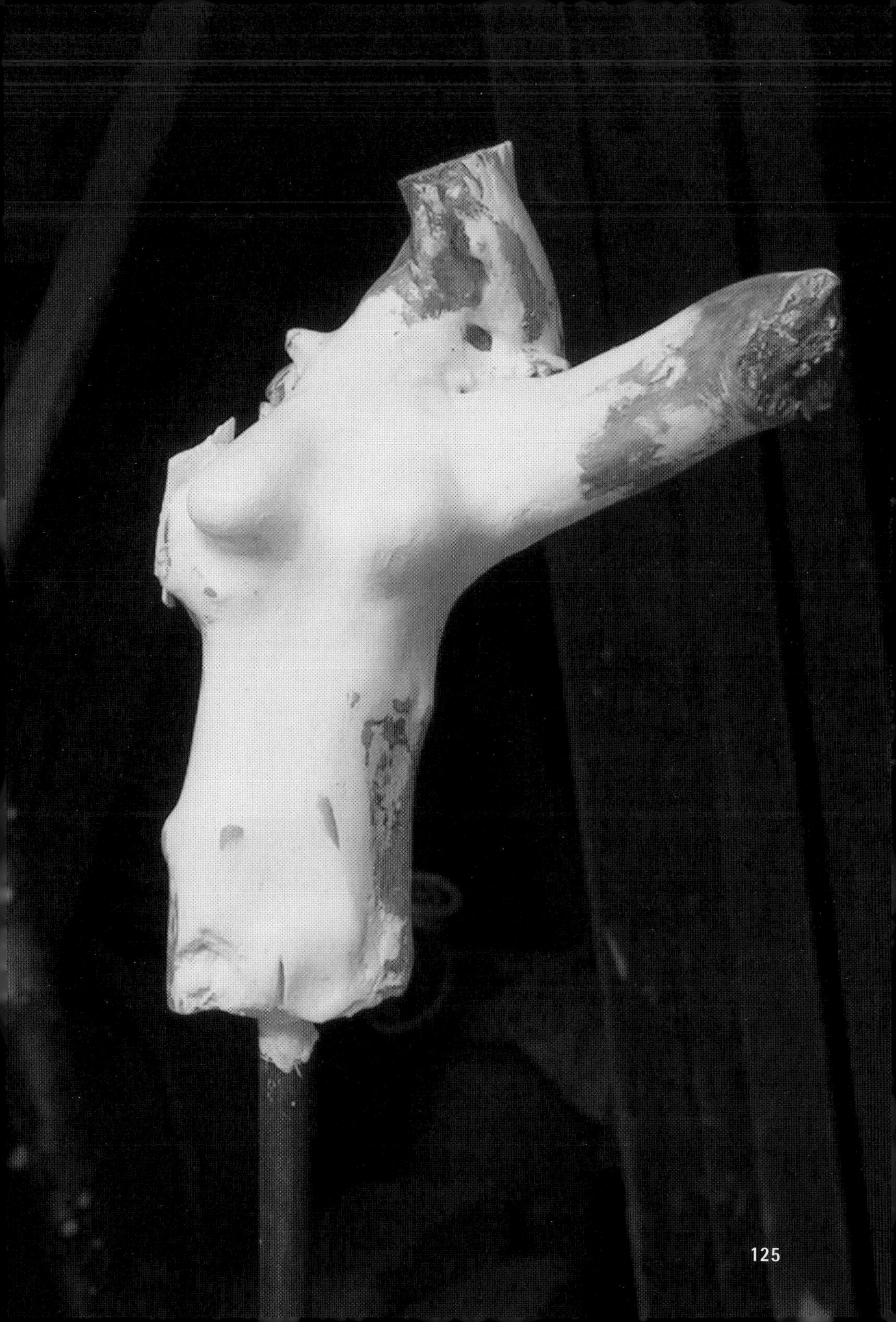

DORIS KLITORIS – diesen Text schrieb Gerburg Jahnke 1989 für das erste Kabarettprogramm der Missfits: „Eine Frau ist eigentlich ein Mann, nur eben ein weiblicher.“
Heute meint sie dazu: „... und es hat sich tatsächlich nix geändert, oder sind die jungen Leute da freier geworden? Ob das nochmal was wird? Ich hab da so meine Zweifel. Was ich sagen will ist, dass der Text doch eigentlich noch immer alles sagt, oder?“

Frau Jahnke alias Angie Butzmann

Doris Klitoris

(am Besten laut lesen)

Telefooon! Das auch noch! Ja, geht da wieder keiner ran? Angie Butzmann... hallo Doris! Schön, dass du anrufst... Ich in Hektik? Wieso? Neee, ich geb nur 'ne Party... hmm. Echt nette Leute... Weißt du was? Wirf dich in Toilette und komm rüber!...

Wie du kannst nicht, bist du krank?... Ach, du sitzt an deiner Arbeit. Du armes Mäuschen! Worum geht es denn?... Frauensprache! Wie?... Verstehe. Und jetzt musst du mal mit einem Menschen reden?!... Nicht? Warum rufst du dann an?... Du suchst nach neuen Wörtern? Da bist du bei mir genau an der richtigen Adresse. Mein Arzt hat mir mal gesagt, dass ich einen tollen Sprachschatz hätte, der meint, ich hätte locker 500 Wörter sofort parat... Doris, das war ein Schee-erz! Welche neuen Wörter suchst du denn?... Bitte? Ein anderes Wort für Klitoris? Wie?

Warte mal eben, Doris... Herbert, gibste mir mal ein Schnäpschen! Doris, tut mir Leid, da weiß ich nichts. Wirklich. Aber warte mal. Letztens beim Zahnarzt, inne Frauenzeitung... nein, les ich sonst auch nicht! Aber, gleich hab ich's... ja, Kitzler stand da!... Ist doch ein anderes Wort!... Wie, ein ganz anderes Wort? Nein, tut mir Leid, Doris, mehr weiß ich nicht, ich bin jetzt mit meinen Gedanken auch ganz woanders...

Doris? Hör doch auf zu weinen, entspann dich, ich denk ja schon nach... Wie fändest du denn Petra?... Hä?

Also, ich stell mir das so vor: Man oder frau oder alle beide werden morgens wach, und dann sagt man: „Na, Petra, wie hast du geschlafen?" Würde sie doch in den meisten Fällen antworten: „Leider die ganze Nacht." – Jaaa, Angelika geht auch... Heidi, auch sehr schön... Wieso Frau Lehmann?... Ach, wegen des Siez-Verhältnisses. Ja, stimmt. Es gibt Frauen, die würden sie siezen: „Guten Morgen, Frau Lehmann... "

Was sagst du? Cocktailkirsche?... findest du gut? Ja? So aus Flora und Fauna? Dann sag doch gleich Flora zu ihr. Warte, wie fändest du denn Flora Soft? Dann hast du Vor- und Nachnamen! Oder Doris Klitoris... Oh, das tut mir Leid, Doris! Nein, das war nicht persönlich gemeint. Ja, du kennst ja meinen Humor. Sorry. So, jetzt machst du mal deinen Computer aus und kommst rüber, ja?... Nein, Schatz, fang nicht wieder an zu heulen, aber ich kann dir nicht noch mehr Wörter sagen, ich muss mich um die Gäste kümmern... Ja, sehr nette Gäste... Ob ich die Gäste nicht fragen könnte? Also Doris!... Nein, peinlich ist mir das nicht, aber ich kenn hier eigentlich keinen persönlich... Okay, okay, ich mach´s, ja. Bleib dran ...

Doris, bist du noch da?... Ja, hat ein bisschen lange gedauert. Ja, solche Wörter hatten die Gäste nicht gleich griffbereit!... Nun warte doch mal... Ich hab die das Wort auf Zettelkes schreiben lassen. Verstehste, die wollten nicht so in der Öffentlichkeit...

Jetzt kommt's, warte... hier, Knopf und Perle. Ist ja originell! Pass auf, Joystick... Schon besser? Oder hier: Dauerlutscher, nicht schlecht, ne? Jetzt sind wir wieder in der Flora: Rosenkohl, Pfläumchen, Kirsche... Oder hier, hör dir das an: *Little man in a boat*... Ja, die haben mal genau hingeguckt... Also dieser hier ist doch bestimmt von einem Kfz-Mechaniker: Anlasser und Zündkerze... Findest du nicht gut?... Und das? Anna Nass... Gut, ne? Was haben wir noch? Rotkäppchen... geht, ja. Aber jetzt pass auf: Königin des kleinen Todes! Mannomann. Da sag ich doch: Königin der Nacht... Da hast du Recht, Doris, Königin am Tag ist auch nicht schlecht! Jau, da lachste wieder! Wie, jetzt willste den Kfz-Mechaniker...? Aber... ja gut Doris, dann bis gleich.

Dank an Gerburg Jahnke für diesen Text.

Schau mich an

Schau mich an. Schau mir in die Augen.
Sieh meine Lust.
Ja, ich zeig mich.
Ich will – mich einlassen – geh mit dir mit.

Alle Ängste kriechen in mir hoch!
„Komm zurück!", ruft der kleine
Biba-Butzemann in meinem Hirn:
„So willst du dich zeigen?"
Ja, ich will. Der Drache ist geweckt.
Meine Lust erhebt sich.
Halt mich fest!
Ich hab das Gefühl, aus dem Leben zu fallen
in eine tiefe Schlucht.

Und der Drache atmet seine Feuer aus.
Nur wer fallen kann, kann fliegen.
Nur wer fallen kann, lässt Ängste ziehen.

Berühr mich, lass dich berühren.
Ein kleines Beben entsteht in mir.
Ganz klein fängt es an,
wie eine Woge durchzieht es meinen Körper.
Die Knospen meines Schoßes öffnen sich,
alles in mir macht auf!

Nie wieder denken! Nur noch fühlen
und zu dem Atmen des Drachens steh'n.
Nur mit der Welle gehen – ein und aus.
Ja, schau mich an, sieh meine Lust.

MARIANNA, 51, Redakteurin, lebt in Hessen, ist geschieden, wieder verliebt und hat ein Kind. Über sich sagt sie: „Lange habe ich gesucht, was mich glücklich macht. Dann, eines Tages, schaue ich zum Boden, sehe meine Füße und weiß: Dort, an den Zehenspitzen, fängt es an – und bei den Spitzen meiner Haare hört es auf."

Schau mich an, Sternschnuppe, sieh meine Lust

Ich traue mich. Heute ist es ganz anders, als es früher war. Da treffen sich zwei Menschen, berühren sich, ohne dass sie ihr Geschlecht auch nur einmal berühren. Es ist wie ein Tanzen der Körper. Ganz klein fängt die Bewegung an, ganz vorsichtig, nichts eilt oder drängt, nichts muss geschehen. Wie fühlst du dich an? Wer lebt in dir? Wie ist die Konsistenz deiner Haut, wie die deines Körpers? Was höre ich, wenn ich mein Ohr auf dich lege, wie bist du beschaffen? Habe ich jemals so etwas Schönes gespürt? Neugierig wie ein Kind, das alles erforscht, was Liebe ist. Ein anderer Körper. Ich ertaste ihn. Sanftes Berühren, festes Anfassen, mit den Lippen erforschen. Was nehme ich auf von dir? Wer bist du? Und ich zeige dir etwas von mir. Mein Gott, wie schön kann Liebe sein.

Hätte ich diese Gefühle früher zulassen können, wäre mein Leben vielleicht anders verlaufen, kein Suchen nach dem Richtigen, keine Einsamkeit, weniger Selbstzweifel, mehr Vertrauen in mich und in mein Leben. Es hat viele Jahre gebraucht, bis ich Nähe fühlen und lustvollen Sex erleben konnte.

Was früher war? Wir kannten nur diesen einen Pfad. Streicheln, stöhnen, intime Berührung, liebkosen, Brustwarzen küssen. – Eindringen ins Innerste, weiterstöhnen, lustvolle Worte finden, heftiger, höher „ah, ah" oder „ja, ja" rufen. Und wenn die Umgebung das nicht zuließ, gepresst in das Kissen hauchen: „Ja, ich komme" „Oh Gott, warte noch...!" Dann explodieren usw. usw. Noch gurrend drehten wir uns langsam um. Er schlief vielleicht, ich kuschelte mich an ihn oder duschte... „Boah, war das gut!" Ja, ich wollte es immer wieder haben, immer wieder diesem sehnsuchtsvollen Kitzel folgen. Oder doch nicht? Wieso verwandelte sich Nahsein so schnell in distanzierte Kühle. Warum waren sich unsere Körper über Wochen so fremd. Wie stellt man diese Nähe her?

Dann – langsam stellte sich der bekannte Kitzel im Bauch wieder ein. Drängend, verlangend und vorsichtig nahmen wir unseren gewohnten Pfad wieder auf. Streicheln, stöhnen ... Es war, als hätten wir eine Landkarte, die keine andere Straße zeigt als diesen altbekannten Weg. Unfähig zu reden. Nicht wissend, was sich in ihm bewegt, gefangen in Sprachlosigkeit. Wie geht das mit der Liebe? Wie finden wir die saftigen Wiesen, die frische Brise, das neue Land? Es gab eine Sehnsucht, aber ich wusste nicht wonach. Sie war ganz klein und gut verpackt. „Wahrscheinlich hat er gar keine Lust auf mich", maulte der Butzemann in meinem Hirn. „Warum fängt er nie an? Ob er mich nicht attraktiv findet? Ich habe schon wieder zwei Kilo zugelegt! Was hat er neulich von Sybille gesagt: Die sieht echt klasse aus!" Alles in mir macht zu. – Nein, danke, heute habe ich überhaupt keine Lust, und außerdem kommt ein guter Film im Fernsehen!

Das innere Geplapper ist ruhig geworden. Ich hab es erst danach bemerkt. Es fühlt sich anders an. Ich bin gesättigt und genährt, wie angefüllt. Etwas in mir ist weiter und größer geworden, nicht nur für die nächste Stunde. Ein neuer Raum ist betreten und immer verfügbar, als habe mein Bauch sich ausgedehnt. Ich vertraue mich an. Körper an Körper ganz leise und sanft. Worte fallen aus mir heraus, ich rede und aus der Tiefe fließt die Lust. Alles in mir lacht, gleichzeitig steigen Tränen auf und der Butzemann schläft. Keine dieser fortwährenden Fragen, ob ich gut war, wie ich aussah, ob ich duschen soll, weil ich etwas rieche, was ich jetzt anziehen könnte, wie ich die Kilos endlich los werde, wann das nächste Mal sein wird... Etwas in mir ist angekommen, eine Sternschnuppe tritt in meine Atmosphäre und ich sage deutlich Ja!

MARLENE, 65 Jahre und von Beruf Maßschneiderin, lebt im Ruhrgebiet, ist verheiratet und hat zwei Kinder. Über sich sagt sie: „Ich hab mein Leben so leben können, wie ich es mir gewünscht habe. Ein Leben mit Haken und Ösen, aber auch ‚handrouliert'. Eben besonders schön."

Reden ist Gold oder Ich war lieb, aber nie gehorsam

Schon viele Jahre mache ich mir Gedanken darüber, wie die Dinge zusammenhängen. Wenn es um meine Sexualität geht, dann fängt das ganz bestimmt bei all den Müttern an, durch die ich hier auf der Welt bin, also meine Mutter, Großmutter, Urgroßmutter. Und eines ist doch sicher: Meine Vorfahrinnen waren doch gar nicht da mit ihrer Sexualität! Vor Jahren habe ich mal einen Artikel gelesen. Da schrieb eine Frau, die war so alt wie meine Großmutter: „Alles nur Schweinerei!" Und ich sag entsetzt zu meiner Mutter: „Lies das mal!" Ja, und was glauben Sie, war ihre Reaktion? „Genau" sagt sie, „das hätte meine Mutter auch gesagt!"

Eine Großmutter, die das so an die Tochter weitergeben muss, weil sie gar nicht wach gemacht worden ist... was soll denn dabei rauskommen? Sexualität, das gab es nur für die Geburt der Kinder, und weil der Vatter das braucht! Was meine Mutter über ihre Vagina gesagt hätte? Vermutlich: „... brauch ich überhaupt nicht!" Jetzt ist mein Vater aber so gut mit meiner Mutter umgegangen, dass sie das ertragen konnte. Bei uns war alles sehr katholisch. Wir haben als Kinder gelernt, dass die Seele wichtiger ist als der Körper. Die Seele gilt es zu beschützen, und der Körper, den soll und darf man nicht zur Kenntnis nehmen.

Da möchte ich ein bisschen ausholen. Mein Vater war tief religiös, obwohl er als junger Mann aus der Kirche ausgetreten ist. Was er aber vor der Hochzeit mit meiner Mutter wieder korrigiert hat. Der Amtskirche hat er immer kritisch gegenübergestanden. Dabei war er ein Mensch mit hoher Moral, der hätte nicht einen Nagel oder so was mitgehen lassen. In der Nazizeit, da hat mal ein brauner Geselle angemahnt: Bei ihnen hängen ja

Der war so was von begeistert von seiner Frau. Er war 79 Jahre, als er starb, da sagt der doch kurz vor seinem Tod noch zu meinem Sohn: „Ach Junge, jetzt muss ich sterben, jetzt, wo ich sonne schöne Rente hab, und jetzt, wo es die Pille gibt!

keine Fahnen raus! Da hat mein Vater gesagt: Da laufen sie verkehrt, die hängen hinterm Haus. Hinterm Haus hingen von vier Kindern die Windeln. Und er hat meine Mutter so geliebt! Er fasste ihr an die Brust, wenn wir Kinder alle dabei waren. Das ist doch über 50 Jahre her, und er hat das nicht als Tabu empfunden! Und als er gestorben ist, acht Tage vorher, haben wir vier Kinder dafür gesorgt, dass unsere Mutter zum Friseur ging, dass, wenn die Beerdigung kam, weil das war abzusehen, die Mutter schon mal die Haare in Ordnung hatte. Und sie stand dann kurz vor seinem Tod am Ende des Bettes – und da guckt er auf und sagt: „Bist du meine Frau? Bist du schön!"

Das war früher schon so, wenn die Mutter zu mir kam, rief er vorher an und sagte zu mir: „Lenemaus, Mama kommt, und sie sieht wieder aus wie eine Königin." Der war so was von begeistert von seiner Frau. Er war 79 Jahre, als er starb, da sagt der doch kurz vor seinem Tod noch zu meinem Sohn: „Ach Junge, jetzt muss ich sterben, jetzt, wo ich sonne schöne Rente hab, und jetzt, wo es die Pille gibt!" Durch diesen Satz hab ich nochmal mitbekommen, wie sie sich damals eingeengt haben durch die Kirche und das ganze Gedöns mit dem Verhütungsverbot. Jetzt gab es die Pille, und jetzt hätten sie mal so können, wie sie wollten, rein theoretisch. Meine Eltern hatten immer Angst davor, noch ein Kind zu bekommen, aber ich weiß genau: Sie haben trotzdem Sexualität gelebt. Und weil der Vatter so gut mit der Mutter umgegangen ist, hat die Mutter da auch nicht drunter gelitten. Wenn sie sicher auch mal gedacht hat: „Du großer Gott, das auch noch, ich hatte doch heute schon große Wäsche!"

Es war sicher nicht gleichwertig, was zwischen beiden an Erotischem war, aber meine Mutter bekam zärtliche Zuwendung dadurch. Als sie schon sehr alt war, erzählte sie mir, dass sie einmal nach ihrer Silberhochzeit, und vielleicht noch einmal danach, dass sie da mal ein ganz besonderes Gefühl hatte.

Nur, um nochmal deutlich zu machen, wie das war vor noch nicht allzu langer Zeit: Mein Mann hatte eine Tante, und die mochte mich. Einmal war sie so was von nervös, und ich sag: „Emmi, wat hasse?" Für sie schon toll, dass sie überhaupt mal jemand angesprochen hat, denn sie war eine Kriegswitwe, die dann bei der Mutter geblieben ist. Dann sagt sie: „Das juckt mich da unten." Da sag ich: „Emmi, vielleicht hast du Zucker?" „Ne, ne, den hat man im Blut." Ich sag: „Es gibt auch im Urin Zucker, und da könnte das Jucken herkommen." Irgendwann komm ich wieder zu Tante Emmi, da sagt sie: „Mensch, du hattest Recht, ich hab Urinzucker – ich muss jetzt immer Bäder nehmen. Aber ich hab noch Salbe gekriegt, da muss ich mich jetzt mit einreiben." Und dann schiebt sie nach: „... hat man sich nie angepackt – und jetzt so!" Jetzt, mit 50 Jahren, wurde sie vom Doktor verpflichtet, sich an der Scheide anzupacken. Das war 1960. Sie hatte drei Kinder, ihr Mann ist im Krieg gefallen. Die hat gar keine Sexualität gelebt in ihrem Leben, denn die Kinder waren mal eben im Heimaturlaub gezeugt. Diese Frauen, die haben doch gar nicht gelebt.

Ich selber war ja im Krieg noch ein Kind. Erst haben wir beim Bombenalarm im Keller gesessen und die Wände haben gewackelt, daran kann ich mich gut erinnern. Dann waren wir zwei Jahre in Österreich evakuiert, bis Ostern 1945. Von dort mussten wir fliehen. Der Russe stand schon vor der Tür. Bevor wir da weggingen, haben meine Mutter und die Tante Kläre die ganze Nacht den Rosenkranz gebetet und gefragt: „Sollen wir flüchten gehen, sollen wir nicht flüchten gehen?" Wir gingen! Jeder kriegte einen Rucksack, damit wir alle unsere Unterhosen und das Bütterken (Butterbrot) dabei hatten. Aber schon bei der Wiener Neustadt fing es an. Alle runter vom Lastwagen und auf den Boden legen, weil die Tiefflieger kamen. Die Mutter hat dann laut gebetet: „Trefft uns", weil sie nicht mehr ein noch aus wusste, wie es weitergehen sollte. Das war ein Chaos! Einmal wurde nur die Mutter mit uns drei Kindern mitgenommen und die Kläre blieb mit den anderen drei Kindern stehen, eine davon meine Schwester. Die Mütter waren doch nicht organisiert in dem Sinne! Die eine hatte die Butterbrote und die andere hatte die Papiere, und so kam es, dass wir die Kläre mit den drei Kindern und den Papieren verloren hatten. Ob Sie es glauben oder nicht, die Mutter erzählte es immer, wie auf einmal dieses Lastauto kommt, wo die Kläre mit den Kindern drinsitzt. Das sind Wunder, die passieren, und dann ging es wieder weiter.

Die hat gar keine Sexualität gelebt in ihrem Leben, denn die Kinder waren mal eben im Heimaturlaub gezeugt. Diese Frauen, die haben doch gar nicht gelebt.

Die Scheide hatte doch keinen Namen – ,unten rum'. Ich wusste noch nicht mal, dass meine Mutter so was auch hatte. Ich hab doch meine Mutter nie nackend gesehen, trotz der Enge.

Dann war ich plötzlich zu Hause, und der Vatter war uns so was von fremd. Fragt mein kleiner Bruder: „Wo sind denn deine Kühe?" Wir kamen doch vom Allgäu, und wer da was war, der hatte Kühe. Und wir kommen hier hin und der Vatter hatte nix. Ja, und was ist? Nicht so lange später höre ich im Radio vom Krieg in Korea, und ich weiß noch, die Radiosprecher, die sprachen doch noch so wie im Krieg, diese Worte, dieser Ton, und dann hab ich gedacht: Später kann ich keine Kinder kriegen, weil ja immer Krieg ist. Als ich meinen Mann dann mit 19 kennen lernte, habe ich sofort die Frage nach Kindern gestellt. Und neun Monate nach der Hochzeit war es auch so weit, da kam das erste. Wir hatten ein ganz kleines Behelfsheim nach dem Krieg, vollkommen roh, nichts drin, aber Vater und Mutter hatten überlebt und alle Kinder waren gesund. Da gab es einen Lehmberg, wo für eine Ziegelei Lehm abgebaut wurde. Und in dem Gelände haben wir gespielt. Da war von der Flak so ein Loch, wie ein Krater, und da konnte man ungesehen spielen. Das hatten wir Blagen schnell raus, und dann haben wir Doktorspiele gemacht – total harmlos, wir waren doch nur Mädchen.

Meine Mutter, die hatte den sechsten Sinn, und die hatte das natürlich spitzgekriegt, dass ich da unrichtige Dinge machte. Die Mutter wollte mich wirklich behüten. Wovor, weiß ich nicht, denn wir hatten doch durch den Krieg als Kinder so viel Schreckliches erlebt. Auf jeden Fall, die Mutter sitzt vorm Haus und döppt (schält) die Erbsen, wunderbares Wetter. Sie holt mir so ein Fußbänkchen und sagt: „Lenchen, komm doch mal, was hab ich mitgekriegt?" Ich weiß bis heute nicht, woher sie es wusste und was sie wusste. „Erzähl doch mal!" Und dann habe ich da gesessen und gesessen – kam mir vor wie mindestens ein Jahr. Ich konnte es ihr doch nicht sagen, denn ich hatte gar keine Worte dafür. Ich konnte nicht sagen: Wir haben ein bissken Spitzwegerich in die Buchse gesteckt und Geburt gespielt. Ich hab da gesessen... „Lenchen, die Mutter hat Zeit." Und sie döppte weiter, und ich hab eine Wut gehabt. Ich konnte doch nichts erzählen, worüber denn? Und sie hat mir auch nicht geholfen. Das war doch alles so katholisch. Die Scheide hatte doch keinen Namen – ,unten rum'. Ich wusste noch nicht mal, dass meine Mutter so was auch hatte. Ich hab doch meine Mutter nie nackend gesehen, trotz der Enge.

Ich kann mich entsinnen, wir Kinder lagen in der Küche im Luftschutzbett und die Mutter putzte, und ich hatte gehört, dass sie keine Unterhose trägt. Wir hatten ja nix, die eine war für den Winter. Da hab ich gedacht, jetzt guck ich mal, und hab mich so aus dem Bett gebeugt und versucht, was zu sehen. Dann kriegte ich aber was gesagt! Das habe ich nie wieder getan. Das Tabu war einfach da, das ist, als wenn du das mit der Muttermilch einsaugst. Und wenn es nur war, wie die Mutter mich wäscht. Das Gefühl bleibt: ‚da unten', das ist nicht in Ordnung. Das habe ich aufgenommen aus ihren Handhabungen.

Aber das war noch nicht alles mit dem bissken Doktorspiel. Dann kam mein Vater. Ich ging so gerne mit ihm in den Garten, mit einem Eimer und einer Blechtasse, die Pflanzen gießen. Und der Vatter fühlte sich jetzt auch bewogen, mir noch ein paar Takte dazu zu sagen. Die Eltern hatten so eine Angst, dass ihnen ein Kind entgleiten könnte, wenn es so was macht.

In der Zeit wohnte eine Schwester meines Vaters nicht weit weg mit ihrem Mann. Und die Mutter schickte mich da schon mal hin, wenn sie zu einer Beerdigung ging, oder sie sagte: „Hol mal eben..." Die Tante kam auch zu uns. Mit dem Onkel hatten die Eltern nicht so viel im Sinn. Dieser Onkel nahm mich immer auf den Schoß und hatte seine Hände in meiner Scheide, also so von außen. Ich kann das von drei Malen erinnern, ich war acht, dann ist er Gott sei Dank gestorben.

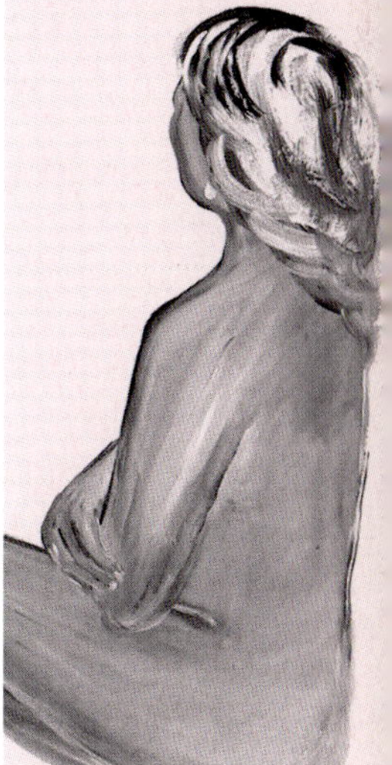

Wissen Sie, ich rede auch mit anderen Frauen in meinem Literaturkurs darüber. Da sind einige Frauen, die gesagt haben: „Das kenn ich auch, ich bekam dann vom Onkel einen Groschen." Wir waren Kinder, es gab damals keinen Zucker, und das größte Glück war, wenn du dir ein Bonbon kaufen konntest. Ich habe von dem Onkel nichts bekommen! Ich bin da immer lieb und brav hingeschickt worden. Der nahm mich auf den Schoß, und ich hätte nicht gewagt zu sagen: Das will ich nicht. Bei denen waren die Toiletten eine halbe Etage tiefer, und da brauchte man einen Schlüssel. Der hing an der Tür. Die Tante wollte zur Toilette und der Onkel sagt zu mir: „Nimm du den Schlüssel." Hebt mich hoch und ist wieder mit der

Hand in der Hose, und die Tante steht daneben. Jetzt ging sie runter, und schon lag ich auf dem Sofa und er hatte sein Glied ausgepackt. Das hab ich zwar nicht gesehen, ich hab es aber in der Hand gehabt. Wie, kann ich nicht sagen, und Gott sei dank kam seine Frau wieder, und ich war gerettet. Kurze Zeit später ist er gestorben, und ich hatte Ruhe. Ich muss sagen, als Kind habe ich das gar nicht so schlimm empfunden. Die Eltern ließen mich doch dahin gehen, also konnte es doch was ganz Schlimmes nicht gewesen sein!

„Du sollst nicht merken", schreibt Alice Miller, und das ist die einzige Erklärung für das, was dann raus kam. Ich hab nämlich später erfahren, dass dieser Onkel unter Adolf Hitler im Zuchthaus gesessen hat, weil er kleine Mädchen verführt hat, und das wussten meine Eltern. Und trotzdem ließen sie mich dahin gehen?! „Du sollst nicht merken!", genau das haben meine Eltern getan. Anders ist das gar nicht zu verstehen, denn mir ist mal so ein Exhibitionist begegnet, und das habe ich zu Hause erzählt. Da ist mein Vater mit meinem großen Bruder mit Knüppeln losgegangen, so wichtig war ihm das, das mir nichts passierte. Aber Sie sehen, so kann man die Augen zumachen, wenn es zu eng für die Familie wird. Und die Geschichte vom Lehmberg, obwohl meine Eltern da ja gar nichts Schlimmes mit mir gemacht haben, die hatte mein Vertrauen so angekratzt, da habe ich mich so geschämt, dass ich von dem Onkel nichts erzählt habe. Sie müssen sich mal vorstellen: Nicht der Kinderschänder wurde zur Rechenschaft gezogen, sondern zur gleichen Zeit stand mein ‚Vergehen' mit dem Spitzwegerich zur Debatte. Ich musste zu der Zeit zur Erstkommunion. Das hieß: vorher zur Beichte. Das Gebot, „Du sollst nicht unkeusch sein", hing wie ein Stein an mir. Das werde ich nie vergessen: Im Beichtstuhl musste ich mich doch selbst denunzieren mit dem Doktorspiel. Nie wieder in meinem Leben habe ich mich so schuldig gefühlt!

„Du sollst nicht merken", schreibt Alice Miller, und das ist die einzige Erklärung für das, was dann raus kam. Ich hab nämlich später erfahren, dass dieser Onkel unter Adolf Hitler im Zuchthaus gesessen hat, weil er kleine Mädchen verführt hat, und das wussten meine Eltern.

Das war mir aber eine Lehre mit meinen eigenen Kindern. Ich sehe noch meinen kleinen Sohn mit vier, da sagt er: „Manchmal fass ich hier an..." und ich sag: „Das ist schön, ne?" Und damit war das vom Tisch. So hab ich es immer gemacht, und nicht zwei Stunden auf dem Fußbänkchen sitzen und die Ehre abschneiden. Gott sei dank hat das alles nicht so einen Einfluss auf mein Leben gehabt, denn mit 19 Jahren habe ich meinen Mann kennen gelernt, und er ist meine große Liebe bis heute. In dem *Tagebuch von Adam und Eva* von Mark Twain steht als letzte Eintragung – Eva ist zuerst gestorben: „Überall, wo sie war, befand sich für mich das Paradies!" Das würde in einer Anzeige stehen, wenn mein Mann vor mir sterben sollte. Dadurch, dass ich von ihm nie enttäuscht worden bin und dass er mir viel Zeit gelassen hat, dadurch konnten wir so eine tolle Sexualität leben, die ganzen Jahre.

Das ‚erste Mal', das war irgendwo draußen, es wäre vermessen, zu sagen, das war schön, aber wir haben uns immer ein bisschen mehr rangetastet. Meine Güte nochmal, es ist ja auch heute noch schön. Heute ist es ganz anders und viel seltener, und trotzdem ist es toll. Es ist nicht mehr so wie Zucker, nicht mehr so süß wie früher, aber wir haben so ein Vertrauen, weil ich alles sagen kann, ich kann abbrechen und neu anfangen, und ich gestatte ihm das auch. Ich konnte von Anfang an sagen, was mir gut tut, was schön für mich ist. Ich glaube, das ging, weil es so eine große Liebe ist.

Als mein erstes Kind kam, Mensch, ich hatte doch keine Ahnung, was auf mich zukommt. Mein Mann brachte mich zum Krankenhaus, und er küsste mich zum Abschied. Das sieht die Hebamme, und was denken Sie, was die sagt? „Machen sie nicht so ein Gedöns, sie kriegen doch nur ein Kind!" Ich bin lange dagelegen, bis zum nächsten Tag, und was war, wo ich da so liege? Nebenan holt so ein junger Arzt ein Kind, und er hört mich immer rufen: „Liebe Mutter Gottes, hilf mir, liebe Mutter Gottes!" Und der ruft dann rüber: „Ja, das tut die auch, aber Sie müssen schon auch helfen!" Ja, gut, denk ich, und hab die Beine so nach oben gestreckt, weil mir das gut tat. Kommt eine Ordensfrau und sieht das: „Was machen Sie denn, das sieht doch der Doktor, wie sie hier breitbeinig liegen!" Da hab ich aber gedacht: Was meinen Sie wohl, wie mich das interessiert? Die Ordensfrauen hatten doch die Ansicht: Was rein geht, kommt auch wieder raus, und macht hier mal kein Theater, ihr Frauen! Das war aber mir ziemlich egal, was die sagten oder dachten. Ich war lieb, aber nie gehorsam.

„Liebe Mutter Gottes, hilf mir, liebe Mutter Gottes!"

„Ja, das tut die auch, aber Sie müssen schon auch helfen!"

Groß beschäftigt habe ich mich mit meiner Scheide nie – erst jetzt, wo meine Schleimhäute furchtbar trocken geworden sind. Bevor ich mit meinem Mann schlafe, reib ich sie mit Olivenöl ein. Früher nahm ich mal Penatenöl, weil der Duft so angenehm war. Und vor vielleicht 15 Jahren gehe ich zur Krebsvorsorge, und da sagt der Doktor: „Da ist Fett in ihrer Scheide... aber es könnte auch Talkum sein von meinen Handschuhen." Ich hab mir natürlich meinen Teil gedacht. Egal, der hat mir dann was verschrieben gegen die trockenen Schleimhäute, das war so eine Tube mit einem Gelee. Wir sagen Glumsche dazu, so was, was man auf den Tortenboden tut. Das war kalt und feucht, ne. Seither nehme ich Olivenöl. Wir Frauen aus meinem Literaturkurs, wir sprachen mal darüber, und ich hab gesagt: „Kauft nicht wer weiß was für teures Zeug. Für das Geld, was ich da spare, kauf ich mir lieber ein Stück Kuchen. Ich nehme Olivenöl: Was für innerlich gut ist, ist für da unten auch gut!"

Was ich jetzt erzähle, da halten Sie mich vielleicht für verrückt. Meine Sexualität ist vollkommen und war immer vollkommen für mich. Jetzt kommt es: Wir hatten Silberhochzeit, und ich hatte eine Depression, neun Monate lang. In den neun Monaten hat sich ganz viel abgespielt, wie in einer Schwangerschaft. Damals gingen meine Kinder aus dem Haus, mein Mann bekam zu der Zeit eine andere Arbeitszeit, und ich war tagsüber zum ersten Mal alleine. Da kam so ein tiefes Einsamkeitsgefühl auf, keine Freude, keine Farbe ... furchtbar.

Und da habe ich mich das erste Mal selbst angefasst. Ich hatte so eine Sehnsucht an dem Tag, ich war da 47 Jahre alt. Ich muss jetzt schmunzeln, denn ich habe ja gerade gesagt, ich hatte eine vollkommene Sexualität und war rundherum zufrieden, denn die Sexualität hat mir immer Kraft gegeben. Und plötzlich war da ein Gefühl, das ich noch nie hatte. Und da habe ich gemerkt: Ich hatte noch nie vorher einen Orgasmus. Das hat mich so was von umgehauen, ich war so überrascht. Und mein Mann hat sich bald nicht mehr eingekriegt, denn er hatte auch nicht das Gefühl, er habe mir etwas nicht gegeben all die Jahre. Ich war immer mehr als zufrieden. Dazu muss ich sagen, ich habe ein Verhältnis zu meiner Brust, was sicher andere zu ihrer Klitoris haben. Ich habe da so eine Erregung ...

All die Jahre hab ich gemeint, ich hätte einen Orgasmus gehabt. Wenn Sie noch nie einen hatten und immer ein tolles Gefühl, dann fehlt Ihnen doch nichts. Es hat von meiner Seite keine Nachfrage gegeben. Klar, ich hab da in der Klitorisgegend schon andere Gefühle gehabt, als wenn ich die Nasenspitze anfasse, aber wir hatten vaginalen Verkehr und es ging nicht um die Klitoris.

All die Jahre hab ich gemeint, ich hätte einen Orgasmus gehabt. Wenn Sie noch nie einen hatten und immer ein tolles Gefühl, dann fehlt Ihnen doch nichts. Es hat von meiner Seite keine Nachfrage gegeben

Wir haben ab da einiges geändert, denn ich kann mit meinem Mann ganz offen reden. Und seitdem habe ich einen Orgasmus. Das ist, wie wenn eine Starre gewesen ist, die ich nicht gekannt habe, und seither ist die Tür offen, und gut ist es. Wenn die Zeit reif ist, dann kommt, was kommen soll.

Hamse noch Zeit? Dann erzähl ich zum Schluss noch Folgendes: Ich hab vor kurzem meiner Enkeltochter eine Barbiepuppe geschenkt, die ist schwanger. Also dem eigenen Kind hätte ich damals so einen Mist nicht gekauft, aber der Enkelin ... Ich sag: „Du kriegst die Puppe." Das ist eine Puppe mit so einem dicken Bauch, den kann man abnehmen – mit Magneten. Die andere Oma und ich, wir haben dann Geburt gespielt, mit Hörrohr! Und wir waren Schwester Schmusiana und Schwester Caloderma, mit roten Ohren, ach, wunderbar. Auf einmal haben wir Omas uns angeguckt und gelacht. Ohne Worte – wusste jede, warum.

Frauen möchten mehr über ihre Vagina wissen

„Die meisten Frauen wissen zu wenig über ihre Scheide und schämen sich, über diesen Körperteil zu sprechen", konstatierte die belgische Sexologin Goedele Liekens auf dem Weltkongress für Frauenheilkunde in Santiago de Chile. Sie stellte die Ergebnisse der Erhebung *Vagina Dialogues* vor, bei der in den USA über 1.100 Frauen zwischen 18 und 44 Jahren über die Einstellung zu ihrer Vagina befragt wurden.

Obwohl Frauen sich heutzutage intensiv mit dem eigenen Körper befassen, haben sie immer noch ein distanziertes Verhältnis zu ihrer Vagina. Für fast die Hälfte der befragten Frauen ist die Vagina der am wenigsten vertraute Körperteil; dementsprechend finden 90% ausreichende Aufklärung über Form und Funktion der Vagina sehr wichtig; 80% der Frauen glauben, dass mehr Wissen darüber ihre sexuelle Zufriedenheit verbessern würde. Nahezu 60% sind auch der Meinung, dass in unserer Gesellschaft zu viele falsche Vorstellungen von der Vagina existieren. So sind Frauen zweifellos wissbegierig, was die Vagina betrifft, fühlen sich jedoch noch immer durch gesellschaftlichen Druck eingeengt. „Besonders frappierend an dem Ergebnis der Befragung ist, dass Männer die Vagina eher positiv wahrnehmen als die Frauen selbst," findet Goedele Liekens. „Wir müssen das Gespräch über die Vagina aus dem finsteren Mittelalter heraus in unsere heutige Zeit holen und – auch beim Arzt – die Hemmschwellen dafür beseitigen, über die Gesundheit der Vagina zu sprechen."

Pressemitteilung des Pharmaunternehmens Organon-Deutschland,
anläßlich des Weltkongresses für Frauenheilkunde,
20. Januar 2004, Santiago de Chile

- 94% der Frauen sagen, dass sie es wichtig finden, dass Frauen gut über ihre Vagina Bescheid wissen.

- 59% der Frauen sehen ihre Vagina als etwas Positives.

- 11% der Frauen haben das Gefühl, dass es in unserer Gesellschaft keine Schamgefühle in Bezug auf die Vagina gibt.

- 28% der Frauen sprechen nicht gerne über ihre Vagina.

- 17% der Frauen sehen sich ihre Vagina nicht gerne an.

- 61% der Frauen meinen, dass es in der Gesellschaft viele falsche Vorstellungen über die Vagina gibt.

Aus: *Vagina Dialogues, International Survey*

Im Mai 2004 wurden 9300 Frauen in 13 Ländern befragt

Männer...

befragt, welche Bedeutung die Vagina für sie hat...

Die Vagina einer Frau ist für mich...

... ein Ort der Liebe, ein Ort voller Mysterien. Mich reizt vor allem das Verborgene. Ein Ort der Verzückung, auch der Versuchung.

Jochen, 28 Jahre

Vagina! ... Ach du Schreck! Ich sag mal so: „Kein Anschluss unter dieser Nummer!" Oder besser gesagt: „Keine Nummer unter diesem Anschluss!"

Piet, 45 Jahre

Die Vagina einer Frau ist für mich das Faszinierendste am ganzen weiblichen Körper, und der von ihr ausströmende Duft macht mich auf eine eigenartige Weise immer wieder wild.

Mike, 26 Jahre

... ein Ort, der so unterschiedlich ist wie die Frauen selbst. Der viel aussagt über die Frau, wie offen sie sich zeigen kann. Steht sie zu sich, oder kreuzt sie nach dem Sex genant die Beine?

Bernhard, 37 Jahre

Vagina... Ich brauche ein wenig Mut dazu. Die Vagina einer Frau ist für mich wie eine Feige: weich, samtig, verführerisch und lecker; und der Geburtskanal, durch den meine Kinder kamen: ein großartiges Erlebnis, unvergesslich, kraftvoll, pralles Leben!

Paul, 45 Jahre

Die Vagina ist für mich.... „Kannst du mich nochmal später fragen, hab gerade keine Zeit!"

Frank, 48 Jahre

... ein Ort der höchsten Intimität, des Empfangen-Werdens, des Nehmens, manchmal aber auch ein Ort der Bedrohung, des Vereinnahmt-Werdens.

Thomas, 53 Jahre

Ein Tor zum Leben, aber nur theoretisch, denn leider war ich nie bei der Geburt meiner vier Kinder dabei. Mein Gefühl sagt mir: sehr stark und robust, andererseits voller Gefühl und Verletzlichkeit.

Ulrich, 55 Jahre

Die Vagina einer Frau ist für mich Angstmachend und lustvoll, erschreckend und anziehend.

Fritz, 42 Jahre

Die Vagina... für mich... ein Ort, der fordert.

Stefan, 49 Jahre

... sie verleiht der Sehnsucht der Frau Ausdruck.

Klaus, 38 Jahre

Für mich ist es sehr wichtig, ob ‚sie' (die Vagina) antwortet.

Christof, 33 Jahre

Ein Ort, an dem ich den Unterschied fühlen kann zwischen „Jaja", „Ja", „Na ja" und „Augen zu und durch" – , weil es dazugehört.

Edgar, 44 Jahre

Meine Vagina-Assoziation: weich, warm, feucht, saugend, nehmend und gebend, gierig – Ursuppentopf der Metamorphosen.

Karl, 48 Jahre

... Ein Ort in den ich manchmal hineinkriechen möchte, sicher auch in Erinnerung des Geburtskanals.

Andreas, 50 Jahre

Die Vagina einer Frau ist für mich ... eben das, was ich körperlich nicht habe und daher Ziel meiner Wissbegier und meines Forscherdranges ist.

Hans-Walter, 58 Jahre

Gespräche

Entspannen lernen –
von der Weisheit des Körpers
und vom Wissen anderer Kulturen

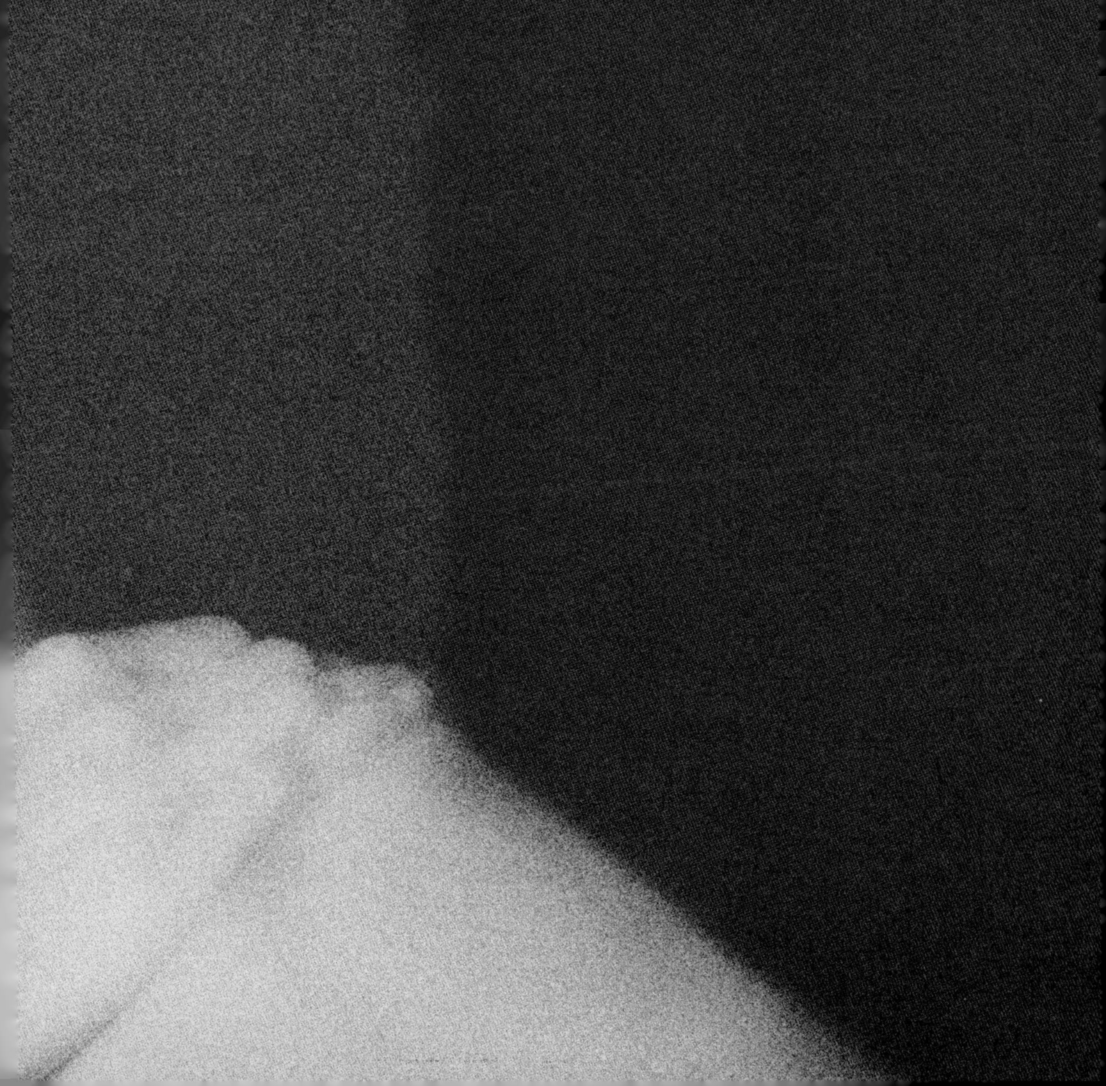

Von guten und schlechten Gründen Sex zu haben

Claudia Haarmann
im Gespräch mit Karin Linnander

KARIN LINNANDER ist Psychologin M.A. mit dem Arbeitsschwerpunkt Jugendsexualität. Sie hat 15 Jahre in den USA gearbeitet und lebt jetzt mit ihrem Mann in Frankfurt. In Schulen und in Kursen geht sie mit Mädchen ab 14 Jahren der Frage nach: Was ist ein guter Grund, Sex zu haben, und was ein schlechter? Mache ich es für den Freund, den Mann, aus einer Laune heraus, oder stehe ich für mich ein?

Karin Linnander bereitet Mädchen mit Hilfe alten weiblichen Wissens und neuer psychologischer Erkenntnisse auf ein selbstbestimmtes Leben in der Sexualität vor. Ihr Hauptinteresse gilt dem ‚ersten Mal': einem sehr wichtigen Moment, mit großer Auswirkung auf das weitere Leben jeder einzelnen Frau, dem in der Gesellschaft aber nur oberflächlich Beachtung geschenkt wird.

Wenn sich das Rädchen der Freundschaft nach vorne dreht

Das ‚erste Mal' – was ist daran so besonders, und wie wichtig ist es für die Frau?

Meine These ist: Der erste sexuelle Kontakt ist ausschlaggebend dafür, wie du später als Frau deine Sexualität leben wirst. Da wird ein Muster geprägt, das Muster, nach dem du dein sexuelles Leben arrangierst und gestaltest. Natürlich wirst du noch viele Erfahrungen machen und vieles lernen. Aber die Frage ist: Wie fing es an? Hast du dich auf etwas für dich Wertvolles und Schönes eingelassen? Oder war es eine Situation, die du nicht wirklich wollest? Hast du dir erlaubt, eine gute Erfahrung zu machen? Oder war es mal eben auf einer Party, flüchtig, schnell, unter Alkohol? Meine Wahrnehmung ist, zugespitzt formuliert: Frauen, die mit sich klar waren, die ein liebevolles, freudiges ‚erstes Mal' hatten, erleben ihre Beziehungen und Ehen auf die Dauer zufriedenstellender. Frauen, die als Mädchen über sich hinweggegangen sind, merken später, dass sie auch weiterhin über sich hinweggehen, und das zeigt sich auch in ihren Beziehungen.

Das größte Thema ist aber sicherlich, den Freund nicht zu verlieren. Du willst begehrt sein. Du willst den Freund halten, weil du durch ihn eine Aufwertung erlebst.

Das heißt, wenn eine junge Frau – oder sagen wir, ein Mädchen – beim ‚ersten Mal' nicht gut für sich sorgt, dann zieht sich das durchs ganze Leben?
Ja, so ist es. Deshalb geht es mir nicht um Aufklärung. Für mich ist die Vorbereitung auf das ‚erste Mal' das Wesentliche. Dass dieses ‚erste Mal' gut und selbstbestimmt verläuft, ist ein Anliegen meiner Kurse. Laut Statistik findet es hier in Deutschland mit etwas über 16 Jahren statt. Die Tendenz ist sogar, dass Jugendliche das immer früher erleben, viele Mädchen schon mit 14 oder noch jünger. Das hat Auswirkungen. Ich denke, die Bedeutung dieses Themas für eine junge Frau wird gesellschaftlich völlig unterschätzt.

Du arbeitest mit jungen Mädchen. Wie alt sind sie?
Zwischen 14 und 17 Jahren. Und ich mache auch Kurse mit 11- bis 13-Jährigen vor der ersten Blutung.

Gibt es eine Grundhaltung oder ein Credo deiner Arbeit?
Meine Leitfrage heißt immer: Was ist ein guter Grund Sex zu haben, und was ein schlechter? Und diese Frage ist nicht nur für Teenies bedeutsam, sondern für jede Frau. Womit fangen wir an?

Fangen wir mal mit den schlechten Gründen an.
Schlechte Gründe gibt es ohne Ende in der Altergruppe zwischen 15 und 18. Da ist die ganze Geschichte mit der *Peer Group*. Man möchte nicht die Letzte sein. Alkohol ist ein großes Thema. Das größte Thema ist aber sicherlich, den Freund nicht zu verlieren. Du willst begehrt sein. Du willst den Freund halten, weil du durch ihn eine Aufwertung erlebst. Und diese Mädchen, die sich sehr über Jungen definieren, neigen natürlich eher dazu, das zu machen, was er wünscht oder von ihm gefordert wird. Aber auch cool zu sein ist ein Grund. Unter Umständen geht es auch darum, den Eltern eins auszuwischen, es also aus Trotz zu tun. Das sind alles Gründe, die zu nichts Gutem führen. Denn so hängen die Mädchen immer nur bei der Frage: Was will mein Freund oder was ist angesagt in meiner Clique? Sie folgen nicht der Frage: Was möchte ich oder was tut mir gut?

Die Sehnsucht nach dem Einssein und ihre Folgen

Schlechte Gründe sind also die, die nicht mit meinen ureigensten Wünschen verbunden sind?
Ja, ich tue es für meinen Freund. Und wir müssen uns klar machen: In dem Alter gibt es Unterschiede zwischen den Geschlechtern. Die Mädchen wollen Verbindung, sie wollen den großartigen Moment, den Zauber des Augenblicks. Im Amerikanischen heißt das *magnified moment*. Also, man hört Musik, schaut sich in die Augen und beide denken dasselbe. Man ist eins! Wunderbare Wünsche sind das. Wie die Mädchen halt so sind. Und die Jungs wollen in dem Alter einfach Sex. Das ist für sie Liebe und sie wollen sich ausprobieren. Es gehört in dem Alter zu ihnen. Sie sind nicht die Bösewichte, sondern sie sind in dem Alter einfach woanders, und da kommen die beiden überhaupt nicht zusammen. Jetzt sagen die Jungen zu den Mädchen: Wenn du nicht willst, dann mache ich Schluss. Und die Mädchen wollen die Jungs halten, denn die Jungs gehen sonst wirklich. Also, man macht es, weil der Junge es will. Bei Mädchen ist es das Herz, das möchte. Es ist meist noch kein körperlicher, sexueller Wunsch. Die 14-Jährigen wollen einen ganz tollen Freund haben! Da gibt es so eine wunderschöne Unschuld in der Sehnsucht nach Liebe. Und wieder, wenn ein Mädchen es für ihn tut, übergeht es sich selbst. Und das hat Folgen.

Jetzt sagen die Jungen zu den Mädchen: Wenn du nicht willst, dann mache ich Schluss. Und die Mädchen wollen die Jungs halten, denn die Jungs gehen sonst wirklich. Also, man macht es, weil der Junge es will.

Was für mich immer deutlicher wird, ist die zunehmende körperliche Entfremdung der Mädchen, die alles mit sich machen lassen. Ein Beispiel: Ich hatte ein Gespräch mit einer 14-Jährigen, die behauptete von sich, sie sei noch Jungfrau. Sie kannte bereits alle Formen des sexuellen Miteinanders, bis auf den Koitus, dazu war ihre Vagina zu verkrampft. Das muss man sich mal vorstellen, was da passiert mit diesen jungen Mädchen. Blowjobs – das sind ja schon Pausenvergnügungen. Das macht man einfach so. Das ist, als ob es nichts wäre. Das ist deshalb schrecklich, weil sie zu sich überhaupt keine Beziehung haben. Sie geben dem Jungen sämtlichen Spielraum, was ihren Körper betrifft. Und sie denken, der macht das schon – dabei ist der ja auch völlig unerfahren. Es gibt Mädchen – das sind sicher noch Ausnahmen, aber es gibt sie –, die haben bereits

Da kommen strahlende, junge, aufgehende Schönheiten mit 14, 15 Jahren, und sie haben so einen Selbstzweifel gegenüber dem eigenen Körper. Unsere Generation durfte noch ein paar Pfund mehr haben oder eine sichtbare Ader am Bein. Das dürfen die Mädchen heute nicht mehr, weil die Jungs z.B. sagen: „Oh, bist du fett!“

unglaubliche und sehr schmerzhafte Erfahrungen hinter sich, auch emotional sehr schmerzhaft.

Keine Beziehung zu sich, was meinst du damit?

Um ein gutes Selbstwertgefühl zu haben, musst du deinen Körper spüren. Das lässt nach, wenn du dich nicht mehr bewegst. Übrigens gilt das auch für den anderen Übergang – die Wechseljahre. Auch der ist mit einem guten Körpergefühl leichter zu bewältigen. Mädchen hören mit Sport in der Pubertät meist auf, oft ist es das Reiten. Jungs machen weiter Sport. Auch das wirkt sich aus, denn Mädchen verlieren ihr Körpergefühl. Die Forschung sagt klar, wenn du dich von 12 bis 16 Jahren körperlich betätigst, kommst du leichter durch diese schwierige Phase. Das Thema Körper ist für diese Mädchen unendlich leidvoll. Kleinigkeiten, Pickel oder zwei Pfund zu viel, und das Selbstwertgefühl ist ganz unten. Heute gucken die Mädchen wieder, dass es dunkel ist beim Zusammensein. Sie schämen sich richtig für ihren Körper, können auch nichts zulassen, was irgendwie ‚unnormal' aussieht. Das bedeutet auch: Sie können sich nicht gehen lassen beim Sex, damit sie nicht komisch aussehen.

Sie sind also total kontrolliert.

Und sie geben! Manche sind wirklich eine Art Dienstleistungsbetrieb. Manche sind so verkrampft, dass sie nicht viel spüren. Man macht einfach, was cool ist, und das wird zum Teil in Videoclips abgeguckt. Ich weiß, es gibt noch mehr, was sie tun, weil die Jungs das wollen. Natürlich sind das nicht alle, aber das sind die Dinge, die ich immer wieder mitkriege. Und es scheint mir, dass Mädchen heute weiter gehen als die früheren Generationen. Auffällig ist: Die Mädchen, die viel mit sich machen lassen, finden ihren eigenen Körper in der Regel auch nicht schön. Das ist für mich das Schmerzhafteste. Da kommen strahlende, junge, aufgehende Schönheiten mit 14, 15 Jahren, und sie haben so einen Selbstzweifel gegenüber dem eigenen Körper. Unsere Generation durfte noch ein paar Pfund mehr haben oder eine sichtbare Ader am Bein. Das dürfen die Mädchen heute nicht mehr, weil die Jungs z.B. sagen: „Oh, bist du fett!"

Wenn ich das richtig verstanden habe, stellen sie sich zur Ver-

fügung, weil dahinter die Sehnsucht nach dem ganz Schönen, nach der wirklichen Liebe steht. Schwangerschaften bei Teenies nehmen zu.

Ja, der großartige Moment – für junge Mädchen ist das die Liebe. Darin liegt die Sehnsucht nach echtem Kontakt. Viele sind mit Kondomen oder überhaupt mit Verhütung mehr als locker. Ich kenne Mädchen, die haben ständig Sex und nehmen keine Kondome, weil ihre Jungs das nicht wollen. Ich verstehe das auch, das ist für diese Generation durch AIDS wirklich schwierig. Wenn du dir das ‚erste Mal' mit Kondom vorstellst – ist doch klar, sie sind überfordert. Manche denken auch, man könne beim ‚ersten Mal' nicht schwanger werden, aber man kann. Und wer denkt, das seien ja sicher Sozialfälle, von denen ich hier spreche, der irrt. Ich mache keine Sozialarbeit. In meine Kurse kommen Töchter aus ganz normalen und gutbürgerlichen Elternhäusern.

Das ist ja absurd, wir haben die Zeit der freien Liebe, des Aufbruchs und Oswald Kolle hinter uns. Eine Zeit, von der wir annehmen, dass sie etwas Neues gebracht hat, aber es scheint eher eine Regression zu geben.

Ich glaube, die sexuelle Befreiung hat etwas in unserem Denken geöffnet. Du darfst! Und das finde ich auch richtig. Wir dürfen! Da müssen wir nicht irgendeiner Moral folgen. Wenn wir wollen, dann ist das okay. Das bedeutet aber auch, dass wir Verantwortung für uns übernehmen müssen. Und das Thema heißt: Wir müssen selber wollen, und nicht auf Forderungen von außen reagieren, sprich, dem Begehr des Mannes folgen.

Ich kenne Mädchen, die haben ständig Sex und nehmen keine Kondome, weil ihre Jungs das nicht wollen. Ich verstehe das auch, das ist für diese Generation durch AIDS wirklich schwierig. Wenn du dir das ‚erste Mal' mit Kondom vorstellst – ist doch klar, sie sind überfordert.

Also gibt es eine Verschiebung von ‚Du darfst' hin zu ‚Ich sollte eigentlich, um dazuzugehören...'

Es wird entfremdeter, die Tendenz ist so. Das gilt besonders für 14-, 15-jährige Mädchen. Die älteren, die 17-Jährigen, die haben schon reifere Gründe.

Was für Folgen hat das, wenn sie die schlechten Gründe zum Sex leben? Ich vermute, der Körper macht zu.

Da wird es zu einer Konditionierung in der Vagina kommen. Sicherlich entstehen da Blockierungen. Das geht schnell. Die Vagina speichert schnell Traumatisierungen.

Noch nie war der Grenzbereich zwischen Kind sein und Frau werden so verwirrend wie heute.

Wie erklärst du dir, dass die 14- bis 16-Jährigen sehr offen dir gegenüber sind?
Ich arbeite viel mit dem Erzählen und habe unendlich viele Geschichten über das ‚erste Mal', über gelungene und weniger schöne Erinnerungen von Mädchen, und auch von Jungs. Das ist meiner Meinung nach die beste Art, denn mit dem *story telling* kommen Fragen auf – das öffnet. Du siehst förmlich, wie ihnen ein Licht aufgeht. Diejenigen, die schon Sex haben, spüren, dass es bei ihnen anders ist, und beginnen zu verstehen, was sie selber tun. Sie stellen Fragen, zum Beispiel zur Verhütung, aber auch: Wie ist eigentlich der Morgen danach? Die Sprachlosigkeit ist ja nach wie vor immens. Da gibt es noch etwas Neues, was ich beobachte: Jungen und Mädchen reden danach nicht mehr miteinander. Sie treffen sich am nächsten Tag auf dem Schulhof, und das war es dann. Es ist cool, miteinander ins Bett zu gehen, und danach wird nicht mehr miteinander geredet. Das ist die Abmachung. In den USA nennen sie es *hitting it*.

Alte Muster im neuen, kurzen Rock

Das alles muss doch eine Verwirrung in den Mädchen auslösen. Auf der einen Seite sind sie damit beschäftigt, was sie tun sollten, weil es cool ist, auf der anderen Seite wissen sie, was sie nicht dürfen, weil es der Moral des Elternhauses widerspricht.
Ja, sie haben keine Orientierung. Noch nie war der Grenzbereich zwischen Kind sein und Frau werden so verwirrend wie heute.

Einerseits gibt es übersexualisierte Frauen in der Film- und Musikszene. Das ist nur Fiktion. Andererseits gibt es in der Realität keine positiven Vorbilder. Die Mütter sind ja selber voller Unsicherheit und Zweifel in Bezug auf Sexualität und Körperlichkeit, und das kriegen die Mädchen mit.
Ja, das alles führt zu einer inneren Spaltung, zu einer Fremdbestimmtheit, denn die Vorgaben dafür, was eine sinnliche Frau ausmacht, kommen von

außen. Das ist ein Phänomen der letzten Jahre. Eine Folge davon: Mit 14 gibt es bereits Nasenkorrekturen; oder zum Abi kriegst du ein neues Gesicht.

Ich konstatiere: Die Mädchen wissen, was oral oder anal ist...
... was Sado-Maso ist, wie man sich kleidet, total sexy. Sie sind also völlig übersexualisiert. Sie wissen, dass sie attraktiv sind. Aber sie wissen nicht wirklich, um was es geht.

Und wissen nichts über ihre Vagina. Sie haben kein Gespür dafür, was gut tut, was sich gut anfühlt ...
... was weich ist, was irgendwie Schauder hervorruft, was sinnlich ist. Auch nicht, wie es sich anfühlt, geborgen zu sein. Es gibt eben Mädchen, die dem Mann freien Eintritt zu ihrem Körper geben. Er soll es für sie machen. Da ist nach wie vor dieses ganz alte Bild. Und es ist so stark in jeder von uns drin. Es ist die Konditionierung als Frau, dass der Mann es einem macht. Als Frau lässt man geschehen. Das ist auch für Jungs sehr schwierig.

Es gibt eben Mädchen, die dem Mann freien Eintritt zu ihrem Körper geben. Er soll es für sie machen. Da ist nach wie vor dieses ganz alte Bild. Und es ist so stark in jeder von uns drin.

Also auch in der Generation gilt: Meine Vagina ist mehr für ihn da.
Sie haben auch keine Sprache für sich, für ihr Wohlgefühl. Wenn ich beschreibe, wie schön es sein kann, wenn ich erzähle, wie sich ein Orgasmus anfühlt, ganz nüchtern, dann verstehen sie erst, um was es eigentlich gehen könnte.

Auch hier wieder die Spaltung. Wir sind ja umgeben von einer sexuellen Sprache. Im Fernsehen wird offen über alles geredet, was es gibt.
Ja, man kennt die Begriffe. Aber eine intime Sprache gibt es nicht, weil man keine Intimität mit dem eigenen Körper hat. Dass sich im Schoß etwas öffnet, dass es feucht wird, aufgeht wie eine Rose, dafür gibt es keine Sprache. Für Körperempfindungen, dieses Wollen, dafür fehlen die Worte. Es gibt natürlich auch viele Mädchen, die sich ernst nehmen und die auf sich achten, die sehr informiert sind und den Jungen und den Moment suchen, der für sie stimmt. Und dann passiert, was passiert, dann

ist es ist eine gewollte und selbstbestimmte Situation, und nicht ein Nachgeben.

Von jungen Freifrauen und Selbstbestimmung

Das ganze Thema des eigenen Begehrens als Frau, das ist der Schlüssel für ein schönes Zusammenkommen mit einem Partner.

Was bringen diese Mädchen für einen Erfahrungshintergrund mit?
Das sind interessanterweise oft politische Mädchen, bewusst und aktiv. Sie gehen in die Richtung einer selbstbestimmten Frau, also das, was wir vor 30 Jahren angestrebt haben. Es sind irgendwie die ‚Töchter', sie gibt es auch. Töchter, weil sie etwas von der Frauenbewegung in sich tragen. Sie haben so einen Stolz und organisieren sich die Dinge, wie sie für sie gut sind. Sie lösen sich aus dem Druck der *Peer Group* und stehen für sich ein. Das sind Individualistinnen. Ich sehe auch sehr viele junge selbstständige Frauen, ‚Freifrauen', die ein gutes Gefühl zu sich haben. Die nicht so dicht dran sind an den Männern. Sie sind eher vorsichtig, sind sehr verantwortlich, sehr verbindlich, auch sehr auf ihre Zukunft und ihre Karriere orientiert. Sie sorgen für sich. Haben ein eher schönes Sexualleben, tun nichts, was ihnen nicht passt. Und sie haben junge Männer, die Frauen respektieren, Männer, mit denen sie offen reden, und zwar über alles. Das ist neu. Und wenn Respekt da ist, dann ist auch der Sex gut. Wenn für eine Frau die Beziehung stimmt, dann kann sie sich öffnen.

Was braucht es, um dahin zu kommen?
Meiner Meinung nach gehören dazu die guten Gründe, Sex zu wollen. Und die sind ganz einfach. Du liebst! Dazu gehören auch Verbindlichkeit, Verlässlichkeit und Vertrauen und eine Liebe zu diesem Mann, der gut mit dir umgeht, der nicht über dich hinweggeht. Und vor allem: den du möchtest! Du musst ihn wollen! Wir sind ja noch mit der Idee groß geworden: Der Mann hat ein Begehr, und wir Frauen reagieren drauf. Das ganze Thema des eigenen Begehrens als Frau, das ist der Schlüssel für ein schönes Zusammenkommen mit einem Partner.

Wie benennen die Mädchen eigentlich ihre Scheide?
Das ist immer die große Frage. Die 10- bis 11-Jährigen nennen sie noch liebevoll ‚Schneckchen'. Mit den Älteren sammle ich Namen. Vagina sagen

sie meistens, und es ist leider immer noch so: Es ist das ‚Da unten'. Es ist immer noch komisch, ein bisschen schmutzig. Viele Mädchen sind rasiert, aber richtig angucken tun sie sich nicht. Was ich immer wieder erkläre ist, dass wir drei Öffnungen haben. Sie wissen nicht, dass es eine anale Öffnung gibt, eine vaginale und eine Harnröhre. Es gibt immer noch die Vorstellung, dass das irgendwie alles da unten rauskommt. Ich spreche jetzt von Mädchen bis zu 16 Jahren. Das ist in meinen Kursen jedes Mal verblüffend.

Sie könnten es wissen, denn Aufklärung gibt es mehr als genug. Aber es scheint, als hätten sie die Information nicht aufgenommen.
Ja, es wird zwar gelesen, aber nicht auf sich selbst angewandt. Das meine ich auch mit dieser körperlichen Entfremdung.

Wie sieht deine Arbeit mit den Mädchen dann konkret aus?
Ich arbeite sehr viel mit der Schönheit der Weiblichkeit, mit positiven Bildern, die sie oft nicht mehr haben. Sie haben diese Sexbilder in sich. Ich erlebe, wie sie die positiven Bilder aufsaugen, und viele gehen dann gestärkt nach Hause.

Das setzt natürlich viele Schritte voraus.
Grundsätzlich problematisiere ich nicht. Ich stelle alles rund um das Thema Vagina, Sexualität, Frausein nüchtern vor. Also auch die Klitoris und ihre wunderbare Funktion. Und mir ist es wichtig, sehr vorsichtig die Grenze der Mädchen wahrzunehmen, nicht zu viel, nicht zu schnell. Dann erzähle ich von Irrwegen, die man in der Pubertät gehen kann. Ich stelle das einfach vor, und sie finden sich sofort wieder. Es geht darum: Was fühlt sich gut an und was nicht. Ich sitze mit ihnen im Kreis. Und jede hat Zeit, ganz in Ruhe zu sprechen. Die anderen hören nur zu, ohne Kommentierung, kein Lachen, nur Zuhören. Mit meinen Geschichten gebe ich mein ganzes Wissen weiter. Und ich habe Assistentinnen, die schon im Großmutteralter sind, auch sie erzählen Geschichten von sich. Diese Methode öffnet, und die Mädchen sprechen dann auch über sich selbst. Dann mache ich Rituale. Ich arbeite dabei viel mit weiblichen Vorbildern. Das sind Archetypen im Sinne von C.G. Jung, die die verschiedensten Eigen-

schaften des Frauseins repräsentieren, Bilder von Göttinnen mit unterschiedlichen Formen und Aussagen. Wir versuchen zu entdecken, was das große, umfassende Spektrum der Weiblichkeit ist, um darin den eigenen Platz zu finden. Dazu gehören zum Beispiel Venus, Pele als Feuergöttin, aber auch Maria oder Göttinnen aus Afrika. Alle Religionen sind vertreten. Das ist sehr unkompliziert, die Mädchen lassen sich sofort drauf ein und suchen ihr eigenes archetypisches Bild.

Die Göttinnen repräsentieren unterschiedliche Qualitäten des Frauseins?

Das erfahren die Mädchen später. Erst gegen Ende hören sie von mir, wofür diese Frau steht. Und meist löst meine Arbeit etwas in ihnen aus: Zum Beispiel, dass sie mit ihrer Mutter Frieden schließen wollen oder dass sie besser zu sich sein wollen. Aber auch, dass sie sich darüber bewusst werden, wie oft sie lügen. Wahrhaftigkeit kommt relativ häufig vor. Ich mache Übungen und Rituale, in denen die Mädchen erleben, wie schön sie sind, wie erhaben es sich anfühlen kann, Frau zu sein. Wie kraftvoll oder wie sanft man sich als Frau fühlen kann.

Wenn es gut war, steigt mein Selbstwertgefühl, vor allem mein körperliches. Denn ich habe nur getan, was mir und was ihm Freude macht. Ich bin in einem guten Kontakt mit dem Mann – es kann natürlich auch eine Frau sein – und wir sprechen danach.

Das bedeutet, sie bekommen eine neue Vorstellung von Weiblichkeit. Lassen sie auch etwas von verqueren Ideen zurück?

Ja, sie geben etwas ab, sprechen aus, was sie ändern wollen. Dazu gehören ihre Hemmungen, ihre Verklemmungen, ihre Boshaftigkeit oder ihre Wut auf junge Männer. Und das Ganze führt zu einem besonderen Punkt, der mir so wichtig ist. Die Mädchen geben sich ein Versprechen! Nämlich das, nur den Mann zu sich zu nehmen, den sie sich freiwillig aussuchen und mit dem sie eine gute Beziehung haben. Oft heißt das: Ich werde keinen Alkohol trinken, ich werde es nicht im Stehen auf der Toilette machen, sondern ich stehe zu mir. Wenn sie da sind, ist es wirklich immer besonders schön. Das nehmen sie sehr ernst, und ich lege auch Wert darauf, dass sie das Versprechen nur geben, wenn sie aufrichtig dahinterstehen. Denn nur dann hat es Kraft. Wenn sie nur Pipifax einbringen, ist es überflüssig, den Schritt des Versprechens zu tun. Das wäre wieder eine Respektlosigkeit sich selber gegenüber. Mein Anliegen ist, dass sie in erster Linie respektvoll mit sich sind.

Für viele Frauen ist es eine wichtige Frage, wie sich ein Orgasmus anfühlt. Was sagst du den Mädchen dazu?
Also, wichtig ist erst mal nur: Du fühlst dich gut danach! Du fühlst dich körperlich schöner! Das resultiert aus einer schönen sexuellen Erfahrung. Man denkt dann nicht, dass man einen zu kleinen Busen hat, dass man zu dick ist usw. Wenn es gut war, steigt mein Selbstwertgefühl, vor allem mein körperliches. Denn ich habe nur getan, was mir und was ihm Freude macht. Ich bin in einem guten Kontakt mit dem Mann – es kann natürlich auch eine Frau sein – und wir sprechen danach. Wir sind einfach in einem Wohlgefallen miteinander. Und das Schönste ist natürlich, wenn sich das Rädchen der Freundschaft nach vorne dreht.

Warum liegen dir gerade die jungen Frauen, die Mädchen, so am Herzen?
Das ist ganz einfach, ich erinnere mich! Da ist ein Gefühl von: Hut ab vor der Pubertät, was diese junge Menschen für Helden sind. Ich halte die jungen Leute heute für großartig, weil sie das alles durchstehen. Die ganze Phase der Selbstfindung, der Individuation, der Grenzerfahrung ist ein unglaublicher Akt, der in dieser Gesellschaft schwieriger ist als je zuvor.

Das stimmt, denn Jugendliche sind ja an einer Schnittstelle, an der sich die Gesellschaft ganz besonders scharf abbildet. Wenn du erwachsen wirst, spürst du den Mainstream der Gesellschaft. Du spürst genau, was dort geschieht, denn es ist ja existenziell wichtig für dich, deinen Platz in genau dieser Gesellschaft zu finden. Und Jugendliche, die an der Grenze zum Erwachsensein stehen, spiegeln uns das, was sie vorfinden.
Steven Foster, der Jugendliche bei ihrer Suche nach Visionen begleitete, nannte das: „Die Jugend trägt den Schatten der Gesellschaft aus." Das bedeutet: Alles, was wir abspalten, wird von der Jugend ausgelebt. Und mit der Übersexualisierung sind diese Jugendlichen, die alles sehen, alles kennen – auch die dunkelsten Seiten der Sexualität – völlig überfordert. Mir geht es darum, genau an dem anderen Teil anzuknüpfen, an diesem zarten, scheuen Teil. Und wahrzunehmen: Was ist in mir?

Wenn nichts anders sein muss, als es ist

Claudia Haarmann
im Gespräch mit Regina König

REGINA KÖNIG. Seit 20 Jahren sind die Themen Weiblichkeit, Partnerschaft, Liebe, Intimität, Sexualität und Spiritualität ihre berufliche Passion. Zusammen mit ihrem Mann, Hellwig B. Schinko, leitet sie seit 1988 das Aruna-Institut, das Männer und Frauen aller Altersstufen anzieht, die mehr über sich selbst erfahren und ihre Möglichkeiten zur persönlichen Entwicklung, zu Kontakt, Beziehung und Nähe erweitern wollen. Regina Königs Arbeit basiert auf einem körperorientierten Ansatz, der den alten östlichen Wachstumsweg des Tantra mit zeitgenössischen psychologischen und spirituellen Herangehensweisen verbindet. Sie verfolgt damit einen therapeutischen Weg, bei dem es um das Annehmen und Verstehen der inneren Wahrheit geht. Einer Wahrheit, die eingebunden ist in historische und soziale Zusammenhänge und in die jeweils eigene Familiengeschichte. Regina König kennt die Selbstzweifel, Scham- und Schuldgefühle Hunderter von Frauen und hat sie dabei unterstützt, sich Schritt für Schritt daraus zu lösen.

Alles darf sein, aber wie viel ist möglich?

Was sind es für Frauen, die zu dir kommen?
Es ist wichtig, zwischen den Frauengruppen und den gemischten Gruppen zu unterscheiden. In die Frauengruppen kommen häufig Frauen, deren Beziehungen zu Ende gegangen sind – oft langjährige Beziehungen. Sie starten für sich neu. Vielfach sind die Kinder groß und sie stehen vor einem Gefühl der inneren Leere, vor der Frage, wie das restliche Leben aussehen soll. Es kommen auch Frauen, bei denen es in der Sexualität nicht klappt. Oder es sind die 20- bis 30-Jährigen, die sich schwer damit tun, dauerhafte Beziehungen aufzubauen. Erstaunlicherweise gibt es in dieser Altersgruppe oft Scham, das diffuse Gefühl: Irgendetwas ist mit mir nicht richtig. In den Gruppen für Paare bzw. Männer und Frauen wollen viele ihre Beziehungen retten oder neu beleben.

Tantra ist eine traditionelle spirituelle Strömung aus dem alten Indien. Im Tantra geht es um den Menschen, mit all seinen Aspekten. Nach der tantrischen Lehre geht es nicht um die Unterdrückung unserer Begierden, Ängste, Sehnsüchte und Vorurteile, sondern darum, diese zu akzeptieren. So können wir mit uns selbst, mit anderen und mit etwas Größerem, Universellem in Verbindung treten.

Mit was für sexuellen Themen kommen die Frauen?
Die Hauptthemen sind: Wie kann ich mehr Zugang zu meinem Körper und meiner Sexualität finden und wie kann ich entspannter in der Begegnung mit Männern sein.

Was bedeutet das: mehr Zugang zu meinem Körper finden? Wir leben doch in unserem Körper, nichts ist uns näher.
Ich begegne vielen Frauen, die ihrem eigenen Körper gegenüber sehr ablehnend sind. Und ihnen ist nach vielen schwierigen Beziehungsversuchen klar: Wenn ich mich nicht selber annehme, wie soll mich dann ein anderer annehmen können. Dann gibt es Frauen, die merken, wie schamvoll sie sind, wie schwer sie sich damit tun, überhaupt auszudrücken, was sie sich sexuell wünschen. Oder mehr noch: Sie wissen meist gar nicht, was ihnen Spaß macht und was ihnen wirklich gut tut. Wenn sie dann mit anderen Frauen über ihre Weiblichkeit reden, über ihre Vagina, nehmen sie zum ersten Mal wahr, was sie da alles versäumt haben.

Was die ‚sexuelle Befreiung' übersehen hat

Du hast gesagt, es kommen sowohl 20- bis 30-Jährige als auch ältere Frauen zu dir. Es scheint, als hätte sich nach der so genannten sexuellen Revolution nicht wirklich viel verändert. Wie kann es sein, dass junge Frauen keinen Kontakt mit ihrem weiblichsten Körperteil, der Vagina, haben? Gesellschaftlich, öffentlich, in den Medien tun wir doch so, als seien wir wirklich frei, was unseren Körper angeht.
Ohne Zweifel waren die sexuelle Revolution und auch der Feminismus wichtige Schritte. Sie haben uns dabei geholfen, überkommene Moral- und Rollenvorstellungen in Frage zu stellen. Dennoch sehe ich durch meine Arbeit, dass die sexuelle Revolution als Ganzes in gewisser Weise gescheitert ist. Sie war und ist eben ein sehr starkes Verstandeskonzept. Ein Konzept, das völlig außer Acht gelassen hat, was die persönliche und kollektive Geschichte – Christentum, kultureller Hintergrund, familiäre Erfahrungen – an Körpererinnerungen hinterlassen hat. Und diese tief eingegrabenen Erinnerungen sind nicht mit so einem Befreiungshauruck

zu verändern. Das, was sich über Jahrhunderte an Moral, an Scham, an Verboten, an Frauenbildern – was man als Frau tun darf und was nicht – zutiefst in jede Körperzelle eingegraben hat, macht uns eng und taub, vor allem auch in unseren sexuellen Bedürfnissen und Empfindungen.
Ende der 60er Jahre und in den 70ern wurde vom Intellekt her formuliert: Wir befreien uns! Wir leben jetzt alles, was in unseren Köpfen an sexuellen Fantasien da ist! Aber man kann davon ausgehen: Wenn Sexualität über Jahrhunderte hinweg unterdrückt wurde, dann hat das Folgen. Dann sind die Köpfe auch weiterhin voll, Jahrhunderte voll von Fantasien. Das gilt für Frauen wie für Männer. Ich habe es selbst erlebt in den 70er und 80er Jahren: Da sind wir in dem Anspruch, frei zu sein, nicht eifersüchtig oder abhängig, über alle unsere inneren und äußeren Grenzen gegangen. Damals haben wir Frauen uns selbst missbraucht. In dieser Zeit sind unglaublich viele Verletzungen passiert. Die Sexualität, die wir damals gelebt haben, hatte etwas Selbstvergewaltigendes, in dem Versuch, uns selbst und anderen zu beweisen, wie frei und aufgeschlossen wir sind. Wir haben damals die gesamte Beziehungsdimension völlig verleugnet. Und damit auch die Wünsche jedes Menschen nach Intimität und Bindung, nach Sensibilität und Achtsamkeit, nach Geborgenheit und Sicherheit.
Wir haben in dieser Zeit nicht gespürt, was der Körper wirklich will, was uns gut tut. Wir haben damals den Körper ignoriert und nicht mitbekommen, was wir bereit waren zu tun – und was nicht.

Ich habe es selbst erlebt in den 70er und 80er Jahren: Da sind wir in dem Anspruch, frei zu sein, nicht eifersüchtig oder abhängig, über alle unsere inneren und äußeren Grenzen gegangen. Damals haben wir Frauen uns selbst missbraucht.

Was waren das für Verletzungen?

Ich kann aus meiner Erfahrung sagen, dass ich in dem Anspruch, sexuell frei zu sein, sexuelles Erleben ‚produziert' habe. Es ist nicht wirklich aus meinem Körper gekommen. Es war ein Machen, oft mit viel Anstrengung und jeder Menge Abspaltung verbunden. Ich bin ins Tun gegangen – ins Vorspielen von Erregung, Leidenschaft und Orgasmen. Die Folge: Der Körper und die Vagina haben an Sensibilität verloren, etwas hat sich in mir verschlossen. Später, in den 90ern, musste ich dann vieles mühsam wieder erforschen und zurückerobern, das Vertrauen in meinen Körper erst wieder finden, also wieder einen Schritt zurücktreten und ganz von vorne anfangen. Aber wahrscheinlich mussten wir in die Extreme gehen, damit dieses Anliegen nach sexueller Befreiung überhaupt eine Wirkung haben konnte. Jetzt, nach 30 Jahren, stehen wir vor einer interessanten Entwicklung, vor allem, wenn wir sehen, wie Sexualität in den Medien dargestellt wird. Geredet wird scheinbar ganz offen über alles, was man sich nur vorstellen kann. Allen sexuellen Bildern dürfen wir beiwohnen. Sexuelle Grenzerfahrungen, Kicks, werden mehr denn je propagiert (bis selbst der *Liebe Sünde*-Sendung die Themen ausgehen...). Da werden ganz bestimmte Vorstellungen darüber geliefert, was du tun, wie du sein, was du alles erleben müsstest, um dich als sexuell frei deklarieren zu können. Und das sind Kopfgeschichten, die mit der körperlichen Realität der Frauen überhaupt nicht übereinstimmen. In meinen Frauengruppen erlebe ich: Wenn wir den Fokus auf ein genaueres Hinspüren richten, wenn die Frauen wahrnehmen, was wirklich in ihnen ist, taucht als Erstes die Scham auf. Sie sind mit Nicht-fühlen-Können, Angst oder Traurigkeit konfrontiert. Das ist auch Realität.

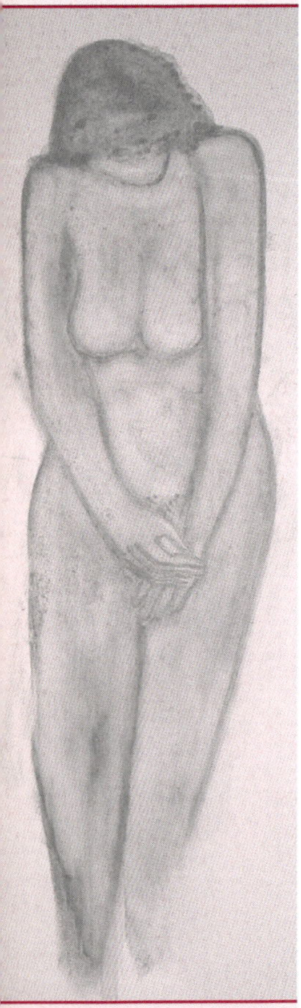

Von der Kluft zwischen Kopf und Körper

Kopf und Gefühl scheinen also mehr und mehr auseinander zu klaffen...

Genau. Was es einerseits an inneren Bildern, an Fantasien und Idealen gibt, und was andererseits die körperliche Realität ausmacht – die Kluft dazwischen könnte nicht größer sein. Ich glaube, wir hatten es noch nie zuvor mit so einer Polarisierung zu tun. Ich beobachte das nun über 25 Jahre, es wird immer extremer. Im Körper finden wir viel Zusammenziehen, Schamgefühl und Peinlichkeit, und der Kopf da oben, der galoppiert mit irgendwelchen Idealen und Bildern und Fantasien davon.

Das würde ja bedeuten, dass viele Frauen, die eine vermeintliche sexuelle Freiheit leben, immer weiter über ihren Körper und über ihre Gefühle hinweggehen, dass sie in erster Linie ihren Fantasien und Konzepten folgen.

Ja, um nach außen hin einem bestimmten Bild zu entsprechen, um begehrt zu sein, um anzukommen, um überhaupt Kontakt knüpfen zu können. Wenn du heute irgendwo einen Partner finden willst, musst du ja schon wie auf einem Tablett ausbreiten, zu welchen sexuellen Spielchen du bereit bist und wie viele Orgasmen du hintereinander produzieren kannst... Das Absurde daran ist, dass das alles in erster Linie im Kopf abläuft, denn vom Gefühl her sehnt sich jeder ja nach etwas völlig anderem. Jeder tut so, als sei er total aufgeschlossen, aber im Grunde genommen ist darunter ganz viel Schüchternheit, Vorsicht, Unsicherheit, Angst und Nicht-Wissen. Wenn wir in den Seminaren Übungen machen, in denen es um Kontakt geht, wenn die Menschen also auf der ganz realen Ebene ausdrücken sollen: Dieses und jenes möchte ich, dies und das geht in mir vor ... dann wird es schwierig. Für manche scheint es ganz unmöglich zu sein, etwas von sich zu zeigen.

In meinen Interviews höre ich junge Frauen, die ja eigentlich in ihrer sexuellen Blüte stehen, aber von ihrer Sexualität völlig abgeschnitten sind oder sie sogar ganz aus ihrem Leben nehmen.
Frauen sind heute oft so zerrissen. Und in ihrer Zerrissenheit sehen sie keine andere Möglichkeit als einfach zuzumachen, nichts mehr zu fühlen oder auch zunehmend Sex einfach auszuklammern. Jetzt gerade war eine junge Frau in einer Frauengruppe, 22 Jahre. Wir haben an einem Abend eine kleine Massage zur Heilung des Herzbereiches gemacht. Sie hatte größte Schwierigkeiten, dafür ihr T-Shirt hochzuziehen und sich berühren zu lassen. Und gleichzeitig laufen diese jungen Frauen in freizügigster und erotischster Kleidung herum. Absurd.

Frauen sind heute oft so zerrissen. Und in ihrer Zerrissenheit sehen sie keine andere Möglichkeit als einfach zuzumachen, nichts mehr zu fühlen oder auch zunehmend Sex einfach auszuklammern.

Orgasmus – mit dem Thema sind wir erst am Anfang

Es gibt Frauen, die in einer Partnerschaft leben, aber selten oder nie Sex haben. Andere kennen Scheidenkrämpfe oder Übelkeit. Nach Umfragen schwankt der Anteil der Frauen, die selten oder nie einen Orgasmus haben, zwischen 20 und 25 Prozent.
25 Prozent, die nie einen Orgasmus hatten – das ist aus meiner Sicht noch sehr niedrig gegriffen. Man muss unterscheiden zwischen einem wirklichen Orgasmus, der aus dem Körper kommt, und einem gemachten, gepushten Orgasmus. Ich meine mit dem wirklichen Orgasmus einen Zustand, in dem der ganze Körper sehr lebendig und mit viel Energie aufgeladen ist, in dem die Genitalien tief durchblutet sind und es dann

irgendwann diesen Punkt gibt, an dem es zum Überfließen der Körperenergie, der sexuellen Energie, kommt. Wenn man diese Form von Lebendigkeit als Kriterium nimmt, würde ich die Zahl der Frauen, die noch nie so etwas erlebt haben, bei 80 Prozent ansetzen. Ich glaube, dass viele Frauen ein ganz bestimmtes, männlich geprägtes Bild davon haben, was ein Orgasmus ist, wie das ausschaut, was sie da zu fühlen haben, was sie tun müssen, um dorthin zu kommen.

Es gibt sehr viel Anspannung, chronische Anspannung, die man überhaupt nicht bemerkt, weil es ein völlig selbstverständliches Gefühl ist.

Wenn du Orgasmus so definierst, dann würde das bedeuten, dass viele Frauen gar nicht ahnen, dass ihnen etwas fehlt. Sie erleben etwas und meinen: Oh, ich habe einen Orgasmus!
Genau das meine ich. Die meisten Frauen glauben, sie erleben Orgasmen und haben keine Ahnung, wie sich das anfühlen könnte, wenn ein Orgasmus wirklich aus dem Körper kommt. Bei den meisten Frauen sind die Genitalien gepanzert oder taub. Es ist nur schwer möglich, Lebendigkeit in den Genitalien zu erleben, wenn da Taubheit, Verkrampfung und Anspannung ist. Dann kann keine Energie fließen. Energie ist aber Voraussetzung dafür, dass Orgasmen aus dem Körper kommen und intensiv erlebt werden.

Was meinst du hier mit Taubheit?
Die Genitalien sind nicht in dem Zustand, in dem sie natürlicherweise sein könnten. Das kann an schwierigen und schmerzlichen persönlichen Erfahrungen liegen, z.B. einem unangenehmen ‚ersten Mal', unsanften Untersuchungen, Missbrauchserfahrungen oder einer Abwertung der Sexualität seitens der Eltern, aber auch an kollektiven Prägungen. Es gibt sehr viel Anspannung, chronische Anspannung, die man überhaupt nicht bemerkt, weil es ein völlig selbstverständliches Gefühl ist.

Die sich z. B. in Blasenproblemen oder Scheidenkrämpfen äußern?
Man bemerkt es gar nicht, weil es eine chronische Anspannung ist, die vielleicht seit 20, 30, 40 Jahren besteht und als völlig normaler Zustand empfunden wird. Und wenn du mal anfängst zu entspannen, zum Beispiel durch heilende Berührungen oder Massagen, dann beginnst du zu merken: Hallo, da gibt es ja ein Empfinden, das ich so noch nie gehabt habe.

Man kann es sich vorstellen als Anspannung des Beckenbodens, der ganzen Muskulatur, Anspannung in den inneren und äußeren Lustlippen, an der Klitoris, aber vor allem auch innen. Es ist also eine Art Panzerung, eine Taubheit bis in die Zellen, eine Gefühllosigkeit, in der die volle Kapazität von Fühlen und Empfindung nicht mehr da ist. Ich behaupte: Wenn die Genitalien so gepanzert sind, wird ein wirklich orgiastisches Erleben aus dem Körper heraus schwer möglich sein.

Was geschieht stattdessen?
Stattdessen kommt es aus dem Kopf, und du produzierst bestimmte Verhaltensweisen. Du machst es so, wie man sich das so vorstellt und wie man das irgendwo gesehen hat. Du kennst die Stellen, wo du den anderen berühren solltest, kennst alle Stellungen und Blowjobs, die zu tun sind, damit es gut wird. Heute weißt du Bescheid, wie es geht. Aber das nützt dir nicht viel!

Das klingt so, als würden die Frauen nichts erleben. Aber sie erleben natürlich Orgasmen.
Begrenzt.

Und durch Klitorisstimulierung?
Ja. Wenn du aber wenig atmest, ist es vielleicht eine kleine kurze Explosion, ein kleines, kurzes Entspannen. Aber es hat nichts mit dem zu tun, was man erleben könnte. Und wenn ich sehe, wie Frauen in die Gruppen kommen, wie schwer sie sich damit tun, auch nur einen tiefen Atemzug zu nehmen, dann kann ich mir nicht vorstellen, dass sie tiefe Orgasmen oder große orgiastische Entladungen erleben. Woher sollte das kommen?

Was ist zum Thema klitoraler oder vaginaler Orgasmus zu sagen?
Die meisten Frauen können sich durch stärkere Klitorisstimulation so etwas wie einen kurzen Flash verschaffen. Frauen sind aber auch an der Klitoris unterschiedlich sensibel, unabhängig von den Panzerungen. Es gibt Frauen, die rubbeln eine halbe Minute auf der Klitoris und haben sofort ein Bäng-Gefühl. Und dann gibt es Frauen, die können sie eine Stunde bearbeiten und erleben überhaupt nichts. Es gibt Frauen, die vagi-

nal empfindsamer sind, und andere, die weniger empfindsam sind, das hängt auch von anatomischen Bedingungen ab. Und sicherlich ist es auch eine Frage der Zeit und der Entspannung. Man kann nicht strikt zwischen klitoralen und vaginalen Orgasmen unterscheiden, wie Freud und Kinsey es noch taten. Ich gehe davon aus, dass das stimmt, was die neueren Forschungen zeigen – dass letztendlich ein Zusammenwirken der Gesamtheit weiblicher Schwellkörper, der inneren wie der äußeren, das orgiastische Erleben mitbestimmt.

Meine wichtigste Botschaft an Frauen diesbezüglich ist: Macht euch keine Gedanken über den Orgasmus! Vergesst alles, was darüber erzählt wird oder geschrieben steht, genießt es, wenn es strömt im Körper, genießt es, wenn's prickelt, genießt, wenn's warm ist oder weit oder sonst was, aber lasst jegliche Vorstellung von Orgasmus los, schmeißt das alles in den Müll! Wir müssen vor allem auf der mentalen Ebene aufräumen, das sehe ich als den wichtigsten Aspekt. Aufräumen mit Vorstellungen, wie was beim Sex auszusehen hat. Aufräumen mit Glaubenssätzen, wie, ‚Ich bin nicht attraktiv... nicht sexy... kann das nicht. und, und, und...' Wir müssen aufhören, uns an Idealen zu orientieren, und auf der Körperebene schauen, wie wir tiefer mit uns selbst in Kontakt kommen können.

Sobald du den Atem anhältst, ist es wie ein Abschalten aller Empfindungen, auch ein Vermeiden von wirklichem Kontakt.

Mehr Atmen für mehr Lebendigkeit

Warum ist der Atem wichtig?

Weil der Atem die Basis dessen ist, was ich an Energie im ‚Körpergefäß' aufbauen kann. Je mehr Energie, je mehr Ladung, je mehr Aufladung im ganzen Körper ist, umso tiefer ist das orgiastische Erleben.

Atmen ist also ein Synonym für Lebendigkeit?

Ja, für Lebendigkeit, für tiefes Empfinden, für das Erleben von Fließen im Körper. Für einen Zustand, der sich voll, lebendig und leidenschaftlich anfühlt. Nur aus dem heraus begehrst du einen anderen Menschen wirklich. Das kommt dann aus dem Körper, aber das kann nur geschehen, wenn du tief atmest. Ansonsten bleibst du im Kopf. Sobald du den Atem anhältst, ist es wie ein Abschalten aller Empfindungen, auch ein Vermeiden von wirklichem Kontakt. Dann reimst du dir im Kopf zurecht: Ich begehre jetzt diesen und jenen Mann. Dann treffe ich ihn und tue halt so. Das sind sehr gewagte Behauptungen, ich weiß. Aber es ist meine eigene Erfahrung aus all dem, was ich über die Jahre in der Arbeit mit vielen Frauen und Männern erlebe. Oft kommen Frauen und schildern, was sie für tolle Orgasmen erleben, und dann schau ich ihnen zu, wenn wir Beckenübungen machen, und sie liegen da und atmen, wie es flacher nicht geht oder pressen ihren Mund zusammen – der körperlich-energetische Zustand bleibt dabei auf Null. Das ist die Realität. Ich meine nicht, dass da nichts passiert. Sicher gibt es Lustempfinden, aber ich rede davon, dass wir Frauen nicht wirklich in unserer sexuellen Kraft sind.

Du sprichst immer wieder von Scham. Scham wird ja nicht nur verbal vermittelt, sie ist in uns. Schon als Kind wusste ich um das Tabuthema ‚Unten rum', ohne dass jemand etwas darüber gesagt hätte.

Ja, das ist die kollektive Prägung, die kriegst du irgendwie mit. Darüber muss überhaupt nicht geredet werden. Selbst wenn du in einem sehr aufgeschlossenen Elternhaus aufwächst, bist du den Einflüssen von Lehrern, Kindergärtnerinnen, Freunden, Priestern und Verwandten ausgesetzt. Da reichen Blicke, Stimmungen, Drohungen. Wir passen uns an, weil wir dazugehören, geliebt werden, okay sein wollen. Und dann dürfen wir auch nicht vergessen, dass wir als Eizelle bereits im Bauch unserer Großmutter waren, als sie mit unserer Mutter schwanger war. Die Eizellen, aus denen wir später entstehen, entwickeln sich schon sehr früh im Embryo, und auf dieser Zellebene werden Informationen direkt weitergegeben. Wenn wir davon ausgehen, dürfen wir uns nicht wundern, dass wir manchmal mit Empfindungen zu tun haben, die aus dem Erleben unserer Großmütter stammen – mit all dem, was sie über Körper, Sexualität und Beziehungen, über Frauen und Männer gedacht und empfunden haben. Und eben auch mit ihrer Scham.

Also gibt es Scham und Sexuell-frei-sein-Wollen nebeneinander. Wie wirkt sich das auf Beziehungen aus?

Frauen sind wenig mit sich selbst in Kontakt. Sie wissen kaum, was ihnen Spaß macht und was sie wollen, und können es deshalb Männern gegenüber auch schwer ausdrücken. Auch Männern geht es da nicht viel anders. Beide Geschlechter leiden am Erbe einer patriarchal-christlichen Geschichte, die es uns gründlich ausgetrieben hat, den eigenen Körper zu kennen und zu lieben, Spaß an der eigenen Lust zu haben. Leidenschaftlich aus dem Körper heraus zu begehren und über all das auch noch zu reden. Wir sind so sprachlos, so hilflos und wissen nicht, wie wir uns mit unseren innersten Anliegen verständlich machen können.

In Beziehungen gibt es eine Tendenz, von dir selbst weg, ständig zum anderen hinüberzugehen.

Darüber hinaus haben wir es, wenn es um Beziehungen geht, oft mit etwas zu tun, was wir ‚Agententum' nennen (nach Jack Rosenberg). Das ist so etwas wie das Helfersyndrom in Beziehungen. Eine Agentin oder ein Agent arbeitet, wie man weiß, im Geheimen. Und genau so kann man sich das auch vorstellen. In Beziehungen gibt es eine Tendenz, von dir selbst weg, ständig zum anderen hinüberzugehen. Du verlässt dich und fängst an, dich um den anderen zu kümmern, schaust, was er braucht, damit es ihm gut geht, natürlich auch sexuell. Das bedeutet: Du bist nicht bei dir, du lässt dich im Stich und versuchst herauszufinden, was der andere mag und was ihm Spaß macht. Du sorgst für ihn. Du hältst sozusagen sein Haus mehr in Ordnung als dein eigenes. Dieses automatische Verhalten hast du bereits als Kind bei deinen Eltern gelernt. Und wenn das so ist, dann kann in deinem eigenen Körper nichts passieren. Du bist ja gar nicht da, nicht bei dir zu Hause. Also kann keine Ladung, keine Erregung in dir aufgebaut werden. Das hat Folgen: Es wird langweilig. Das ist eine der Hauptursachen, warum in längeren Beziehungen die Sexualität einschläft. Sie entwickeln sich zu einer Art Bruder-Schwester-Beziehung, jeder kümmert sich um den anderen.

Ich bin also mehr bei meinem Partner und kriege nicht mehr mit, was mir gut tut und was ich möchte?

Ja, ich verliere das Gefühl dafür, zumal ich in meiner eigenen Entwicklung nie die Möglichkeit hatte herauszufinden, was meins ist. Wenn ich von klein an gelernt habe, mich immer um das Wohlergehen anderer zu kümmern, sie zu stabilisieren oder ihnen einen Lebenssinn zu geben, bleibt nicht viel Raum für die Entwicklung eines gesunden Selbstgefühls. Und wenn ich kein eigenes Selbstgefühl habe, muss ich es mir darüber holen, dass ich mich um andere kümmere, sie zufrieden stelle. Dieses Mich-Verlassen, Beim-anderen-Sein, ist ein Hauptgrund dafür, warum sexuell nach einigen Jahren oft tote Hose ist. Ohne guten Selbstkontakt kann es auch keinen wirklichen Kontakt zu jemand anderem geben. Ohne Selbstliebe gibt es keine Liebe zu anderen, ohne ein Gegründetsein im eigenen Körper kein Begehren. Also musst du wieder zu dir zurück und herausfinden, was überhaupt deine eigenen Bedürfnisse sind: was du brauchst, was für dich schön ist. Und du musst lernen, ohne Schuldgefühl dafür einzustehen.

Jeder Mensch sucht nach Erfüllung

Männer können immer, wird behauptet, während bei Frauen die Lust eher zyklisch kommt und geht. Wie kommt das zusammen? Kommt das überhaupt zusammen?

Wenn es nach den Medienbildern geht, müsstest du dich immer sexuell fühlen. Uns werden viele Bilder und auch teilweise stark eingefärbte Statistiken über die Häufigkeit sexueller Betätigung in deutschen Betten vorgesetzt. Die kennen kein ‚Ich bin heute lustlos oder gestresst' usw. Du musst immer gut funktionieren und immer Lust haben. Wenn man alte tantrische Schriften liest, wird der Sexualität ein wesentlich geringerer Stellenwert eingeräumt, als es in unserer sexualisierten westlichen Kultur der Fall ist. Die ursprüngliche Perspektive, so wie ich es verstehe, ist tatsächlich viel näher an dem, wie Tiere ihre Sexualität leben: Es gibt Phasen, Jahreszeiten, Zyklen, in denen man sich lustvoller fühlt und in denen man mehr mit dem Körper und mit sexueller Energie verbunden ist – und andere Zeiten, in denen das nicht so wichtig ist, in denen anderes im Vordergrund steht.

Wenn es nach den Medienbildern geht, müsstest du dich immer sexuell fühlen.

Die männliche sexuelle Energie ist sicher eine andere als die der Frau. Beim Mann ist mehr sexuelle Ladung in den Genitalien und er definiert sich in seinem Selbstgefühl mehr über sexuelle Aktivität, als Frauen dies tun. Wir gehen davon aus, dass Frauen von ihrer sexuellen Grundenergie her eher rezeptiv sind. Ihre Vagina ist aufnehmend, ihr Herzzentrum ist nach außen gerichtet, und von dort aus verströmt sich ihre Liebe. Bei Männern ist es genau umgekehrt: Männer drücken ihre Liebe einer Frau gegenüber vor allem dadurch aus, dass sie sie körperlich lieben, ihr mit einem liebenden Penis aktiv begegnen. In ihrem Herzen sind Männer eher rezeptiv. Das sollte eigentlich der natürliche Prozess sein: Ein Mann unterstützt eine Frau dabei, sich körperlich zu öffnen, und eine Frau hilft einem Mann dabei, sich emotional zu öffnen und berührbar zu werden. Diese Polarität ist für die meisten Menschen leider sehr aus dem Lot geraten. Frauen sind selten wirklich aufnehmend in ihrer Vagina und tun sich schwer damit, in ihrem Herzen wirklich liebend zu sein. Männer sind oft sexbesessen und alles andere als berührbar.

Über Sexualität wird in unserer Kultur vieles ausagiert, was auf anderen Ebenen zu kurz kommt. Wichtige Fragen werden so überdeckt: Wie wollen wir uns selbst verwirklichen? Was ist unser Lebenssinn? Was ist wirklich wesentlich? Worum geht es in diesem Leben überhaupt? Was soll mein Beitrag zu diesem Leben, zu dieser Gemeinschaft von Menschen sein? Ich glaube, dass unsere westliche Kultur eine Schiene gewählt hat, die diese wesentlichen Fragen ausgrenzt. Eine der Fragen heißt auch: Wie kann ich innerlich zu mir Verbindung schaffen? Wie kann ich mich selber spüren? Wie kann ich einen Ort in mir aufsuchen, der erfüllend ist? Irgendwo hat sich in unseren westlichen Köpfen die Idee festgesetzt, dass man diese Erfüllung und Zufriedenheit nur über Sexualität finden kann, dass das der einzige Ort ist, an dem wir das ultimative Glück finden.

Irgendwo hat sich in unseren westlichen Köpfen die Idee festgesetzt, dass man diese Erfüllung und Zufriedenheit nur über Sexualität finden kann, dass das der einzige Ort ist, an dem wir das ultimative Glück finden.

Ich glaube, dass heute viele Menschen gar nicht auf der Suche nach innerer Erfüllung sind, sondern dass Sexualität sehr viel mit Entspannung und Entladung von dauerhaftem Alltagsstress zu tun hat. Aber letztendlich sucht jeder Mensch Erfüllung. Der Motor ist immer eine innere Unzufriedenheit. Auch hinter der ganzen Sexsucht steht eine Suche. Es ist eine Unruhe in dir, ein innerer Stress, ein Gefühl, dass du nie richtig entspannen kannst, dass du nicht in dir ruhst, nichts in dir findest, was dich erfüllt. Und dann suchst du es im Außen, dann suchst du es in der Sexualität, suchst du es in irgendwelchen abgefahrenen sexuellen Praktiken und findest es nicht. Denn da ist es nicht zu finden.

Ist es nicht, verkürzt gesagt, so: Männer wollen lieber zum Schuss

kommen, Frauen lieben die Zärtlichkeit? Frauen wollen nicht immer Sexualität, manchmal wollen sie einfach nur in den Armen gehalten werden.

Die sexuellen Idealbilder, die wir vorgesetzt bekommen, entsprechen tatsächlich mehr dem männlichen Prinzip – oder eher männlicher sexueller Phantasie. Wo begegnen dir in den Medien Nähe, Zärtlichkeit, Berührung ohne Ziel, wenn es um Sexualität geht? Ich glaube, dass viele Frauen diese Form von Berührung nicht von ihren Männern einfordern, selbst wenn sie ihnen wichtig ist, weil das nicht zu den Bildern in ihren Köpfen bezüglich Sexualität passt; Bildern davon, wie Sexualität ablaufen müsste, vor allem dieses Fixiertsein auf Orgasmus. Die Diskrepanz zwischen dem, was wir uns eigentlich wünschen, und dem, was wir im Alltag leben, ist unglaublich groß. Wahrscheinlich war das in der ganzen Menschheitsgeschichte noch nie so krass. Zärtlichkeit und Gehaltenwerden ist für Frauen sicherlich wichtig. Ich höre aber in unseren Seminaren von Frauen fast noch öfter den Wunsch, es möge kein Ziel geben. Präziser: Ich möchte entspannen können, Zeit haben, nichts tun müssen. Ich glaube, um das geht es vor allem! Und wenn ich die Männer höre, dann ist das für sie genauso. Manchmal setzen wir Männer und Frauen in unseren Seminaren gegenüber. Dann sprechen beide Gruppen aus, was sie voneinander brauchen, was sie wirklich brauchen. Und fast jeder Mann sagt: Entspannung, Entspannung, Entspannung! Keinen Druck, kein Ziel, ich möchte einfach spüren, was ist. Ich möchte nirgendwo hin müssen, nichts bringen müssen. Ich möchte einfach entspannt mit der Frau zusammen sein und schauen, was entsteht. Das sagen Männer, wenn sie Raum bekommen, das auszudrücken, was ihr tieferes Bedürfnis ist. Auf dieser ehrlichen Ebene sehe ich also gar keinen großen Unterschied zwischen Männern und Frauen.

Zärtlichkeit und Gehaltenwerden ist für Frauen sicherlich wichtig. Ich höre aber in unseren Seminaren von Frauen fast noch öfter den Wunsch, es möge kein Ziel geben. Präziser: Ich möchte entspannen können, Zeit haben, nichts tun müssen. Ich glaube, um das geht es vor allem!

Alle Menschen sehnen sich nach Berührung und Zärtlichkeit. Aber in meinen eigenen Seminaren erlebe ich, wie problematisch eine einfache körperliche Berührung sein kann. Manche trauen sich nicht, Rücken an Rücken zu sitzen. Es ist…

… zu intim. Ja, der intensive Wunsch nach Berührung ist da, aber die Umsetzung ist oft schwierig. Auch das hat sicherlich mit unserer körperfeindlichen christlichen Geschichte zu tun. Nach wie vor ist es so, dass Körper ein Tabu ist, Berührung ein Tabu ist.

Männer haben da zu ihren Genitalien einen viel selbstverständlicheren Zugang, schließlich halten sie ihr gutes Stück mehrmals täglich in der Hand...

Es hat sicher auch mit der Kindheitssehnsucht zu tun, mit der eigenen Berührungsgeschichte.
Unser ganzer Körper sehnt sich nach absichtsloser Berührung. Weil wir das als Kinder am allerwenigsten erlebt haben. Wir wollen gehalten werden, berührt werden, ohne Absicht. Wir wollen wirklich gemeint sein und in unserem Wesen wahrgenommen werden.

Von der Schwierigkeit, sich selber anzuschauen

Anlässlich eines frauenärztlichen Kongresses in Chile belegt eine Studie, wie wenig die Frauen auf ihre Vagina bezogen sind. Da heißt es auch, dass Männer manchmal einen viel liebevolleren Zugang zur Vagina ihrer Partnerin haben als die Frauen selbst.
Das wundert mich nicht. Ich beobachte in unseren Gruppen, dass Männer sehr gefühlvoll mit Frauen umgehen. Frauen sagen häufig, dass sie mehr Zärtlichkeit benötigen als die Männer. Aber für Männer ist es genauso angenehm, am ganzen Körper berührt und gehalten zu werden. Sie sehnen sich genauso danach, Zärtlichkeit zu spüren, wirklich berührt zu werden. Frauen tun sich manchmal schwer damit, das nachzuvollziehen. Sie haben diesbezüglich tiefe Geschlechtsvorurteile im Sinne von ‚Männer wollen eh nur das Eine, und deswegen muss ich auch nicht lange herummachen'. Das ist sehr schade. Frauen nehmen sich damit die Möglichkeit, auch von Männern und über Männer zu lernen. Und natürlich spielt in deine Anmerkung auch die Tatsache hinein, dass die meisten Frauen selbst keinen guten Zugang zu ihrer Vagina haben. Sie schauen sie selten an, berühren sie kaum, finden sie hässlich. Männer haben da zu ihren Genitalien einen viel selbstverständlicheren Zugang, schließlich halten sie ihr gutes Stück mehrmals täglich in der Hand...

Du gehst ja in den Gruppen mit den Frauen einen entscheidenden Schritt und lässt sie ihre Vagina anschauen. Was passiert mit den Frauen, wenn sie sich selbst ansehen?

Zuerst einmal ist da oft eine große Schrecksekunde, wenn ich das ankündige – wobei ich das ganz sanft einleite. Zuerst schauen sie sich in einer Kleingruppe den eigenen Körper an, zeigen anderen ihren nackten Körper, reden mit ihnen darüber und sprechen aus: Was mag ich an mir, was mag ich nicht. Das ist für viele bereits eine große Herausforderung: sich bewusst so hinzustellen und sich zu zeigen. Meist wissen die Frauen gar nicht genau, was sie an sich mögen. Es ist um so vieles leichter, darüber zu erzählen, was ich an mir ablehne, unmöglich finde, womit ich nicht einverstanden bin. Aber was ich an mir schön finde, anziehend, begehrenswert? Keine Ahnung! In einer nächsten Stufe schauen sich die Frauen mit einem Spiegel bewusst ihr eigenes Gesicht an. Das geht gerade noch. Aber auch da ist zu sehen, dass alle gleich anfangen, an sich herumzuzupfen oder Grimassen zu schneiden. Beim bewussten Anschauen und Berühren der eigenen Brüste läuten schon die ersten Alarmglocken Die Brüste zu berühren in der Anwesenheit anderer Frauen – das ist für viele wirklich nicht einfach. Oft kommen viel Scham und Schmerz und Traurigkeit hoch.

Wir sprechen vom ‚zweiten Gesicht', weil die Vulva eine ganz eigene Prägung hat, ganz individuell aussieht – so, wie es kein anderes Gesicht gibt, das dem unseren völlig gleich ist.

Und dann, ganz langsam, führe ich sie dahin, dass wir uns unser ‚zweites Gesicht' anschauen. Ich sage bewusst wir. Ich beziehe mich gerade bei diesen delikaten Themen immer mit ein. Wir sprechen vom ‚zweiten Gesicht', weil die Vulva eine ganz eigene Prägung hat, ganz individuell aussieht – so, wie es kein anderes Gesicht gibt, das dem unseren völlig gleich ist. Ab und zu gibt es Frauen, die sich ihren Körper an dieser Stelle nicht anschauen können. Ihnen ist es nicht möglich, den Spiegel hinzuhalten und wirklich zu schauen. Andere schauen nur kurz hin und dann wieder weg. Und dann gibt es wieder andere, die sich so langsam anpirschen und das, was kommt, auch zulassen. Denn mit dem Anschauen kommt einiges in Bewegung.

Einige Frauen werden beim Hinschauen damit konfrontiert, dass sie ihre Vulva nicht mögen, dass sie nichts Schönes daran finden. Speziell Frauen, die unterschiedlich große Lippen haben, finden sie hässlich oder haben das Gefühl: Dafür muss ich mich schämen! Es scheint mir, dass sich viele Frauen an einer ganz bestimmten Form der Vulva orientieren, wie sie sie in Büchern oder wo auch immer gesehen haben. Wenn ihre nicht so ausschaut, dann ist das schon ein Anlass dafür, sich zu schämen. Es gibt sogar zahlreiche Frauen, die sich ihre Lippen haben operieren lassen, um diesen Bildern zu entsprechen oder auch um einem Mann besser zu gefallen. Wenn wir das realisieren, diese Selbstablehnung, dieses Sich-selbst-Vergewaltigen, kann das heftige Emotionen auslösen.

Weil sie in dem Moment merken, dass sie von irgendwas getrennt sind? Dass dieser Teil nicht wirklich zu ihnen gehört?
Ich würde schon sagen, dass es hauptsächlich mit mangelnder Selbstliebe zu tun hat. Es ist die Betroffenheit darüber, wie fremd mir dieser Teil ist. Wie wenig ich damit in Kontakt bin. Wie wenig Ahnung ich von mir und meiner Vagina habe. Und vor allem, wie viele schmerzvolle Erinnerungen damit zusammenhängen. Es sind vor allem all diese Erinnerungen, die mich nicht hinschauen lassen. Denn wenn ich meine Vulva bewusst anschaute, dann käme ich mit meiner ganzen schmerzlichen Geschichte in Kontakt.

Was sind das für Erinnerungen?
Das bezieht sich z.B. auf Missbrauchserfahrungen, die Frauen gemacht haben. Aber auch Erlebnisse, in denen Sexualität gelebt wurde, die nicht stimmig war. In denen die Frau mitgespielt hat, es über sich hat ergehen lassen. Abtreibungen, und oft auch Erfahrungen beim ‚ersten Mal', die unangenehm oder gar traumatisch waren. Oft ist es auch die ganze Unsicherheit, der wir in der Pubertät ausgesetzt waren: sich nicht auskennen, alleine sein, sich hässlich und unattraktiv fühlen, oder die permanente Drohung: „Komm mir ja nicht mit einem Kind nach Hause!" All das sind Ereignisse, die sich in jeder Zelle unseres Körpers festsetzen und wieder an die Oberfläche kommen, wenn wir aufmachen.

Die Angst davor, dass der ganze alte Schlamassel wieder hochkommt, ist sicher einer der Hauptgründe dafür, warum Frauen oft völlig ihre Sexualität vergessen oder irgendwann die Entscheidung treffen: Okay, abgeschlossen.

Und natürlich haben wir auch mit alten Familienmustern zu tun, mit Scham, mit ‚Das gehört sich nicht... eine Frau sollte so und so sein!' Glaubenssätze, Überzeugungen – das alles kommt hoch, wenn man sich anschaut. Auf einmal überholt mich meine ganze Geschichte und die meiner Mutter. Lieber nicht hinschauen, lieber nicht hinspüren. Die Angst davor, dass der ganze alte Schlamassel wieder hochkommt, ist sicher einer der Hauptgründe dafür, warum Frauen oft völlig ihre Sexualität vergessen oder irgendwann die Entscheidung treffen: Okay, abgeschlossen.

Was es braucht ist Wille – der Weg der Veränderung

Was fangen wir jetzt damit an? Was wäre notwendig, um etwas zu verändern?

Veränderung kann nur geschehen, wenn wir uns mit größter Behutsamkeit, mit Respekt vor den eigenen inneren Grenzen, vor der eigenen Schüchternheit und Scham, vor der ganzen Unsicherheit, die da ist, uns selbst annähern. Neues ist nur möglich, wenn wir uns langsam an unsere ganz persönliche Form von sexuellem Erleben heranpirschen, eine ganz individuelle, auf meine eigene Person und meine Eigenheiten abgestimmte Sexualität. Das heißt, dass ich anfange zu spüren, was meinem Körper gut tut und was nicht. Auf einer ersten Stufe ist es wichtig, ein Körperbewusstsein zu schaffen. Atmen lernen, nach innen horchen, wahrnehmen. Was möchte mein Körper? Unabhängig von den Spinnereien im Kopf. Zulassen, dass in Wahrheit eine tiefe Verunsicherung in uns ist, dass wir alles andere als frei sind. Es geht darum, mich mit dem Herzen sehen und verstehen zu lernen!

Neues ist nur möglich, wenn wir uns langsam an unsere ganz persönliche Form von sexuellem Erleben heranpirschen.

Nach innen horchen, das kann heißen: Berühren innen an der Hand ist gut, Berühren am Oberarm ist nicht so gut für mich?

Genau. Oder: Es tut mir total gut, es erweckt mich sexuell, wenn meine Brüste eine Weile massiert werden. Oder wenn ich sie selber berühre. Wichtig in dieser Behutsamkeit ist vor allem der Zeitfaktor. Ich erlebe es immer wieder, dass Frauen wahnsinnig ungeduldig sind. Sie möchten einen Kurs machen, danach soll alles super sein. So ermutige ich die Frauen, so sehr ich nur kann, wirklich viel mit sich zu experimentieren, zu erforschen, was ihnen gut tut, welche Berührungen ihnen Spaß machen. Es auch mal auszuhalten, wenn nichts ist, wenn kein Spüren oder nur wenig Spüren da ist. Und dann trotzdem dranzubleiben – immer wieder mit Atemübungen, Beckenbewegungen, mit Sichberühren, mit Experimentieren mit der Stimme. Es braucht viel Zeit, Geduld und Achtsamkeit, um die inneren Impulse zu erforschen, Geduld und Achtsamkeit mit sich selber. Das sehe ich als die einzige Lösung. Und dann all das Erfahrene und Gelernte weiterzugeben, wenn man einen Partner hat. Ihn minutiös zu lehren und anzuleiten, was ich brauche, was mir Spaß macht, wie ich mich auch mit ihm gut spüren kann.

Wir müssen also im ersten Schritt lernen, vor uns selbst alles auszusprechen und dann auch vor dem anderen.

Absolut. Ich ermutige Frauen, während dieser Erforschungsphase so eine Art Tagebuch zu führen und alles aufzuschreiben, was ihnen auf dieser Reise zu sich selbst begegnet. Das ist wirklich Forschungsarbeit mit sich selbst.

Das setzt voraus, dass ich mich ernst nehme, und es bedeutet, dass ich wirklich zu meinem Körper stehe, mir Zeit für mich nehme. Wenn ich aber abgeschnitten bin, nicht wirklich etwas spüre, wie schlage ich die Brücke dahin?

Das ist der wichtigste Punkt: Dass du überhaupt herausfindest, wo du wirklich bist, jenseits all der Kopfvorstellungen? Was ist in diesem Moment mein Zustand? Das ist der erste Schritt: sich selber ernst zu nehmen, ehrlich mit sich zu sein. Ich erlebe es bei den meisten Frauen als Befreiung, wenn sie das ausdrücken dürfen. Wenn sie zum Beispiel sagen dürfen: Ich spüre mich selber nur ganz wenig. Das ist zwar eine schmerzvolle Erkenntnis und sie löst viel Traurigkeit aus. Aber sich selber und anderen gegenüber diese Unsicherheit einzugestehen, ist sehr entspannend und erleichternd. Und wenn ich das dann einfach angenommen habe und sagen kann „Okay, so ist es!", dann kann ich von dort aus mit dem Experimentieren anfangen. Ich empfehle dann immer die Bücher von Lonnie Barbach, *Mehr Lust* und *For Yourself*, weil es die besten Anleitungsbücher sind. Es gibt viele Frauen, die wirklich die Energie aufbringen, dranzubleiben, obwohl es Arbeit ist, Rückschläge gibt und nicht immer einfach ist. Aber es gibt auch viele andere, die lassen alle Erkenntnisse links liegen und leben so weiter wie bisher, weil es ihnen zu anstrengend ist.

Wir bekommen das nicht geschenkt, innerlich und sexuell zu wachsen. Das ist Arbeit und braucht Einsatz.

Kann man sagen, welchen Impuls es braucht, um die Forschungsreise mit sich fortzusetzen und den Bedürfnissen des Körpers zu folgen?
Es braucht eine klare innere Entscheidung. Es braucht Willen. Und es braucht eine innere Bereitschaft, eine Zeit lang Mühen auf sich zu nehmen, auch, wenn du noch nicht siehst, was das Resultat sein kann. Ich kann das nur aus eigener Erfahrung sagen: In den Jahren, in denen ich mit mir selbst sehr viel experimentiert habe, hätte ich nie gedacht, was das später für eine Wirkung haben wird und wo ich für mich hinkommen werde. Das ist das Dilemma – du siehst es nicht vorher, was körperlich und in deinen Empfindungen möglich ist. Wir bekommen das nicht geschenkt, innerlich und sexuell zu wachsen. Das ist Arbeit und braucht Einsatz.

Du erlebst, dass die Erregung wirklich aus dem Körper kommt. Dass es nicht mehr nur eine Vorstellung ist, sondern dass dein Körper das tut, was für ihn gut ist.

Nicht mehr Opfer – sondern selbst bestimmen

Kannst du beschreiben, was möglich ist, wenn man sich für diesen Weg entscheidet?
Ein viel intensiveres Empfinden im ganzen Genitalbereich wird zum Beispiel möglich. Du erlebst, dass die Erregung wirklich aus dem Körper kommt. Dass es nicht mehr nur eine Vorstellung ist, sondern dass dein Körper das tut, was für ihn gut ist. Dein Körper folgt ganz von selber seinem Bedürfnis nach Bewegung, er folgt seinem eigenen Rhythmus, er atmet wieder viel tiefer. Ich erlebe es zum Beispiel beim Liebemachen zurzeit so, dass einfach ein Vertrauen in den natürlichen Körperfluss da ist, und das hat vor allem mit Entspannung zu tun. Der ganze Beckenbereich, aber auch der gesamte Körper, alles fühlt sich entspannter an. Und das wiederum beeinflusst mein eigenes Gefühl von Weiblichkeit und Selbstbewusstsein auf eine sehr angenehme Weise.

In welcher Weise wirkt erfüllte Sexualität auf das Selbstbewusstsein?
Wenn du deinen eigenen Körper kennst und einem anderen gegenüber ausdrücken kannst, was du möchtest oder was dir gut tut, hast du eine ganz andere Position. Du bist nicht mehr das Opfer. Du kannst selber

Du kannst zum Beispiel über die Klitoris ein sehr volles orgiastisches Erleben auslösen, wenn bereits viel Lebendigkeit im Körper aufgebaut ist.

bestimmen, was du brauchst, bist nicht mehr so abhängig, dass der andere zufällig errät, was dir vielleicht gut tun könnte. Und: Wenn du gelernt hast zu atmen, tiefer zu atmen, wenn sich dein Körper freier bewegen darf, wenn du mit dir selbst Spaß hast, dann ist es ziemlich egal, was dein Partner für dich tut. Dann kannst du für dich selbst Wunderbares erleben.

Kein Rubbeln mehr an der Klitoris...?

... das ist dann nicht mehr so wichtig. Du atmest tief, du erfreust dich an der aufgebauten Energie, an der Lebendigkeit. Du lässt den Körper sich bewegen, lässt die Stimme los, bist ganz im augenblicklichen Spüren.... Das ist für sich schon so lustvoll, dass du nicht mehr den Blick nach außen richten musst, sehnlichst darauf wartest, dass dein Partner jetzt dies und jenes für dich tut, weil sonst gar nichts läuft. Natürlich kann er oder kannst du selber die Klitoris stimulieren, aber das ist nicht das Wichtigste. Du kannst zum Beispiel über die Klitoris ein sehr volles orgiastisches Erleben auslösen, wenn bereits viel Lebendigkeit im Körper aufgebaut ist. Dann fließt diese Energie einfach über, ergießt sich. Ich spreche hier wieder bewusst von orgiastischem Erleben, weil es mir wichtig ist, dass wir von diesem Begriff Orgasmus, der mit ganz bestimmten Bildern einhergeht, wegkommen.

Ich sehe, dass Frauen, die entspannt in ihrer Sexualität sind, anders in der Welt stehen.

Sie sind entspannt und in sich ruhend, selbstbewusst. Und es ist nicht mehr diese Anstrengung dabei, dieses Kämpfen und Leiden. Sie erleben Selbstverständnis. Das hat viel damit zu tun, wie entspannt du in der Vagina bist und wie sehr du sie wirklich aufmachen kannst – für dich selber, für jemanden anderen und auch für etwas Größeres. Es hat viel mit Hingabe zu tun und diesem Gefühl: Meine Vagina ist ein großer Schoß, sie ist wie eine große Vase oder ein großes Gefäß, in das ich aufnehme. Es hat mich gleichzeitig auch mit einer göttlichen, spirituellen Dimension in Verbindung gebracht, bei der es gar nicht mehr nur um die so genannte sexuelle Erfahrung geht. Das geht viel tiefer. Es ist vor allem das Erleben von Raum und Weite.

Das klingt wie Verschmelzung.
Ja, wobei diese Art von Verschmelzung nur möglich ist, wenn jeder total bei sich ist. Ich kann dann nur sagen: Ich bin in meinem Körper. Ich bin diese Frau, ich empfange diesen Mann, der auch bei sich ist. Wenn ich ganz offen bin, also einen Mann total willkommen heiße, dann kann auch er in mir völlig entspannen. Und das ist die größte Sehnsucht jedes Mannes, dass er willkommen ist, eingeladen, entspannt sein kann und diesen köstlichen Raum mit einer Frau teilen darf.

Du sagst also: Wir müssen uns die Distanziertheit, das Fremdsein, die Körperfeindlichkeit genau anschauen. Den Schmerz, der damit verbunden ist, wahrnehmen und zulassen. Wenn wir das tun, was liegt darunter, was entdecken wir dann?
Die Liebe, ganz einfach. Die Liebe für dich selber und das Sehen, Lieben und Annehmen des anderen. Den anderen nicht mehr nur als Objekt meiner sexuellen Befriedigung zu sehen. Wenn du diesen Weg gehst, nimmst du wahr, dass es eigentlich um etwas ganz anderes geht, nämlich um echte Begegnung.

Was glaubst du, ist die größte Sehnsucht der Frauen?
Ich glaube, was die Sehnsucht betrifft, kann man gar nicht unterscheiden zwischen Männern und Frauen. Die größte Sehnsucht von jedem ist sicher, als das gesehen zu werden, anerkannt zu sein, geliebt zu werden, was du wirklich bist. Wenn du in deiner Seelenqualität gesehen wirst, gibt es ein Entspannen in jeder Hinsicht. Das ist der Ort, an dem alles gut ist, an dem Ruhe ist: mental, emotional, spirituell, körperlich. Da ist alles, so wie es ist, gut. Da muss nichts anders sein. So wie du bist, bist du genau richtig. Das gilt für deinen Körper, so wie er ist, deine Lebendigkeit, so wie sie ist – ganz gleich, ob sie jetzt zart ist oder feurig. Entspannung entsteht, wenn nichts anders sein muss, als es ist. Ich glaube, die größte Sehnsucht von Frauen und Männern ist, sich selbst ganz anzunehmen. Damit aufzuhören, zu denken, dass irgendetwas anders sein muss.

Die größte Sehnsucht von jedem ist sicher, als das gesehen zu werden, anerkannt zu sein, geliebt zu werden, was du wirklich bist.

Der *Sweet Medicine SunDance Path*
Lehren über den heilsamen Umgang mit dem Leben

Indianische Medizinmänner und -frauen gründeten im Jahr 1250 die *Rattle Snake School*, aus der später die stammesübergreifende Medizingesellschaft *Twisted Hairs Council of Elders* hervorging. Sie sammeln und bewahren seither das spirituelle Wissen und die Traditionen verschiedener Stämme, um es an kommende Generationen weiterzugeben.

Die Lehren des *Twisted Hair Council* basieren auf einer schamanischen Denkweise und einer matriarchalen Struktur. 1975 beschloss der Ältestenrat, einen Teil des lange Zeit geheim gehaltenen Wissens nach außen zu geben. Durch Thunder Strikes und die von ihm gegründete *Deer Tribe Metis Medicine Society* – eine schamanische Schule und Medizingesellschaft in Arizona/USA – wird dieses Wissen mit dem Namen *Sweet Medicine SunDance Path* seither an eine breitere Öffentlichkeit weitergegeben. In den Lehren des *Sweet Medicine SunDance Path* geht es um einen heilsamen Umgang mit dem Leben. Die ‚Süße Medizin' symbolisiert unter anderem Nahrung und Heilung. Der Sonnentanz steht für das Zusammenkommen der Menschen mit allen Wesen zur Feier des Lebens.

Nichts ist mehr oder weniger wert

Die Ältesten ordnen ihr Weltbild in Kreisen an, d.h. jedes Wesen (ob Mensch, Tier, Pflanze, Stein usw.) und jedes Energiefeld hat seine ihm eigene Schwingung und Gesetzmäßigkeit, und seine daraus resultierenden Möglichkeiten. Somit hat alles seinen Platz und seine Berechtigung. Nichts ist mehr oder weniger wert. Alles ist notwendiger Teil des Ganzen und steht in Beziehung zueinander.

Das Universum wurde in Hingabe geschaffen

Die Lebens- und Schöpfungsenergie, die jedes Wesen durchströmt, nennt man in der *Sweet Medicine Chuluaqui*. In anderen Kulturen kennt man sie als *Ki, Chi* oder *Prana*. Wenn in der Sexualität, im *Chuluaqui Qoudoushka*, zwei Menschen ihre Energien verschmelzen, wird dadurch etwas geschaffen, das größer ist als die bloße Summe der beiden ursprünglichen Energien. Alles Existierende, so heißt es, entsteht auf diese Weise. So sei es auch am Urbeginn aller Zeiten geschehen: Urgott und Urgöttin – *Wakan* und *Ssquan* – gaben sich einander ganz hin, und schufen so das Universum mit all seinen Lebensformen.

Die sexuelle Kraft für verantwortliches Handeln nutzen

In der *Sweet Medicine* ist Sexualität die zentrale Energie, die stärkste Kraft der Umwandlung und Befreiung. Um Zugang zu ihr zu finden, müssen die Menschen zuerst lernen, aufmerksam und bewusst zu handeln. Sie müssen sich klar darüber werden, wie sie ihre Möglichkeiten ausschöpfen können – oder warum und wie sie diese Kraft vergeuden. Ein Mensch, der sein Potenzial ausschöpft, erkennt die Zusammenhänge zwischen Ursache und Wirkung und übernimmt die Verantwortung dafür, wie er mit den Anforderungen des Lebens umgeht und wie er es gestaltet. Die Ältesten (engl. *the elders*) sagen, viele der heute lebenden Menschen seien ‚Menschen im Training', die ihr Potenzial erst erkennen und dann leben müssen. Für sie kann ein Mensch sich erst dann ganz entfalten, wenn er seine Handlungen und Nichthandlungen bewusst bestimmen kann – im Schlafen und im Wachen.

Der *Sweet Medicine SunDance Path* geht deshalb unter anderem folgenden Fragen nach: Wie können wir Menschen unsere Energie besser wahrnehmen, verstehen und einsetzen? Wie viel freier Wille bleibt uns nach einer langen Geschichte kollektiver Einschränkung und Begrenzung? Wie viel spontaner Ausdruck und wie viel Ursprünglichkeit sind übrig geblieben nach all der Anpassung, Erziehung und Panzerung im Körper? Wie sehr prägt das unsere Realität? Wer bin ich in meiner Natürlichkeit und in meinem vollen menschlichen Potenzial? Wie kann ich in solch einem Einklang mit meiner Umwelt leben, dass meine Existenz nicht nur für mich, sondern für alle Beteiligten und das Leben selber ein Energiegewinn bedeutet?

Darf's ein bisschen mehr sein?

Claudia Haarmann
im Gespräch mit Rose Fink

ROSE FINK lernt und lehrt seit mehr als 20 Jahren auf dem Sweet Medicine SunDance Path. Sie ist Lehrerin der Deer Tribe Metis Medicine Society und unterrichtet auf mehreren Kontinenten. Ihre Lehrer sind die Ältesten des Twisted Hair Council. Thunder Strikes, der sie am längsten begleitet, ist jüngstes Mitglied dieses Rates.
Rose stammt aus Österreich, ihre zweite Heimat ist Phoenix/ Arizona. Ihre Workshops und Seminare umfassen ein breites Spektrum. Woman Ways – eine Serie über die Kraft der Frau in verschiedenen Lebensphasen, Quodoushka – Spirituelle Sexualität, schamanisches Wissen um Selbstheilung und den Einklang mit der Natur sowie zeremonielle Übergangsriten. Ihre besondere Liebe gilt ihrem Garten und zeremoniellen Reisen zu Kraftplätzen der Erde.

Für Suchende gibt es immer was zu finden

Seit mehr als 20 Jahren lernst du in den USA von den Ältesten des Twisted Hair Council – auch über Sexualität. Ihr geht davon aus, dass ein Großteil aller Erkrankungen – im Seelischen, Physischen, aber auch Gedanklichen – mit einem inneren Gefangensein zu tun hat, oder, deutlicher gesagt, mit nicht vital gelebter Sexualität.
Da müssen wir schon anders anfangen: Was ist denn eigentlich Sexualität? Was geschieht dabei energetisch, und welchen Gesetzmäßigkeiten und Abläufen folgt dieses Geschehen? Wenn wir dem nachgehen, wird sehr viel klarer, was bei unserer Sexualität alles schief gehen kann. Die Ältesten sagen: Sexualität ist das Miteinanderverschmelzen zweier bewusster Energiefelder. Dadurch entsteht eine Energie, die schneller schwingt, die mehr ist als die Summe der einzelnen Teile, also der beiden Partner. Eins und eins ergibt nicht zwei, sondern drei! Wahre Sexualität erzeugt also einen Energiegewinn für alle Beteiligten und ein Extra an Energie. Damit diese dritte Energie, dieser Energieüberschuss, dieses Neuentstehende eine Richtung nehmen kann oder Form annimmt, brauchst du eine klare Absicht. Und da fängt es schon an.

Wenn du fragst: „Was ist deine Absicht beim Sex?", werden die meisten Menschen sagen: „Ich möchte Spaß haben!" Spaß gehört sicher dazu, aber er ist ein Nebenprodukt zu dem, was möglich ist. Wenn du nur Spaß haben willst, dann kannst du mit deinem Partner nicht weit gehen. Und das Dumme daran ist: Wenn beim Sex irgendein Erlebnisraum fehlt oder auftaucht, den du nicht mit Spaß in Verbindung bringst, dann fällt das ganze Gebilde in sich zusammen. „Das war jetzt aber kein Spaß... Das war ein magerer Orgasmus... Wieder mal daneben, es geht eben nicht..."

Eins und eins = drei, guter Sex mehrt Energie.

Um höhere Stufen der Lust und eine fruchtbringendere Sexualität zu erleben, geht es also darum, eine klare Absicht von Verschmelzen mit uns selber und mit dem anderen Wesen zu haben – und es geht auch um die Frage, wozu die Energie, die beim Verschmelzen entsteht, gut sein soll. Schau, die Sexualkraft oder Seelenkraft und der freie Wille sind die katalysierenden Kräfte im Menschen. In der *Sweet Medicine* bedeutet katalysieren, etwas Bestehendes in etwas anderes, Verfeinertes, Höherschwingendes zu verwandeln. Die Sexualkraft stellt die notwendige Energie zur Verfügung und wandelt das Gegebene um. Der freie Wille lenkt diese Energie in eine bestimmte Richtung. Durch das Verschmelzen in der Sexualität kannst du deine und eure Energie in seiner Vibrationskraft erhöhen, kraftvoller werden lassen, sie in eine schnellere Schwingung versetzen. So kannst du sie zum Ausgleich von Ungleichgewichten oder zur Heilung von Krankheiten einsetzen, wenn du das willst.

Was meinst du in diesem Zusammenhang mit Verschmelzen?

Gut. Kennst du das Gefühl eines Orgasmus? Also hast du jemals einen Orgasmus erlebt? Ist dir aufgefallen, dass sich nicht jeder Orgasmus gleich großartig anfühlt, und auch, dass das Danach unterschiedlich sein kann? (Claudia nickt) Verschmelzen bedeutet Einswerden. Ein intimes Einlassen auf sich, den anderen und den gegebenen Moment. Dadurch erhöht sich die Energieschwingung des Einzelnen bis zu dem Punkt, an dem ein Austausch an Informationen stattfindet, also Wissen und Erfahrung von Zelle zu Zelle, von einem Wesen zu einem anderen übertragen wird. Verschmelzen ist ein ausgesprochen intensives, alles umfassendes, ekstatisches Erleben und sehr hoch schwingendes orgiastisches Erleben, das in einem lange andauernden Orgasmus gipfelt. Wie lange du in diesem Erleben bleiben kannst, hängt wieder von deiner Durchlässigkeit, von deiner inneren Balance ab. Wir alle können nur in dem Ausmaß katalysieren, wie wir innerhalb unserer elementaren Bereiche heil und im Gleichgewicht sind. Und inwieweit wir zwischen den männlichen und weiblichen Anteilen, die wir alle in uns tragen, ausbalanciert sind. Das Ausmaß unserer Balance wird sich ganz sicher in unserer Sexualität zeigen und sich als Energiegewinn oder -verlust, als Lust oder Unlust und Orgasmusfähigkeit wahrnehmen lassen.

Der erste Level von Orgasmus unterstützt dich dabei, dein emotionales Energiefeld auszugleichen, wenn beide einen Orgasmus erleben.

Wir Menschen können alle möglichen Schwingungsstufen des Orgasmus erfahren. Welchen Level des Orgasmus du erlebst, hängt unter anderem wie gesagt von deiner Grundschwingung und Ausgeglichenheit innerhalb deines Energiefeldes ab. Ich werde dir drei dieser Orgasmuslevel beschreiben, und es gibt noch einige mehr. Die beiden ersten kannst du auch erreichen, wenn du mit dir selber sexuell bist. Für den dritten Level ist es sehr förderlich, einen Partner, einen energetischen Gegenpol zu haben. Um diesen Level mit dir selber erreichen zu können, musst du schon sehr in deiner inneren Balance sein. Du wirst sehen, dass das Verschmelzen bei jedem dieser Level eine gänzlich andere Vollständigkeit hat, und auch, dass diese Level für Frauen und Männer unterschiedlich aussehen. Das kommt unter anderem daher, dass wir ein unterschiedliches zellulares Bewusstsein haben, und daher unsere Energie verschieden wahrnehmen und fließen lassen.

Der erste Level von Orgasmus unterstützt dich dabei, dein emotionales Energiefeld auszugleichen, wenn beide einen Orgasmus erleben. Wenn nicht, dann verstärkt er dein emotionales Ungleichgewicht. Bei dieser Stufe des Orgasmus bleibt währenddessen und nachher jeder in seinem eigenen Erleben. Das energetische Geschehen zwischen den beiden nennen wir Repulsion – die Energien haben also eine sich gegenseitig abstoßende Qualität. Körperlich ist beim ersten Level des Orgasmus der Mann im Genitalbereich, die Frau vom Beckenboden über den Bauch bis über den Nabelbereich lebendig und energetisch aufgeladen. Deshalb braucht er nicht lange, um Energie aufzubauen. Das dauert so ungefähr zwei bis

Die Frau ist nach dem ersten Level wach und passiv. Sie hätte es aber gerne, dass der Partner aktiv ist, würde gerne Zuspruch haben, gehalten werden, erzählt bekommen, wie wunderbar sie ist, und dass das Zusammensein großartig war.

drei Minuten, wenn er schnell sein will, während du als Frau schon so an die 20 Minuten und mehr brauchst, um warm zu werden. Der Mann schläft in der Regel nach diesem ersten Level kurz ein. Wenn er wach bleibt und an etwas denkt, dann sicher nicht an Verschmelzen oder an Verbinden. Seine Gedanken treiben eher etwas ziellos umher, und auf keinen Fall möchte er Probleme lösen. Und das ist nicht so, weil er ein unguter Typ ist, sondern einfach, weil es so funktioniert für den Mann. Die Spannung ist gewichen und er braucht eine Ruhepause, ein Aufladen der Batterie. Die Frau ist nach dem ersten Level wach und passiv. Sie hätte es aber gerne, dass der Partner aktiv ist, würde gerne Zuspruch haben, gehalten werden, erzählt bekommen, wie wunderbar sie ist, und dass das Zusammensein großartig war. Sie hätte sozusagen gerne die Zusicherung und die Aussicht auf ein erfüllendes sexuelles Leben miteinander.

Wenn die beiden diese Dynamik nicht verstehen, haben sie jetzt ein Problem. Wenn das ein paarmal passiert, dann sind die beiden bald in Mustern gefangen – langsames, destruktives Denken, Verzweiflung über das Nicht-Wissen, wie es funktioniert und besser gehen könnte, und gegenseitige Schuldzuweisungen, wie z.B. „Wenn du das jetzt besser oder anders gemacht hättest ... gestöhnt, geflüstert, berührt... dann wäre mein tiefer Wunsch nach Verschmelzung und großartigem Orgasmus in Erfüllung gegangen. "

Fakt ist aber, dass wir auf der rein körperlichen Ebene so funktionieren, und wir haben Wünsche an den Partner.
So funktionieren wir im ersten Level. Also können wir schauen, wie wir weitergehen und wirklich verschmelzen.

Das bedeutet, wenn wir weitergehen, bleiben wir nicht auf dem unteren Level, sondern es gibt einen Weg, der weiterführt, tiefer in den Kontakt mit dem Partner?
Genau. Der zweite Level von Orgasmus sieht schon ganz anders aus. Da gilt das Energiegesetz der Adhäsion, der Anhaftung. Die beiden gehen sozusagen eine Zeit lang nebeneinander auf derselben Straße. Sie bleiben so lange beieinander, bis ein stärkerer Energieimpuls sie woanders hin-

lenkt, d.h. bis ihre Aufmerksamkeit von etwas Interessanterem angezogen wird.

Die Frau ist energetisch gesehen von ihren Genitalien über den Schoß, den Bauch und das Herz bis in ihr Kommunikationszentrum im Bereich der Kehle lebendig. Auch der Mann ist viel aufgeladener mit Energie als beim vorherigen Level, denn seine Energie fließt nun von seinen Genitalien bis über seinen Nabel. Er ist gegenwärtiger und unmittelbarer in seinem Ausdruck. Jetzt ist er da, wo die Frau im ersten Level war. Er ist nach dem Orgasmus wach, empfänglich und passiv. Körperlich ist er entspannt und mental ist er bei der Sache. Sie ist danach sehr wach und lebendig und will aktiv werden. Sie redet und erzählt, sie will alles Mögliche tun. Sie könnte sagen: „Lass uns essen gehen oder tanzen." Und er wird in der Stimmung sein zu sagen: „Oh ja, tanz für mich, ich schau dir ja so gern zu." Ihr Körper hummt und summt bis übers Herz und ihr Kommunikationszentrum hinaus. Und das ist die Brücke zum Partner. Das Fließen der Herzensenergie ermöglicht Verständnis für den anderen. Beide hatten ein schönes Erlebnis. Es war kein Verschmelzen, aber ein Miteinander. Beide sind auch ohne Weiteres fähig, gleich da weiterzumachen, wo sie gerade aufgehört haben.

Wie kommt man denn vom ersten zum zweiten Level? Muss ich mir vornehmen, mich mit dem Partner und meiner Liebe zu verbinden oder beim Sex zu reden?

Das Reden beim Sex kann auf keinen Fall schaden, wenn es authentisch ist. Damit ersparst du dir, dass du auf einen Gedankenleser warten musst. Dich mit deiner Liebe zu verbinden und dich mit deinem Partner verbinden zu wollen, wenn du sexuell mit ihm sein willst, ist auf jeden Fall eine gute Idee. Liebe erlaubt unter anderem, dass man die eigenen Muster verlässt, ohne sich gleich Sorgen über die Folgen machen zu müssen.

Das Reden beim Sex kann auf keinen Fall schaden, wenn es authentisch ist. Damit ersparst du dir, dass du auf einen Gedankenleser warten musst.

Vom ersten zum zweiten und zu jedem anderen Level von Orgasmus kommst du, wenn du die notwendigen Voraussetzungen dafür schaffst. Wichtig ist der Zustand deines Körpers und natürlich auch, inwieweit du emotional in der Balance bist: Wie bist du beieinander? Wie frei fließt die

Energie, was wird gehalten, was ist blockiert? Der freie Energiefluss wird beeinträchtigt und verlangsamt sich, wenn er durch physische und andere Blockaden abgelenkt oder aufgehalten wird. Ob und wie du deinen Verstand und deine Wahrnehmung für ein Gelingen einsetzt, spielt auch eine große Rolle. Es macht einen großen Unterschied, ob du bereit bist, das Ja in dir zu finden und etwas aus der Situation entstehen zu lassen. Du wirst in vielen Momenten die Möglichkeit haben, dich zu entscheiden: Stimme ich dem zu, was da gerade geschieht, oder lehne ich es ab? Durch unsere Gedanken unterbrechen wir den Fluss der Energie. Wir sind in dem Moment nicht in der Gegenwart, sind nicht präsent. Jedes Nein ist eine Trennungsenergie der Situation gegenüber. Kannst du dich dem Ja in dir anvertrauen und ihm folgen, oder bist du hauptsächlich mit dem Nein, dem Separieren zum Zwecke des Separierens, beschäftigt?

Wann immer du dich einlässt, oder Ja sagst, wirst du lernen und dich erweitern.

Wann immer du dich einlässt, oder Ja sagst, wirst du lernen und dich erweitern. Ob deine Energie frei fließt oder blockiert ist, hängt nicht so sehr von deinem Tun ab – es ist vielmehr eine Frage der Absicht, des Erlaubens und Zulassens und der aufmerksamen Wahrnehmung. Wenn du deine Aufmerksamkeit aufs Empfinden im Moment richtest, anstatt darüber nachzudenken, was du empfinden und fühlen möchtest oder solltest; wenn du authentisch bist und dich auf deine eigene Energie, die des anderen und die des Momentes einlässt und mit ihr mitgehst, dann bleiben dir ein ekstatisches Erleben und der Orgasmus gar nicht erspart. Der Orgasmus ist ja sozusagen der Moment des Überfließens deiner Energie, weil der Körper die Spannung und Geschwindigkeit der Energiebewegung nicht länger halten kann. Es ist für höhere Level von Orgasmen notwendig, eine immer höhere Energieschwingung, also immer mehr Lust aushalten zu können, bevor es zu einem Orgasmus kommen muss.

Viele Leute haben sich angewöhnt, die Reise nur wenig zu genießen und hauptsächlich das Ziel vor Augen zu haben. Manche haben es sich sogar angewöhnt, die Reise als Stress zu erleben. Die Auflösungsenergie von Stress ist Entspannung – und nicht Orgasmus. Schau dir deine Motivation an, bevor du dich auf den anderen und mit ihm einlässt. Willst du mit dieser Person in diesem Moment zusammen sein, oder willst du es nicht?

Soll es eine kurze Lustbefriedigung sein und der körperlichen und emotionalen Entspannung dienen, oder geht es euch um mehr? Wem begegnet der andere heute, indem er mir begegnet – und umgekehrt? Antworten auf solche Fragen klären den gemeinsamen Raum und die Art, wie ihr euch aufeinander einlassen könnt. Ja, und dann ist es noch sehr förderlich, eine Absicht zu setzen, damit der Fluss an Energie eine Richtung findet, wenn es so weit ist.

Kann diese Absicht zum Beispiel sein, zum Orgasmus zu kommen?
Nein, der Orgasmus ist ja das Überfließen von Energie, ein Nebenprodukt sozusagen. Die Absicht ist ein Bestimmen dessen, was mit dieser dritten Energie, diesem ‚Kind' eures Zusammenseins, geschehen soll. Eins und eins = drei! Die Absicht ist eine Imagination von etwas, das entstehen wird, ein lebendiges Bild, ein bewusster Schöpfungsakt. Fließende Sexualenergie ist immer Kreationsenergie. Du erschaffst damit immer Leben. Es geht also um die Frage, welche Art von Leben du mit diesem ‚Dritten' erschaffst oder gestaltest. Es kann alles sein, was du imaginieren kannst. Du kannst diese Energie zu deiner oder eurer Heilung oder zum Wohle der Erde und ihrer Bewohner einsetzen. Du kannst sie für Bewusstseinserweiterung und mehr Klarheit und Weisheit im Umgang mit dir selber oder mit anderen nutzen. Es kann natürlich auch ein physisches Kind sein, das du mit dieser Energie ins Leben bringst. Oder du widmest sie einfach deinen Pflanzen auf der Fensterbank, die du beinahe hast vertrocknen lassen. Wichtig ist, dass ihr vor Beginn des Ganzen eure Absicht klärt. Wo wollen wir hin? Geht es um eine kurze Lustbefriedigung – oder darf es mehr sein? Wollen wir uns wirklich verbinden? Dann ist das zwischen euch beiden ausgesprochen und kann wieder vergessen werden. Ihr könnt euch erlauben, ganz im Moment zu sein, euch ganz dem Spüren und Empfinden zu überlassen, ohne dabei ins Wollen zu gehen.

Wichtig ist, dass ihr vor Beginn des Ganzen eure Absicht klärt. Wo wollen wir hin? Geht es um eine kurze Lustbefriedigung – oder darf es mehr sein? Wollen wir uns wirklich verbinden?

Ist es wichtig, dass das eine gemeinsame Absicht ist?
Das hängt von der Absicht ab. Eine gemeinsame Absicht macht nur Sinn, wenn es etwas Gemeinsames ergeben soll. Man kann sich aber auch abwechseln und gegenseitig im Verwirklichen seiner Absichten unterstützen. Ansonsten setzt jeder seine eigene Absicht.

Wie geht es jetzt weiter?

Jetzt geht's zum dritten Level von Orgasmus. Da sind wir eigentlich das erste Mal miteinander beim Liebemachen, gemeinsam im Bett. Und nicht beieinander im Bett und jeder erlebt etwas anderes. Jetzt gelten die Energiegesetze der Kohäsion, des Zusammenbringens. Das sexuelle Geschehen ist ein Miteinander. Ein intuitives Geben und Nehmen, das im Moment stattfindet. Energetisch gesehen sind beim Mann alle Energiezentren von den Sohlen bis über den Hals hinauf lebendig und im Ausdruck. Bei ihr läuft es zusätzlich bis über ihren Scheitel hinauf und bestimmte Energiefelder beleben sich mehr und mehr. Wenn er seine männliche Zielgerichtetheit zum Empfänglichsein einsetzen kann, dann wird sie ihn mit ihrer orgasmischen Energie mitreißen. Von jetzt an sind die beiden auf vielen Ebenen im Verschmelzen und multi-orgiastisch, was bedeutet, dass das Ganze mit genussvoll lange andauernden Orgasmen untermalt ist. Der dritte Level ist ein gemeinsames Erleben und ein gemeinsames Erlebnis. Dieser Level balanciert deine inneren weiblichen und männlichen Anteile. Deine Schwingung wird so sehr beschleunigt, dass sich Blockaden auflösen und körperliche Heilung stattfindet, falls das notwendig ist. In diesem Miteinander gibt es weder das gewohnte Zeitnoch Raumempfinden. Es ist sogar schwer, festzustellen, ob der eigene Körper wirklich der eigene ist oder vielleicht der des Partners. Du erlebst für Momente oder Ewigkeiten die Aufhebung aller Unterschiede, auch den zwischen Frau und Mann, und ich meine das durchaus auch als körperliches Empfinden. Körperwissen und Körpererinnerungen kommen an die Oberfläche und werden dir bewusst, und du erinnerst dich und weißt wieder, wer du als Wesen und als Seelenkraft bist. Beide haben Energie gewonnen und eine Grenzerfahrung erlebt, und man merkt es und sieht es den beiden auch an. Sie sehen nicht nur schöner, sondern auch jünger aus, und sind sehr angenehme Zeitgenossen.

Wenn du dir erlauben kannst, nicht alles wissen zu müssen, sondern lernen zu dürfen, dann kann das eure Intimität in der Sexualität sehr fördern. Vielleicht lernst du dabei sogar, den Orgasmus nicht zu jagen, sondern ihn als natürliches Überfließen zu erleben.

Das heißt, da entsteht eine völlige Auflösung von gewohntem Fühlen und üblichen Verhaltensweisen.

Ja, eine völlige Auflösung von Mustern und von dem Verständnis, das du von dir selber hast – wer du bist und wie du funktionierst. Liebe im Sinn von Verschmelzen ermöglicht es uns, aus unseren alten Mustern auszusteigen, uns zu erweitern. Da es sich ausgesprochen großartig und ekstatisch anfühlt und man nachher vollständiger zusammengesetzt ist als vorher und gesünder ausschaut und glücklicher ist, zahlt sich der Sprung ins Unbekannte auf jeden Fall aus.

Das würde bedeuten – wenn wir nochmal zum Anfang zurückkommen – dass in der Sexualität wirklich Heilung liegt. Sie bringt dich ins Fließen und lässt dich ‚ganzer' empfinden.
Ja, genauso ist es, sie beschleunigt das Fließen der Energie, erweitert und heilt dich. Deine Gesamtschwingung wird durch deine Sexualkraft beschleunigt, und das konfrontiert dich auf allen Ebenen mit dem energetischen Zustand, in dem du dich gerade befindest. Es ‚putzt dich durch'. Das Durchputzen kannst du als Abenteuerreise erleben, in der dir gespiegelt wird, wie du emotional, mental und körperlich beieinander bist. Wie verbunden, eingebunden und lebensbejahend du bist, zeigt sich dir auch. Du hast also die Wahl, dich entweder in den alten Dramen zu verlieren – das fühlt sich sehr un-orgiastisch an. Oder du kannst deine Beschränkungen erweitern und auflösen. Dann heilt dich diese Energie auf lustvollste Weise auf allen Ebenen, und das fühlt sich sehr orgiastisch an.

Jetzt sind viele Menschen ja an einer ganz anderen Stelle. Viele Frauen fragen sich: Wie komme ich zum ersten Level? Es gibt Frauen, die noch nie bzw. selten einen Orgasmus gehabt haben; viele leben keinen Sex. Das ist die Realität. Ihr zeigt, wie wir mit Hilfe der Sexualität gesund werden können – aber wie kommen wir dahin? Was braucht es, um Schritt für Schritt gesünder zu werden?
Im Prinzip ist jede Frau orgasmusfähig. Und wenn sie es gerade nicht ist, dann kann sie es wieder werden. Viele Frauen, und natürlich auch Männer, haben sich innere und äußere Muster und eine sich immer wiederholende Kommunikation angewöhnt, mit denen sie den natürlichen Fluss unterbinden und ihr Erleben der orgiastischen Energie verhindern. Du hast dir Schritt für Schritt angewöhnt und beigebracht, im Nein zu sein und so zu funktionieren, wie du es jetzt tust – und jetzt gehst du Schritt für Schritt von da weg ins Ja, in ein Abenteuer des Herausfindens, wie es

Mit dualistischem Denken ist die Denkweise gemeint, die alle Aspekte des Lebens bewertet: Gut sind z.B. Geist und Seele; Körper und Sexualität dagegen gilt es zu zügeln. Die guten Eigenschaften sind akzeptiert, die schlechten verleugnen wir. In der schamanistischen Tradition, auf die sich Rose Fink bezieht, hat alles seine Berechtigung. Nichts ist mehr oder weniger wert. Alles ist notwendiger Teil des Ganzen und steht in Beziehung zueinander.

anders und besser gehen kann. Dieses Abenteuer ist dein eigenes. Du kannst dich nur selber darauf einlassen, lebendig und orgiastisch zu sein. Du kannst zwar versuchen, die Verantwortung für das, was dir begegnet, jemand anderem in die Schuhe zu schieben. Aber wie du mit dem, was dir da begegnet, umgehst, das bleibt dir immer noch selber überlassen. Viele Leute haben ganz bestimmte und oft von außen aufgesetzte Vorstellungen davon, was sexuell sein oder Orgasmus bedeutet. Nun versuchen sie, dieser Vorstellung gerecht zu werden. Sie nehmen daher kaum wahr, wer sie selber sind und was sie brauchen, um in ihrer Lust zu sein.

Wenn ich dich richtig verstehe, finden wir das, was wir suchen, erst mal bei uns selbst. Wie geht es jetzt weiter mit dieser Reise zu mir selbst und meiner Lust?
Du brauchst Mut, viel Ehrlichkeit und Herz, damit du ohne Selbstmitleid deine Energie-, Verhaltens- und Kommunikationsmuster erkennen kannst. Mit ‚Muster erkennen' meine ich nicht, darin herumzustochern, bis du herausfindest, wo das Muster herkommt und wer oder was ‚schuld' daran ist. Schau dir an, wie das Muster funktioniert, und richte deinen Fokus darauf, herauszufinden, was du wie verändern kannst. Dazu ist eine starke und klare Motivation notwendig. Motivation brauchst du, um irgendetwas zu verändern – auch, wenn es noch so eine Kleinigkeit ist. Motivation brauchst du, damit du diese Abenteuerreise auch fortsetzt und nicht aufgibst, falls du dich das eine oder andere Mal so richtig im Chaos deiner alten Erlebnisse und Verhaltensweisen wiederfindest.

Gerade in der Sexualität halten wir gerne an alten Erinnerungen und angelernten Verhaltensmustern fest. Wenn ich mich heute geschnitten habe, muss ich vielleicht morgen noch aufpassen und lieber nicht ins heiße Wasser fassen, aber übermorgen ist schon wieder mehr möglich. Beim Sex machen wir es aber so: Es tauchen negative Erinnerungen auf, und von dem Moment an sind wir in emotionalem Aufruhr, in hektischem und dualistischem Denken und in unseren angelernten Körperreaktionen gefangen. Wir erleben die Vergangenheit wieder, alles wird elend – genau so, wie wir es schon kennen. Und wir meinen, wir haben wirklich Grund dazu. Die Idee hinter dieser nicht funktionierenden Strategie ist natürlich, dass das Schmerzhafte aus der Vergangenheit nicht noch einmal passiert. Das funktioniert natürlich kaum, denn in diesem Moment erlebe ich die Vergangenheit subjektiv ganz real wieder. Ich habe mich in meinem Drama, meiner unaufgelösten Vergangenheit verfangen, und löse sie schon wieder nicht auf, sondern verfestige sie.

Seine eigene persönliche Geschichte muss man immer wieder loslassen können. Die Vergangenheit ist vergangen. Aus den Erlebnissen ist etwas zu lernen. Es ist nicht einfach, das zu tun, aber es ist die wichtigste Voraussetzung dafür, glücklicher zu werden. Was zurück bleibt ist nur die Frage: Was habe ich gelernt und integriert? Es ist nicht einfach, das zu tun, aber es ist die Voraussetzung dafür, neue und zielführendere Wahrnehmungs- und Verhaltensweisen zu erforschen – und freier und glücklicher zu werden. Man verändert sich, nichts bleibt, wie es ist. Wenn du die Grundwahrheit, dass das Leben sich so verhält, akzeptierst, dann öffnet dir das den Blick fürs Abenteuer, fürs Erforschen und für Bewegung.

Seine eigene persönliche Geschichte muss man immer wieder loslassen können. Die Vergangenheit ist vergangen. Aus den Erlebnissen ist etwas zu lernen. Es ist nicht einfach, das zu tun, aber es ist die wichtigste Voraussetzung dafür, glücklicher zu werden.

Ja, und am allerwichtigsten – pflege deinen Humor! Den wirst du sicher brauchen, wenn du dich Schritt für Schritt ins Neue und Unbekannte wagst. Besonders wichtig ist es, den Humor zu behalten, wenn es ein Hoppala gibt. Immer wieder kann es dir passieren, dass du aus purer Gewohnheit heraus Muster wiederholst. Dein Humor ist ein wunderbares Werkzeug, um aus dem Selbstmitleid herauszufinden und weiter zu forschen. Lernen und erweitern wirst du dich nur, wenn du bereit bist, Fehler zu machen.

Das bedeutet, der Weg zur Heilung geht nur über mich selbst?
Ja.

Und wie fange ich an?
Ganz praktisch. Gewöhne dir an, das Leben und deine Umwelt wach und mit allen Sinnen wahrzunehmen. Rieche, koste, schmecke und berühre die Dinge, vor allem die natürlichen Dinge, mit denen du im täglichen Leben zu tun hast, mit Aufmerksamkeit und Sorgfalt. Verfeinere deine Wahrnehmungen und schärfe deine Sinne – dafür gibt es genügend Gele-

genheiten an einem langen, ereignisreichen Tag. Lass dich ein mit dir und mit dem, was das Leben dir anbietet. Schau dir an, wie sehr du es gewohnt bist, ein Fastfood-Leben zu führen, und gewöhne dir stattdessen an ein Genießer zu werden, der sich mit dem Leben einlässt und einbringt.

Wenn du mit dir selber nicht intim und orgiastisch sein kannst, wie willst du von dir verlangen, mit einem anderen Menschen intim oder gar orgiastisch sein zu können? Je besser du dich kennst und je wacher, ehrlicher und direkter du deinem Gegenüber begegnen kannst, desto einfacher und klarer wird deine Kommunikation sein. Du wirst mitteilen können, was du möchtest und brauchst, und auch, was du zu geben hast. Leg deine Masken ab, so oft du nur kannst, um wieder einen direkten Austausch zu erlernen.

Bei Frauen verändern sich die Lustzonen und Empfindungen und Stimmungen ja alle paar Tage. Das ist Teil unseres Zyklus. All das will erforscht und empfunden und bewusst erlebt werden.

In Bezug auf Sexuellsein mit dir selber – da nimm dir immer wieder etwas ungestörte Zeit, um dich einfach nur mit dir selber zu vergnügen. Sagen wir – mindestens dreimal die Woche und mindestens drei Monate lang. Vergnüge dich mit dir selber und genieße! Dabei geht es nicht um die Jagd nach dem Orgasmus, sondern ums Wahrnehmen und Empfinden, ums Lenken und Spielen mit diesen Lustempfindungen und Energiewellen, die du in dir wahrnimmst. Du kannst experimentieren und herausfinden, wie du langsam oder schnell, einmal oder mehrere Male zum Orgasmus kommen kannst – ganz wie es deinen Bedürfnissen gerade entspricht. Du kannst allmählich erforschen, wie du einen höheren Level von Orgasmus erreichst. Bei Frauen verändern sich die Lustzonen und Empfindungen und Stimmungen ja alle paar Tage. Das ist Teil unseres Zyklus. All das will erforscht und empfunden und bewusst erlebt werden.

Es gibt sicher auch erogene Zonen, die immer anzapfbar sind.
Die kann man ja mitnehmen. Interessant finde ich aber das Wort ‚anzapfbar'. Das klingt für mich ein bisschen nach: Ich drücke den richtigen Knopf, damit ich möglichst geschwind zu einem Orgasmus komme. Ich kenne sozusagen die Schnellstraße dahin. Das bedeutet aber, dir einen Teil des Vergnügens und Erlebens zu nehmen – das wäre wie Fastfood. Natürlich kann ich die erogenen Zonen mit einbeziehen, die fast immer funk-

tionieren – solange ich offen bin für das, was gerade heute das supergute Empfinden auslöst. Aber nur am Grat zwischen Bekanntem und Unbekanntem gibt es Spannung und Erweiterung und tief erregende Erlebnisse, nur an diesem Übergang gibt es grenzerweiternde Erfahrungen.

Warum kennen wir das, worüber du berichtest, in der europäischen Kultur nicht? Im Kamasutra spricht man von 36 verschiedenen Vagina-Typen, in der arabischen Welt gibt es auch mehrere. Warum hat die westliche Kultur dafür keine Namen, keine Worte? Warum wissen wir nichts vom Orgasmuslevel?

Wir Europäer hatten wohl einen anderen Fokus und waren nicht so sehr am Liebes- und Lustleben der Menschen interessiert. Die Kultur, aus der dieses Wissen stammt, ist mit der Natur im Fluss. Das heißt, sie hat sich seit jeher für das Lebendige und fürs Lebendigsein interessiert und die Gesetzmäßigkeiten erforscht, die uns beim Verstehen helfen.

Ist das der Grund, warum du diesen Weg gehst?

Ja, dieser Weg vermittelt eine Fülle von anwendbarem Wissen zu jedem nur erdenklichen Thema. Es ist ein Weg, der mich inspiriert und der mir ermöglicht, mich zu einem wachen und angenehmeren Menschen und Mitmenschen zu entwickeln. Dieser Weg lehrt mich, Energie zu verstehen. Das bereichert mein Leben und hilft mir, eine Freidenkerin zu sein und energetisch weisere Entscheidungen zu treffen. Ja, dieser Weg fordert und fördert mich in meinem Potenzial, Mensch zu sein.

Von der Unterschiedlichkeit der Frauen – neun Genitaltypen

Die Sweet Medicine lehrt: Im genitalen Bereich gibt es bei Frauen eine große Vielfalt. Sie beschreibt Unterschiede beim Aussehen und Zusammenspiel von Vagina, Lippen und Klitoris, über die in der westlichen Kultur aber nicht gesprochen wird?

Ja, die Ältesten sprechen von neun verschiedenen Genitaltypen, übrigens auch bei Männern. Das Wissen darüber gehört allerdings in den Gesamtzusammenhang der Lehren der *Sweet Medicine*, es ist mit anderen Themen eng verbunden, und ich kann sie deshalb hier nur andeuten. Aber schon ein wenig Kenntnis darüber kann Frauen sehr unterstützen. Den eigenen Typ zu kennen und zu akzeptieren hilft sehr beim Erleben einer lustvollen Sexualität. Frauen brauchen und mögen ganz unterschiedliche Berührungen und Stellungen, um genießen und sich fallen lassen zu können, und das hängt auch von körperlichen Merkmalen ab. Wie tief deine Scheide, wie weit ihr Eingang und wie feucht oder weniger feucht sie im erregten Zustand ist, wie weit dein G-Punkt und deine Klitoris vom Eingang der Scheide entfernt liegen und ob deine Klitoris unter einem Häubchen oder Hütchen verborgen liegt oder nicht – all das hat große Wirkung darauf, was sich für dich gut anfühlt, auf welche Weise du gerne Liebe machst. Es hat Auswirkungen auf das, was du als angenehm und lustvoll empfindest, und natürlich auch darauf, was du unangenehm findest. Vielleicht hast du manche Berührungen und Stellungen sogar als schmerzhaft erlebt, und bist dir deswegen unnormal vorgekommen oder hast dich schlecht gefühlt. Dabei kann das einfach an deinem Genitaltyp liegen.

Für alle Frauen gilt aber, dass zu starke, unsensible und drängende Arten der Berührung und fordernde Energien den Raum zur Lust verschließen.

Wenn man sich im Spiegel selber anschaut, tauchen sicher Fragen auf. Habe ich zu große oder zu kleine Lippen? Vielleicht finde ich ihre Größe, Farbe oder Form hässlich oder sogar unnatürlich. Es kann eine Frau erschrecken, wenn zum Beispiel eine innere Lippe größer ist als die andere. Vielleicht taucht die Frage auf: Bin ich nicht normal?

So, wie du gewachsen bist, ist es normal. Wir sind alle normal, wir sind alle und auf unsere individuelle, ureigenste Art schön. Auch bei der Farbe der Augen oder der Form der Nase oder der Ohren findest du manche ja hübscher als andere, aber das ist absolut subjektiv. Alle Genitaltypen funktionieren prächtig, wenn du dich auf sie einlässt und mit liebevoller Achtsamkeit erforschst, worauf es ankommt.

Die neun Typen der Frauen sind wie neun verschiedene Blumen. Jede ist vollkommen, in sich stimmig und aufregend schön. Nehmen wir zuerst einmal die inneren und äußeren Lippen: Vier der Typen haben volle, fleischige und faltige innere Lippen, die über die äußeren Lippen hinaus sichtbar sind, wenn die Frau steht. Bei vier anderen sind die inneren Lippen fein, dünn und gleichmäßig. Bei einem Typ sind die inneren Lippen eigentlich nur Hautfalten, die nicht mehr sichtbar sind, wenn die äußeren Lippen geöffnet werden. Bei zweien schließen die inneren Lippen mit einem Zickzack-Rand ab. Es gibt auch Frauen mit ungleich großen inneren Lippen, die von pink bis dunkelviolett leuchten, und manchmal auch kleinen, natürlich gewachsenen Löchern in den inneren Schamlippen. Wenn viel Fleisch da ist, wenn viele Falten um die inneren Lippen und ein ausgeprägtes Hütchen über der Klitoris liegen, ermöglicht das eine sanfte, aber auch eine eher kräftigere Berührung. Je weniger Fleisch, je weniger innere Lippen, je weniger Hütchen über der Klitoris, desto sanfter möchte die Frau berührt werden. Auch bei der Klitoris gibt es große Unterschiede: Bei drei der Typen finden wir ein fleischiges und faltiges, bei fünfen sogar ein tunnelartiges Hütchen über der Klitoris. Bei einem ist die Klitoris nicht von einem Häubchen geschützt, sondern liegt frei da und ist auch im nicht erigierten Zustand nur wenig sichtbar. Was du brauchst, um einen Orgasmus zu erleben, hängt sehr davon ab, zu welchem Genitaltyp du gehörst. Viele der Frauen gehören einem Typ an, der kaum einen Orgasmus erleben kann, ohne gleichzeitig an der Klitoris stimuliert zu werden. Bei ihnen liegen die Klitoris und der Vaginaleingang so weit auseinander, dass durch den Penis in der Vagina die Klitoris nicht stimuliert wird. Da ist es dann notwendig, Stellungen zu wählen, die die Hände des einen oder anderen frei lassen, damit sie gleichzeitig auch manuell stimuliert werden kann. Viele Frauen stimulieren sich ihren Venushügel und die Klitoris selber, während der Mann in ihnen ist. Manche machen das mit ihren Händen, andere Paare verwenden einen Vibrator. Viele Frauen gehören zu einem Genitaltyp, der viel leichter durch orale Stimulation zum Orgasmus kommt als durch Penetration.

Wenn die Klitoris und der Eingang sehr nahe beieinander liegen und auch der G-Punkt dicht vorne am Eingang liegt, wie es bei drei der Typen der Fall ist, dann kann die Frau durch Penetration auch schon nach wenigen Minuten zum Orgasmus kommen. Besonders eine davon ist so schnell, dass sie sogar das Vorspiel nachher will. Andere brauchen zwischen fünfzehn und zwanzig Minuten, um zum Orgasmus zu kommen, wenn der Mann in ihnen ist. Sie alle wollen das Vorspiel vorher! (lacht).

Vorspiel – das ist ja auch wieder so ein Wort! Meistens wird das als Vorspiel bezeichnet, was vor dem Eindringen des Penis stattfindet. Ich würde sagen, das Vorspiel ist das gesamte sinnliche, sexuelle Spiel, und zwar bis zu dem Moment, in dem der Orgasmus stattfindet, egal, ob manuelle, orale oder penetrierende Stimulation dazu geführt hat.

Die Tiefe der Vagina kann je nach Typ von 10 cm bis ca. 20 cm messen. Bei Frauen des kürzeren Typs ist sie sehr weit offen, bis zu 7 cm, während sie bei anderen sehr eng ist. Natürlich wird eine Frau mit einer kurzen Vagina keine Stellungen mögen, bei der ihre Beine hoch und über ihren Kopf gehalten werden. Es kann ihr wehtun, wenn der Penis an den Muttermund stößt. Sie wird eher Stellungen bevorzugen, bei denen sie die Beine zusammenpressen kann, und sie so mehr Empfindung und Kontrolle hat.

Dann gibt es da noch den G-Punkt. In unserer Tradition wird er ‚Feuerauslöser' genannt. Ich habe gehört, dass er in der westlichen Welt wieder einmal umstritten ist, aber viele Frauen – auch ich selber – spüren da ein anderes Gewebe und vor allem eine andere Art von Lustempfinden. Ob es diesen Punkt offiziell gibt, ist ja letztendlich egal.

Je nach Typ kann der G-Punkt sehr, sehr tief drinnen und hinter einer Hautfalte versteckt, weiter vorne oder sogar gleich hinter dem Eingang der Vagina liegen. Das Gewebe des G-Punktes ist viel empfindlicher und etwas noppiger als das der Umgebung. Nur bei einem Typ ist er nicht noppig, sondern total glatt, und liegt innerhalb der vorderen Hälfte ihrer Vagina. Der G-Punkt ist etwa so groß wie ein Daumennagel und liegt immer auf der Bauchseite des Vaginaltunnels. Wie an jedem anderen Körperteil auch, können sich natürlich auch hier durch Reibung, Gewalt und Schmerz Panzerungen bilden, sodass der G-Punkt seine Empfindungsfähigkeit verliert. Durch Aufmerksamkeit, Achtsamkeit und viel sinnliche und liebevolle Stimulation können Panzerungen wieder aufgelöst werden.

Neben den körperlichen Merkmalen gibt es auch große Unterschiede auf der psychischen Ebene. Dabei geht es um die Art der Motivierung und Annäherung, die verschiedene Typen von Frauen bevorzugen. Welche Atmosphäre, welcher innere und äußere Raum, welche Imagination lockt, verlockt und verführt dich – was lässt dich abkühlen oder stößt dich sogar ab?

Manche der Typen sind sehr laut beim Sex, andere wiederum eher leise. Es ist notwendig, dich selber zu kennen, denn es erlaubt dir, zu dir zu stehen und für dich einzustehen.

Zu wissen, zu welchem Typ du gehörst, gibt dir Sprache und Kommunikationsmöglichkeiten. Es lässt dich Zusammenhänge verstehen. Das erlaubt dir, dich auch dann weiterhin als lustvolle Frau zu sehen, wenn etwas von dir gefordert wird, was dich kalt lässt oder sogar abstößt. Du brauchst es dann auch nicht so persönlich zu nehmen und emotional zu reagieren, wenn etwas schief geht.

Ignoranz lässt uns Menschen unsere Freiheit verlieren, sagen die Ältesten. Ich finde das eine sehr elementare und wahre Aussage!

Schamlippen auf dem OP-Tisch – maßgeschneidert, jugendlich!

Während weltweit Frauen gegen die Genitalverstümmelung kämpfen, wird in den USA und in Europa zunehmend eine besondere „Schönheitschirurgie" angeboten: Intimchirurgie.

„Idealerweise sollten Venushügel und Schamlippen so straff und symmetrisch aussehen, wie bei einem jungen Mädchen", sagt einer der Hauptakteure, plastischer Chirurg in München. Die neue „Genitalästhetik" wird vor allem im Internet gepriesen. Dort finden sich Angebote wie: „Schamlippenverkleinerung mit Klitorismantelstraffung." Ein Gynäkologe in Kalifornien hat bereits den Zusatztitel „Picasso der Vagina" für seine Bemühungen um Designer-Vaginen erhalten. Sind die inneren Lippen zu groß oder zu klein, ist die Klitoris nicht passend - für ein Laserskalpell ist das alles kein Problem.

Epilog

Whispering Lips – Flüsternde Lippen

Francesca Mason Boring

FRANCESCA MASON BORING ist Sozialwissenschaftlerin, Beraterin und Autorin. Sie gehört über die Linie ihrer Mutter der nordamerikanischen Indianernation der Shoshonen an. Die Shoshonen stehen in einer starken Verbindung zu ihren Ahnen. Eltern, Großeltern, Urgroßeltern und Urgroßeltern – alle Vorfahren haben unmittelbar mit dem Leben zu tun. Sie wissen um die Lebenden und lenken sie immer voller Liebe und Wohlwollen. Wer sich persönlich vorstellt, bezieht deshalb immer auch die Ahnen ein: Francesca ist die Tochter von Ronald Kay Mason und Naomi Premo Mason. Sie ist die Enkelin von Kay Mason (mit Geburtsnamen: Kestutis Maczenas) und Mabel McPhail Mason, von Thomas Premo (Po'ho tom) und Anna Frank Premo.
In der matriarchalen Tradition der Shoshonen hatten Frauen eine zentrale Stellung, sie hielten die Gemeinschaft zusammen. Das hat auch die Haltung der Frauen zur Weiblichkeit, zu ihrem Körper und ihrer Sexualität geprägt. Stolz, Lust und ein Bewusstsein der eigenen Macht haben einen selbstverständlichen Platz in ihrem Leben.
Seit einigen Jahren arbeitet Francesca mit Menschen, die Fragen in Bezug auf ihre Familiensysteme haben und nach Heilung oder Aussöhnung suchen. Dabei verbindet sie systemische Aufstellungsarbeit mit den Zeremonien der Shoshonen. Sie ist eine große Geschichtenerzählerin, hat Bücher und Artikel veröffentlicht, arbeitet in den USA, Kanada und Deutschland und lebt mit ihrem Mann in den Bergen im Nordosten von Washington State, USA.

Whispering Lips – Flüsternde Lippen

In mir begegnen sich zwei Kulturen. Als ich den Bauch meiner Mutter verließ und durch ihre Vagina das Licht der Welt erblickte, hat mir das Leben einen besonderen Platz eingeräumt. Durch sie habe ich meine Wurzeln bei den Shoshonen, einem nordamerikanischen Indianerstamm. Durch meinen Vater bin ich die Urenkelin von Einwanderern in die Vereinigten Staaten. Als Frau habe ich meinen Platz in der Welt genau an dieser Schnittstelle zweier Kulturen.

Das Reservat, aus dem meine Mutter kommt, ist heute sehr begrenzt. Das ursprüngliche Territorium der Shoshonen war viel größer, es umfasste Nevada, Wyoming, Montana, Utah und Idaho. Sie und die anderen Stämme, die hier lebten, wurden oft als *Great Basin People* bezeichnet.

Die Nation der Shoshonen ist einer von Hunderten von Stämmen amerikanischer Ureinwohner, den *Native Indians*. Selbst hier in den USA denken viele Menschen, dass alle *Native Indians* zu einem Volk gehören. Das ist nicht richtig. Sie alle unterschieden sich in ihren Sprachen, ihren Geschichten und zum Teil auch in ihrem Glauben. Wahrscheinlich bestimmt die Beziehung zum Land das Ausmaß der Gemeinsamkeit. Bräuche entwickeln sich oft in enger Verbindung zum Ort und zur natürlichen Umgebung eines Volkes. Sesshafte Fischer an wichtigen Wasserwegen unterschieden sich kulturell sehr stark von Stämmen, die als Nomaden in der Wüste mit ihren begrenzten Ressourcen lebten.

In den westlichen Teil der USA, besonders in Wüstenregionen, kamen die Eroberer vor noch nicht allzu langer Zeit. Mein Großvater war der erste in unserer Familie, der eine Schule des *Bureau of Indian Affairs* (einer 1825 gegründeten US Behörde, die für indianische Angelegenheiten zuständig ist, A.d.Ü.) besuchte. Seine Generation war die erste ohne Polygamie. Meine Vorfahren lebten also bis vor gar nicht so langer Zeit polygam, und sie waren Nomaden ohne viel persönliches Eigentum. Die Generation meiner Großeltern war noch tief verwurzelt in der shoshonischen Kultur. Diese Tradition wirkt auch in mir, und meiner Wahrnehmung nach führt sie dazu, dass Frauen bei uns weniger Rivalität füreinander empfinden als in historisch eher monogamen, auf Privateigentum gegründeten Kulturen. Frauen mussten einander helfen. Die Ressourcen waren beschränkt, und die Männer waren meist zur Jagd unterwegs. Frauen mussten also gemeinschaftlich arbeiten, damit wir überleben konnten. Frauen hatten eine zentrale Stellung, hielten die Gemeinschaft, die *community*, zusammen und waren verantwortlich dafür, die Ordnung des Zusammenlebens zu regeln.

Ich habe viele Lehrerinnen: meine Mutter, Naomi Mason Premo, Krankenschwester aus der *Duck Valley Indian Reservation* an der Grenze zwischen Nevada und Idaho. Meine Großmutter, die mehr als hundert Jahre alt wurde. Und meine Tanten. All diese Frauen sprachen oder sprechen Shoshonisch als Muttersprache. Auch meine zwei jüngeren Schwestern sind meine Lehrerinnen. Eine von ihnen ist Expertin für Frauengesundheit und hat für den größten Teil ihres Lebens Frauen etwas über die Vagina gelehrt. Die andere arbeitet für das öffentliche Gesundheitswesen. Beide ermutigen Frauen dazu, ihren eigenen Weg zu gehen. Ich weiß um die Ernsthaftigkeit und Aufrichtigkeit der Autorin dieses Buches.

Und ich selber lebe in tiefer Ehrfurcht vor meiner eigenen Weiblichkeit. Mein *vaginal view* – also sowohl meine Wahrnehmung der Vagina als auch meine Art und Weise, die Welt durch meine Vagina zu sehen, kann vielleicht für Frauen interessant sein.

Ich bin mir meiner Vagina bewusst,
wie ich mir meiner Augen,
meiner Füße und meiner Hände bewusst bin.
Ich verstehe sie als einen Ort der Kraft und der Macht,
einen zarten Körperteil, der zugleich Männer zerstören kann
und der von mir lernen muss, gnädig und sanft zu sein.

Das mag für Sie eine ungewöhnliche Sichtweise sein, aber ich möchte versuchen, sie Ihnen näher zu bringen. In allen alten Kulturen werden Informationen und Wertvorstellungen durch Geschichten weitergeben. Dies gilt in noch stärkerem Maß für indigene Völker, die ihre Traditionen mündlich überliefern, weil sie keine Schriftsprache kennen.

Ich will hier keinen akademischen Diskurs führen, sondern ruhig und leise mit anderen teilen, was mein Herz weiß und was meine Ohren gehört haben – so, wie es in indigenen Gemeinschaften geschätzt wird. Das ist unsere Weise, uns einem Thema zu nähern: Alles wird in Geschichten gefasst. Im Unterschied zu europäischen Geschichten war es für die Shoshonen nicht ungewöhnlich, sich mit der Persönlichkeit und dem Charakter der Vagina zu befassen. Der Penis des Kojoten und die räuberische

Natur der Vagina waren häufig Thema. Erzählt wurde im Kreis der Familie, wobei sich Jung und Alt, Männer und Frauen um den Geschichtenerzähler versammelten. Geschichten waren das Rückgrat der Shoshonen-Gemeinschaft. Alle sollten die Geschichten über die Vagina kennen. Schließlich war sie ja eine machtvolle Figur, sie stand im Zentrum. Denken Sie sich eine beliebige deutsche Erzählung ohne Hauptfigur. Das wäre doch merkwürdig, oder?

In einer shoshonischen Geschichte ist der Kojote auf Reisen. Eine alte Frau gibt ihm Anweisungen zu seiner eigenen Sicherheit. „... Sie hatte ihm erklärt, dass er zu einem Ort voller weiblicher Genitalien kommen würde, die in der Nacht überall herumliefen. Wenn die Lippen irgendjemanden sähen, würden sie sich an seinem ganzen Körper festkrallen und ihn ersticken. Die alte Frau sagte ihm, er müsse vor Einbruch der Nacht an dem Ort ankommen und sich einen unterirdischen Tunnel graben, dessen Öffnung er mit Salbeisträuchern abdecken solle. Sie sagte, er werde das klatschende, knallende Geräusch der Genitalien hören. Er grub einen Tunnel, kroch hinein und hörte die ganze Nacht lang das Klatschen der Vulven." *(Shoshone Tales)*

In unseren Geschichten und auch in unseren Gesprächen ist die Vagina schon immer ein Individuum gewesen. Diese Vorstellung ist schwer zu erklären. Es ist das Paradox der indigenen Völker: Alles wird als einzigartig respektiert, und doch sind alle Dinge miteinander verbunden. Vagina (und Penis) hatten genauso sehr einen Platz in einer Familienversammlung wie Kochen, Singen und die vielen Verwandten, die die Geschichten miteinander teilten.

Daan Van Kampenhout, ein Schamane, der in Amsterdam lebt, beschäftigt sich mit *Prayers*, mit Gebeten. Gebete sind Rituale, die heilend wirken. Folgenden Text von ihm mag ich sehr, und ich habe ihn meiner Mutter vorgetragen: „An einem Tag versuchst du, vom Bauch aus zu beten. An einem anderen Tag von einem anderen Teil aus. Egal, woran du denkst, jeder Teil deines Körpers ist gut: Lungen, Knie, Augen, Herz, Genitalien, Füße, Hände, Gehirn." Meine Mutter wies mich darauf hin, wie sehr dies mit der shoshonischen Tradition übereinstimmt. Alles ist ein Gebet. Alles ist mit dem Schöpfer verbunden. Nichts wird in unseren Gesprächen ausgeschlossen.

Meine Vagina ist ein Gebet.
Vom Schöpfer berührt, zum Schöpfer sprechend,
lehrt mich meine Vagina ebenso wie mein Herz
über den Geist, über das Beten, über den heiligen Raum.
Sie lehrt mich die Stille.

Genau wie religiöse Schriften und Geschichten anderer Kulturen einen Auftrag haben, geben unsere Geschichten Regeln und Anweisungen weiter. Viele richten sich gegen den sexuellen Missbrauch, oder sie ermutigten Frauen dazu, selber zu entscheiden, wann und wo sie dem Kojoten – der ja immer auf der Suche ist – ihre Tür öffnen.
In einer anderen Geschichte heißt es: „Die Nacht kam, und der Kojote wollte Geschlechtsverkehr. Er begann zu fühlen, und er fühlte, dass etwas wie ein Hund zuschnappte ... In jenen Tagen hatten die Frauen Zähne in ihrer Vagina." *(Shoshone Tales)*

Die Shoshonen sind matriarchal, das heißt, Frauen haben eine besondere Stellung. Unsere Sichtweise auf die Welt ist eine andere als die herrschende, die eher patriarchal ist. Obwohl Frauen, wie überall auf der Welt, auch bei uns zu Opfern gemacht werden, waren wir uns immer einer bestimmten Macht bewusst. Ich bin eine Frau unter Frauen in meiner Familie. Ich bin Enkelin, Tochter, Schwester, Nichte, Tante und Großtante. Das Schicksal hat es mir nicht erlaubt, selber Großmutter zu werden, aber in einer Großfamilie habe ich viele Rollen. Die Welt setzt sich durch unsere Körper fort. Und wir sind uns bewusst, dass das Weiterbestehen der Menschheit durch unsere Vaginen geschieht. Immer wieder wird sie durch die Vagina geboren. Für uns Frauen gilt, dass wir uns der Vagina in allen Phasen des Lebens gewahr sind: Der des kleinen Mädchens wie auch der des jungen Mädchens in der Pubertät. (Der Übergang in diese Phase wird übrigens in den meisten Stämmen als ein wichtiges Ereignis wahrgenommen und von der ganzen Gemeinschaft gefeiert). Und wir wissen auch, dass die Vagina von älteren Frauen wieder der eines Mädchens ähnlich wird – beide haben keine oder kaum Haare auf ihrem Venushügel. In einer Großfamilie, in der viele Frauen den Raum miteinander teilen, in der eine Tante dir wie eine Mutter, eine Cousine wie eine Schwester ist, ist die Vagina genauso selbstverständlich wie das Reden oder das Lachen. Sie ist einfach ein Teil unseres Lebens.

Meine Vagina ist ein Ort des Gesprächs
und der Jahrhunderte des Lachens von Frauen.
Dessen bin ich mir bewusst
wie auch des uralten Wissens,
das von Vagina zu Vagina weitergegeben wurde.
Ich erinnere mich daran, dass meine Vagina gelernt hat,
auf einen Mann zuzugehen und ihn anzulächeln,
und ich weiß, ich muss freundlich sein,
falls er seinen Halt zu verlieren beginnt.

Bei einem Familientreffen sollten sich kürzlich alle Nichten für ein Foto versammeln. Es tauchte die Frage auf, ob einer der Neffen mit auf das Foto sollte, und eine junge Frau sagte: „Das hier ist nur für die *reproducer* " (wörtlich: Vervielfältiger A.d.Ü.). Dieses Selbstbewusstsein der Frauen bedeutet nicht, dass Männer in unserer Familie oder der Gemeinschaft nicht anerkannt und respektiert sind. Frauen haben bei uns eine andere, eine selbstverständliche und geachtete Position in der Gesellschaft. Männer werden deswegen aber nicht als schwach angesehen oder abgewertet. Im Gegenteil: Sie sind die Jäger, und damit sind sie zuständig für die Lebensgrundlage. Als ich eine ältere Frau aus meiner Familie zu unserer traditionellen Achtung der Männer befragte, lächelte sie und sagte, „Wir genießen unsere Männer!"

Ich bin mir meiner Vagina bewusst.
Ich bin mir bewusst, dass sie ein Teil meiner Familiengeschichte ist.
In meiner Kultur hat die Vagina viele eigene Geschichten,
sie ist Teil meiner Geschichte und meiner Gemeinschaft,
sie ist eine Quelle der Kraft und des Vergnügens,
und sie ist ein Ort der Hoffnung.

Ich will hier nichts idealisieren. In indigenen Gemeinschaften gibt es Frauen, die unter Armut und Misshandlung leiden und denen der Zugang zu Bildung verwehrt wird. In allen indianischen Gemeinschaften in den Vereinigten Staaten hat es zahllose Verwundungen und Traumatisierungen gegeben, wie zum Beispiel die starke Kontrolle und Reduzierung der Geburtenrate, die in der Vergangenheit an vielen Orten durchgeführt wurde: Jungen Frauen wurde in Schulen durch das *Bureau of Indian Affairs* die Sterilisation aufgezwungen. Den Frauen wurde damit ihre ureigenste Angelegenheit aus der Hand genommen: die der Weitergabe des Lebens.

Was ich hier ausdrücken möchte, ist eine Wahrheit der indianischen Ureinwohner, die auch weiterhin gilt – trotz allem, was geschehen ist. Eine Wahrheit, die ihre Wurzeln in der Zeit vor der Eroberung hat. Vielleicht ist es dieser Teil des Liedes, der die indianische Gemeinschaft heilen kann, weil er die Ausgrenzung, die Schwächung, den Stress über Generationen hinweg anspricht. Weil es uns aufruft, uns unserer Kraft gewahr zu sein. Vielleicht sind es diese Traditionen, die erinnert sein wollen. Nicht nur von denen, die wir Stammesgesellschaften nennen, sondern von allen Frauen, allen Gesellschaften, allen *communities*. Schließlich kommen wir alle aus unserem eigenen Stamm.

Ich bin mir der anderen Frauen um mich herum bewusst,
die sich davor fürchten, hinzuschauen,
die sich davor fürchten, dem Flüstern und
dem Lachen dieser Lippen zu lauschen.
Ich höre ihre Ururgroßmütter,
die versuchen, die Geschichte der Vagina zu erzählen.

Die Zitate stammen aus *Shoshone Tales*,
herausgegeben von Anne M. Smith, University of Utah Press, 1993.

Whispering Lips

I am aware of my vagina, as I am aware of my eyes,
my feet and my hands.
My own understanding is that it is a place of power,
a delicate body part, which can destroy men,
something I have to introduce to mercy.

I am aware of my vagina.
I am aware that it is part of my family story.
In the context of my culture, the vagina has many of its own stories.
It is part of my history and part of my community.
It is a source of power, pleasure and a place of hope.

I am aware of my vagina as a place of conversation
and centuries of women's laughter.
I am aware of an ancient knowledge,
which has been passed from vagina to vagina.
I remember learning of the ability of the vagina
to walk up to a man and smile and
I am aware of the need to be kind if he begins to loose his footing.

My vagina is a prayer. Touched by Creator, talking to Creator,
my vagina, like my heart is teaching me about Spirit,
about praying, about sacred space,
teaching me about quiet.

I am aware of other women around me, who are afraid to look,
who are afraid to listen to the whisper and laughter of those lips,
I hear their great-grandmothers trying to tell the vagina's story.

Flüsternde Lippen

Ich bin mir meiner Vagina bewusst,
wie ich mir meiner Augen, meiner Füße und meiner Hände bewusst bin.
Ich verstehe sie als einen Ort der Kraft und der Macht,
einen zarten Körperteil, der zugleich Männer zerstören kann,
und der von mir lernen muss, gnädig und sanft zu sein.

Ich bin mir meiner Vagina bewusst.
Ich bin mir bewusst, dass sie ein Teil meiner Familiengeschichte ist.
In meiner Kultur hat die Vagina viele eigene Geschichten,
sie ist Teil meiner Geschichte und meiner Gemeinschaft,
sie ist eine Quelle der Kraft und des Vergnügens,
und sie ist ein Ort der Hoffnung.

Meine Vagina ist ein Ort des Gesprächs
und der Jahrhunderte des Lachens von Frauen.
Dessen bin ich mir bewusst wie auch des uralten Wissens,
das von Vagina zu Vagina weitergegeben wurde.
Ich erinnere mich daran, dass meine Vagina gelernt hat,
auf einen Mann zuzugehen und ihn anzulächeln,
und ich weiß, ich muss freundlich sein,
falls er seinen Halt zu verlieren beginnt.

Meine Vagina ist ein Gebet.
Vom Schöpfer berührt, zum Schöpfer sprechend,
lehrt mich meine Vagina ebenso wie mein Herz,
über den Geist, über das Beten, über den heiligen Raum.
Sie lehrt mich die Stille.

Ich bin mir der anderen Frauen um mich herum bewusst,
die sich davor fürchten, hinzuschauen, die sich davor fürchten,
dem Flüstern und dem Lachen dieser Lippen zu lauschen.
Ich höre ihre Ururgroßmütter, die versuchen,
die Geschichte der Vagina zu erzählen.

Übersetzung: Patricia Tonn

Danksagung

Dass dieses Buch mit viel Leichtigkeit und im stetigen Fluss entstanden ist, hat vor allem mit der großen Bereitschaft einiger Menschen zu tun, die mich in jeder Beziehung unterstützt haben.

Ganz besonderen Dank an Gisela Kern für die zahllosen Gespräche, Impulse, Hilfestellungen, für die Bilder, die Ermutigungen und ihr Dasein in kritischen Zeiten.
Großen Dank an Heinrich Werner, dass er mich, wenn notwendig, darauf aufmerksam gemacht hat, für wen ich schreibe und warum. Und vor allem Dank dafür, dass er mich in einer schwierigen Phase immer wieder ins ‚Helle' geholt hat.
Tatjana Nikitsch danke ich ganz besonders für die Inspiration, aus der alles gewachsen ist, und für die wunderbaren Schattenfotos. Regina König danke ich für die zauberhaften Blumenbilder.
Patricia Tonn wurde per Flugzeug genau im richtigen Moment vom Himmel geschickt, um das Buch zu lektorieren. Die wertvolle Mischung aus Distanz und Einlassen, aus Klarheit und Struktur waren wie das feine Schmirgelpapier, das alles hat rund werden lassen. Dafür bin ich sehr dankbar.
Mein aufrichtiger Dank an jede einzelne Frau, die einen Beitrag geleistet hat. All die offenen Gespräche sind unvergesslich. Ich weiß, ganz gleich ob als Frau, die ihre Geschichte erzählt oder als Expertin, wie sehr dieses Thema das Innerste berührt. Gerade deshalb empfinde ich Achtung und Respekt für ihren Mut. Ich danke meiner Verlegerin Martina Werner für das spontane, mutige Ja zu einem Vagina Buch und Silke Watermeier für die Gestaltung, die so sensibel den Geist der Texte erfasst.
Danke an Achim, Barbara, Bine, Francesca, Heleen, Herbert, Lida, Mara, Martina, Reinhild, Ronald V., Rosi, Sadhana, Vibhavari, Vroni - für ihre Freundschaft und die Herzensnahrung, für die Gespräche, die hitzigen Diskussionen, für die Anregungen und die ‚Nachbetreuung'.

Und ich danke meinem Sohn Till für seine Offenheit.

Literatur zum Thema

Angier, Natalie,
Frau – eine intime Geographie des weiblichen Körpers, 2002, Goldmann

Barbach, Lonnie,
For Yourself, 1999, Ullstein

Barbach, Lonnie,
Mehr Lust, 2003, Wunderlich

Ensler, Eve,
Die Vagina-Monologe, 2000, Edition Nautilus

Ensler, Eve,
Vagina Warriors, 2005, Bulfinch Press, New York

Gruen, Arno,
Der Verlust des Mitgefühls,1997, dtv

Meulenbelt, Anja,
Die Scham ist vorbei, 1976, Frauenoffensive

Möller, Michael Lukas,
Worte der Liebe, 2002, Rowohlt

Möller, Michael Lukas,
Die Wahrheit beginnt zu zweit, 2003, Rowohlt

Onken, Julia,
Vatermänner. Ein Bericht über die Vater-Tochter-Beziehung,
2000, Beck

Paget, Lou,
Die perfekte Liebhaberin, 2000, Goldmann

Paget, Lou,
Der perfekte Liebhaber, 2001, Goldmann

Richardson, Diana,
Zeit für Liebe, 2001, Innenwelt

Richardson, Diana,
Zeit für Weiblichkeit, 2004, Innenwelt

Rosenberg, Marshal B./ Seils, Gabriele,
Konflikte lösen durch gewaltfreie Kommunikation, 2004, Herder

Zurhorst, Eva-Maria,
Liebe dich selbst und es ist egal, wen du heiratest, 2004, Goldmann

Über die Autorin

Claudia Haarmann, geboren 1951, begann ihren Berufsweg als Buchhändlerin. Nach Studium und Journalistenausbildung arbeitete sie als Freie Journalistin in Hörfunk und Fernsehen. Parallel dazu setzte sie sich mit Methoden offener Kommunikation auseinander und ist als Kommunikationstrainerin und Lehrbeauftragte tätig. Ausbildungen in Konfliktbearbeitung, Systemaufstellung und Körpertherapien sind wichtige Bausteine ihrer jetzigen Arbeit als Psychotherapeutin (HP).
Sie berät Menschen, die ihre Möglichkeiten ausschöpfen und ihrem Leben eine neue Richtung geben wollen und begleitet als Trainerin Gruppen.
Claudia Haarmann ist Mutter eines Sohnes und lebt in Essen.

Wenn Sie mehr zu diesem Thema erfahren oder der Autorin schreiben möchten, mailen Sie ihr:
www.die-scham-ist-nicht-vorbei.de

Internet-Adressen

www.aruna-tantra.de (Regina König)

www.body-awareness-heinrich-werner.de

www.dtmms-europe.com (Deer Tribe Metis Medicine Society)

www.linnander-seminare.de (Karin Linnander)

www.sexualwissenschaft.com (Dr. Ulrike Brandenburg)

Mehr zum Thema Sexualität und Tantra
www.innenwelt-verlag.de

Bild- und Illustrationsnachweise

Ulla Bergob, Seiten 35, 102, 146-147
Michèle Dominici, Seite 69
Hanne Horn, Seite 213
Gisela Kern, Seiten 87, 125, 135, 141
Regina König, Seiten 11, 23, 48,115, 122, 148, 160,164, 169, 184, 203, 204-205, 211
Tatjana Nikitsch, Seiten 26, 41, 42-43, 55, 122-123, 142, 181
Silke Watermeier, Seiten 17, 18, 78, 95, 109, 128

Diana Richardson

Zeit für Liebe

Sex, Intimität & Ekstase in Beziehungen

288 S., Broschur · ISBN 3-936369-11-1

Egal ob One-Night-Stands oder langjährige Beziehungen: Beide leiden an einem Mangel an Intimität im sexuellen Beisammensein. In einfachen, nachvollziehbaren Schritten zeigt uns die Autorin, wie man mit dem Partner eine erfüllte Sexualität leben kann.

Diana Richardson

Zeit für Weiblichkeit – Der tantrische Orgasmus der Frau

272 S., Broschur · ISBN 3-936360-12-x

Alle Frauen sind mit der Fähigkeit geboren, die Ekstase des Orgasmus zu erleben. Allerdings ist für die meisten Frauen der Orgasmus eine ziemlich unberechenbare Angelegenheit. Dies beruht zum großen Teil auf mangelnder Kenntnis des weiblichen Körpers und des Wesens weiblicher Energie. Wenn die Frau bei der sexuellen Vereinigung ganz in ihre weibliche Seite hineingeht, sind sexuelle Erfüllung und Liebe die natürliche Folge. Der Weg dahin geht über Entspannung – einer ureigenen weiblichen Qualität.

Diana Richardson

Die Autorin bietet zusammen mit ihrem Mann in Europa siebentägige Kurse an, in denen sie Paare anleiten, die Kunst des Tantra zu erforschen.

www.love4couples.com

Die Bücher des Innenwelt Verlages können Sie über

Wilfried Nelles

Wo die Liebe hinfällt –

Gespräche über Paarbeziehungen und Familienbande

176 S., Broschur · ISBN 3-936360-00-6

Suchen wir unsere Partner aus? Oder werden wir ausgesucht? Wie hängen unsere Beziehungen mit unserer Herkunftsfamilie zusammen und was können wir tun um Verstrickungen zu lösen? Wie kann die Verschiedenheit von Mann und Frau als Reichtum gesehen werden statt zum Geschlechterkrieg zu führen? Dies erörtert Wilfried Nelles in seinem Buch. Er stützt sich dabei auf seine reichhaltigen Erfahrungen aus dem Familienstellen nach Bert Hellinger.

Dr. Thomas Trobe & Gitte Demant Trobe

Krishnananda & Amana

Vertrauen ist gut, Selbstvertrauen ist besser

Wege aus der Enttäuschungsfalle

224 Seiten, Broschur · ISBN 3-936360-10-3

In diesem Buch geht es um die Ursachen von Misstrauen erforscht und darum, wie man nach tiefen Enttäuschungen Vertrauen zurückgewinnt, um sich wieder für das Leben und die Liebe zu öffnen: „Enttäuschungen fordern uns dazu heraus, wirkliches Vertrauen zu entwickeln. Wenn wir erkennen, dass schwierige Zeiten eine spirituelle und emotionale Bedeutung haben, lässt sich der Schmerz aushalten. Mit solchen Erfahrungen weckt uns das Leben auf, es lässt uns wissen, dass im Innern Arbeit auf uns wartet. Es gibt uns Tiefe und macht uns menschlich."